U1076306

撰稿 朱建军 郑玉虎 周烁方 曹昱 易滨

东方苍穹下的心理与心灵

意象对话与传统文化

主编 / 周烁方 朱建军

知识产权出版社
全国百佳图书出版单位
—北京—

图书在版编目（CIP）数据

东方苍穹下的心理与心灵：意象对话与传统文化 / 周烁方，朱建军主编 .—北京：知识产权出版社，2022.8

ISBN 978-7-5130-8250-1

Ⅰ.①东… Ⅱ.①周… ②朱… Ⅲ.①心理学—研究 Ⅳ.① B84

中国版本图书馆 CIP 数据核字（2022）第 131594 号

责任编辑：刘　爽　　**责任校对**：谷　洋

封面设计：研美设计　　**责任印制**：刘译文

东方苍穹下的心理与心灵

意象对话与传统文化

主编：周烁方　朱建军

撰稿：朱建军　郑玉虎　周烁方　曹　昱　易　滨

出版发行：	知识产权出版社有限责任公司	**网　　址**：	http://www.ipph.cn
社　　址：	北京市海淀区气象路 50 号院	**邮　　编**：	100081
责编电话：	010-82000860 转 8125	**责编邮箱**：	13810090880@139.com
发行电话：	010-82000860 转 8101/8102	**发行传真**：	010-82000893/82005070/82000270
印　　刷：	三河市国英印务有限公司	**经　　销**：	新华书店、各大网上书店及相关专业书店
开　　本：	880mm×1230mm　1/32	**印　　张**：	9.875
版　　次：	2022 年 8 月第 1 版	**印　　次**：	2022 年 8 月第 1 次印刷
字　　数：	210 千字	**定　　价**：	58.00 元

ISBN 978-7-5130-8250-1

出版权专有　侵权必究

如有印装质量问题，本社负责调换。

目录

可操作的《道德经》 周烁方

意象对话中的佛法 曹昱

古诗与原始的心境　周烁方

卷轴密语：中国画的气韵与心理　易　滨

古今“故事”：中国文化的源流

朱建军

要谈和文化有关的话题，先要界定一下什么是文化，这并不是个容易完成的任务。文化有些像月亮里的那只兔子，远看时影影绰绰好像是有，但是越是用高倍的望远镜找，就越是找不到——望远镜中看到的只是大大小小的环形山。文化是什么，似乎人人都隐约知道，但是越较真儿地想界定清楚，越是说不清楚。过往的专家学者对文化给出不少于一百个定义，我想了想，似乎没必要总结他们的定义并给出我综合的定义了，那么做不过是多了种说法，而不会确定为一种定义。

文化本身并非一块石头那样的实体，而是人类思维和想象所创造的一种心理世界中的存在，这和月亮上的那只兔子以及它的女主人是一样的。简单说，它似乎是个非常复杂的、由一个民族一代代自古至今创造的“故事”。这种非实体的东西之所以重要，是因为这个故事对创造它的那个民族有实实在在的影响，就像门外的老狼，虽然只存在于熊孩子的想象中，但是的确对熊孩子有一定的威慑作用，可以减少熊孩子的哭闹。实际上，不同民族之间的差别，极少是源于体质的差别，绝大多数源于文化的区别。

从这样的认知延伸，中国文化又是什么呢？当我们试图回答这个问题时，月亮上的兔子又出现了——粗略地看，中国文化和其他文化之间的差别似乎是很明显的。我们常常用中国文化和西方文化作对比，比如有人说，中国文化是集体主义的，西方文化是个人主义的；中国文化更重直觉，西方文化重视逻辑；中国文化是未分化的，西方文化是更分化的；中国文化是整体的、综合的，西方文化是二元的、分析性的；中国文化是现世的，西方文化是宗教性的；中国文化更阴柔，西方文化更阳刚，诸如此类，不一而足。但是如果我们想认真地把这些说法当作结论，问题就来了，似乎每个命题都会遭遇质疑。难道西方人就不重视集体吗？我们很多时候发现西方人对家庭的重视不亚于中国人，很多时候，西方人的团队合作能力更是完胜。中国也有宗教，而现代欧美人追求的不更是现世的财富和生活享受吗？任何一个民族，任何一个国度，都是高度复杂的，都包含了很多不同的思想和行为倾向。中国文化中的事物，在西方文化中可能都有类似的对应物。所以我们很难提出一个不被质疑的命题，而每一个命题我们要想证明或者证伪,也都有很多方法论上的困难。甚至我们说“西方文化”，也会被质疑说，所谓西方是很大的一个区域，包含很多不同的文化，基督教文化和古希腊文化哪一个是西方文化呢？如果我们试图用学者的精密度去解答这些问题，就仿佛用望远镜去看清月亮上的兔子一样困难。

因此本书放弃对文化做出精确定义的追求，简单地这样描述：所谓中国文化就是中国人（或者说中华民族）自古至今所创造的“故事”。或者说，所谓文化就是想象和思想等心理活动的产物。好在这本书并不是文化研究著作，只是谈意象对话与中国文化之间关系的一本小书，读者是对意象对话心理学有兴趣的朋友，而不是“较真儿”的研究者，所以我们就不详细解释我们为什么这样定义了。

文化是一代代人精神创造的结果，所以说它并不是一个不变的古物，并非自远古被创造以来就一直不变。中华民族有五千年的文化，并不是说中国五千年前有了个文化，然后一直保留至今。如果用一个形象来比拟，更贴切的说法是，文化如一条河流，起源于远古并随着时间向下流，中间也会汇集别处的来水，也会失去一些水，但只要没有彻底干涸消失，那么这条河流就还是同一条河流。所谓中国文化，就是指从古中国流下来，一直流到今天的那条“故事”的河流。我心目中的文化源流，就是精神活动的源流。

所以要简要地说什么是中国文化，就需要从头讲讲这个源流。

一、起源于三皇五帝、尧舜禹到夏朝

三皇五帝、尧舜禹是不是存在尚有争议，学界甚至还在争论夏朝是否真的存在。远古的历史当然会有不可靠的地方，很早前顾颉刚发现：“时代愈后，传说的古史期愈长。”周代人心目中最古的人是禹，到孔子时有尧、舜，到战国时有黄帝、神农，到秦有三皇，到汉以后有盘古等。三皇五帝，显然不能看作信史。从考古发掘的实物看，仰韶文化、龙山文化似乎都可以看作文明的起点，保守一点把二里头的遗址看作中华文明的起点，那么中华文明距今不少于 3700 年。不过在 2017 年的最后几天，有消息说良渚文化作为一种古文明已经得到确认，那么中华文明五千年的历史也是确定无疑了。当然，具备什么条件才可以算作文明，这个问题也是很有争议的。我个人对此有自己的看法，但那无关宏旨，就不必在此横生枝节了。

对商朝以前的中国文化的具体形态，我们也几乎毫无了解。在那个不知道算不算文明的远古时代，最初的人类精神活动，大概就是原始的巫术活动了。至于这个时期中国的巫术活动是什么样子的，和地球上其他地方人类的活动有多少不同，这些我们都没有确实的证据，也就不必多说了。

传说中，河图洛书、最早的连山易都产生于这一时期，但也都没有充分的证据，为避免争论，姑且不去讨论。

总结一句话：这个时期的文化是什么样子，我们不知道。

二、殷商重鬼神而易已经产生

在殷商时代，有大规模的祭祀活动，包括在现代人看来非常残忍的人祭。似乎在这个时期，中国文化已经走向了一神论的方向，产生了“昊天”（或称“皇天上帝”）这种主神。

同时，甲骨文的存在表明，这个时期文字已经基本成形。传说中这个阶段“易”发展为“归藏易”，虽然没有绝对可靠的证据，但是有理由相信，易不会是周文王凭空创造的，所以商代至少应该已经有了易的思想或雏形。

从河图洛书到易，我们可以看到一种认知方式的产生，可以大体上说成是“象”“数”“理”的结合。或者我们可以这样说：“天”在中国很早就开始脱离了人格化的神形象，开始以数和理的形态呈现。河图不是人类的创造物，而是自黄河中浮现的，所以是天赐之物，因此河图洛书以及易的理，就是天的理。

我把易看作中国文化的主要源头，从易的产生开始，中国的文化就体现出和西方文化的基本差异。其特点是超越了神的拟人形象，而以理的形态去理解“天”，从而使得人有了和“天”沟通的理性渠道，而不仅是靠巫师来中介。

“易”这个字，在形象上由“日”和“月”构成，象征着“日升月降，月升日落”的循环。其文字的意思是“变化”或者“不变”。这种字义的解读也许是后人的，但是大体上和易的基本意义应该差不多。

这和西方文化的主流就有了一些不同，中国文化从一开始，就更关注“过程”而不是“不变的实体”，更关注日和月的关系而不是日或月本身。日月更替，是“变化”的象征。易也是变化的意思，如果说不变，那是因为“变化”是永恒的。

需要被关注的，在任何一种文化中都会被关注，但优先关注哪个方面，是可以选择的。某个地域的人，优先关注了什么，就奠定了其基本的文化倾向和文化价值取向。中国文化的基本取向，也许就是重视变化，重视关系吧。

日月虽然相互取代，但是它们之间的关系并非对立斗争的关系，而是一种相反相成的关系，一种“和”。

当然，也有一种可能，就是殷商还存在着其他重要的文化思想，但是后期各阶段（特别是秦代）的文化破坏使其荡然无存，易才凸显了其核心地位。但对此我也不加评价，因为反正最后的结果是这样了。

总结一句话：皇天上帝被尊奉，另外易的变化观、关系观以及“和”的观念奠定了中国的思想基础。

三、周代重视人文而百家争鸣

从总体上说，周代完成了从宗教性的文化向人文性的文化的转变。社会制度上，贵族传承的制度适用于家族中的礼仪。思想上，宗教性被融入人间的关系中。

在周代中的春秋时期，中国文化有一个思想的爆发，产生了后世称为百家争鸣的局面。但所谓的百家实际上并不是有百种不同的思想体系，而是在不同层面有不同的思想，总体上应当还是沿袭了前面的中国文化基本精神。

道家，是最为超越世俗生活层面的，最"超越性"的文化流派。道家的基本理念，应该说还是易的精神的延伸。道，不是"恒常"的。物极必反，就是变化的法则；相反相成，就是道的变化中的准则；顺应道的变化，就是生命的法则。

道，被看作天地诞生前的更原始的存在——如果我们姑且称之为存在的话。如果我们可以顺应道，当然我们更可以顺应天。"天"的理念来源于殷商时期的"天帝"，但不是那种人格化的上帝，而是一种非人格化的神性存在。我们，则是人。我们顺应天，就构成了一种最重要的关系，也就是天和人的关系。这种关系的最高境界就是"天人合一"。

既然我们可以和天合一，甚至与道合一，那么我们人就可以知天、知道——这是中国文化的认识论基础。认识者和认识对象如果不是"一"，那么认识就必须借助认识工具，比如语言，而认识就永不可能完美，因为认识者和认识对象之间有一个永恒存在的鸿沟。当认识者和认识对象合一，那么认识就是自然而然的，自己知道自己而无须媒介，且可以是完全的。庄子是怎么知道鱼快乐呢？因为庄子在那个时刻就“是”那些鱼。所以他不是“怎么知道”的，而是就是这样知道了。

从孔子开始的先秦儒家的重点是伦理层面的。以道德人伦的建设发端，推衍出一系列行为规范和制度规范，再衍生出政治理论等。更细致一点说，其道德人伦的建设，又以心理建设为发端。“仁”是一种心理品质，这种心理品质是一切儒家思想的基础。那么，儒家思想和中国文化的基本精神是什么关系呢？首先，仁固然是人的品质，但却是“天”道的体现。孔子认为对天不需要直接言说，所以他并未过多提及天道，但从他的零星言论中，我们可以看到他坚信自己是天道的人间代言人。比如，“天生德于予，桓魋其如予何？”“文王既没，文不在兹乎？天之将丧斯文也，后死者不得与于斯文也；天之未丧斯文也，匡人其如予何？”。孔子对易经有深入的学习，其儒家思想继承了易的精神。仁，体现于人际关系中。儒家的思想，定位也基于“关系”，并深刻地影响了以后的中国文化，使得中国文化呈现出人际关系取向或者所谓的集体主义取向。不过，由于儒家是规范建立者，所以对常态关注较多，对变势关注相对少一点，给人的感觉就不像易经或者道家那样灵活多变。

墨家似乎保留了殷商的敬天传统，一定程度上保留了对人格化神的信仰。墨家关注的是信仰，以及在信仰基础上的道德观。在我看来，从殷商到夏，政治的变化比较大，周王朝崇尚的不再是那种人格化的神，所以社会上层的思想转变比较彻底。而底层的民众还保留着更古老的殷商传统。墨子关注平民，所以其思想会更多地保留了殷商的文化特点。墨子倡导兼爱，是因为兼爱是神（或称为大鬼）的意志。这种观点感觉上反而和耶稣的思想比较相近，人格化神的影响显而易见。

阴阳家，可看作是对易的思想的延展和应用化。易，就是阴阳之变，阴阳家是研究阴阳之变的具体形态和规律的。用今人的视角来看，阴阳家更多地是把中国文化基本的易的精神，运用于对自然界（这里是现代人语义的自然界,而不是道家所说的自然）的理解。这和儒家不同，儒家是运用于社会和人文领域。

名家类似西方的逻辑学、语言学等领域的思想内容。

法家、纵横家、农家和兵家是中国文化精神在不同领域的体现，法家在政治、经济、军事和管理领域，纵横家在外交、军事和政治领域，农家在农业技术领域，兵家在军事领域。

总之，先秦的诸子百家，实际是把中国文化精神，分别运用于不同领域，具体化为各种文化思想和相应的制度以及技术等。

当然，我们要看到，各家也会共同关注同一领域。这时他们之间的差异就会彰显。比如，儒家和墨家都关注人伦和道德，所以孟子时代的儒家和墨家之间就会有争论。纵横家和法家都会关注政治，他们并不争论，而是在政治实践中一争胜负。

总结一句话：周朝特别是其中的春秋时期，是中国文化思想大发展时期，各家思想，实际上都是在中国的基本思想基础上的发展。各家主要的区别，是应用于不同的领域；在同一领域中亦有不同的重点。

四、两汉经学欲建立统一的学术

秦代独尊法家，旋即灭亡。秦在文化上有破坏而无建设，墨家几乎完全被消灭，除农家等实用技术类之外，其他各家也损失惨重。

汉代初年，有过以法家治国的短暂时期，之后一度以道家为主导。但道家思想毕竟更适合个人修养，而不是国家制度建设的需要。所以到了更具进取性的汉武帝时期，董仲舒构建的符合新政治形态的儒家思想开始产生重大影响。

董仲舒的儒家思想，实际上是整合了多家思想的产物。其中最主要的成分是儒家思想和阴阳五行学说。从思想发展的脉络看，百家争鸣的战国时期，思想的发展是“分”，从基本的中国文化精神中，按照应用领域不同而分出各家，或者按照所重视的要点不同而分出各家。而汉代，经过一个破坏期和其后的恢复期，思想的发展方向是整合，试图把各家的思想整合到一个大的整体的思想体系之中，董仲舒所做的就是这个事情。自然界的天道，过去是由阴阳五行理论描述的，而人间社会所反映出的天道，过去是儒家所阐述的。董仲舒用“天人感应”的理念，把这两者结合在一起，构成了他的新的儒家体系框架，可以用来解释世间的万事万物。当然，在董仲舒的体系中其他各家的思想也或多或少有所体现。

既然试图解释一切，董仲舒的儒家思想当然也对当时的政治体制给出了一种合理的解释。而这种解释解决了困扰汉朝皇帝的合法性问题。

所谓合法性问题是：汉代皇帝需要说服大家，为什么刘家就应该当皇帝。不能直说谁厉害谁就可以当，因为那样的话，当今感到自己很厉害的人就会理直气壮地造反。而如果说，皇帝就应该世代继承，别人不应该造反，那刘邦当年又凭什么造反呢？在景帝时期，就有人当着景帝的面争论这个问题，而景帝也没有办法给出一个合适的回答，只好说：“吃肉不吃马肝（古人认为马肝不好吃，甚至有毒），不算不知味。这种问题不讨论，也没有关系。”但这个问题总不能一直回避，所以就有了所谓的合法性问题。董仲舒建构的理论中，对此给出了解释：就像五行相生相克而轮转一样，王朝也应当有轮转。所以刘家做帝王，是轮转的正常结果，合乎天意。至少几百年内，大家不要想取而代之。也许正是因此，董仲舒的理论得到了皇帝的接纳，并有机会推广。

与先秦儒家比，董仲舒的儒家更适合成为专制者的工具。例如，先秦儒家君臣关系更平等，而董仲舒的儒家则更强调君臣地位上下之分的不可变。孟子认为，如果君主的行为不符合君主的本分，比如君主残民以逞，那么臣就算诛杀此暴君也没有关系。但董仲舒则认为君的地位如同天一样是不可颠覆的。把这说成董仲舒的过错，也不公平，因为客观上，先秦就是更自由的时代，而西汉当时就是更专制的时代，董仲舒只是不能超越时代的局限而已。而且他通过天人感应，也找到了一个多少可以制约专制者的方法，那就是当自然界出现灾变的时候，把灾变看作上天对皇帝的警告。

由于董仲舒的独尊儒术，西汉开始了经学研究。在经学研究的基础上，平民教育也开始兴起。儒家的基本价值观大规模普及，同时阴阳五行和代表天人感应的谶纬之学也大规模普及。可以说，这个时期的文化成了普通中国人心中最基本的文化底色。

经学基础上的汉代儒家，比先秦的儒家更加体制化、体系化，缺点是相对僵化。董仲舒说“天不变，道亦不变”。固然道可以说是不变的，但是道最恒久不变的特征正是变化——所以称为“易”。强调其不变，有利于建立一个被大家持久坚持的伦理和政治法则，但是也失去了中国文化灵动的一面。在大规模推广中，理论需要更加通俗化，但同时实践上也就更加僵化，因为大部分人倾向于学习一些固定的行为准则，而不是那些复杂难解的思想。

到了汉末，越来越多的人对僵化的儒家感到不满意了，他们感到儒家的礼过于烦琐，过于仪式化而缺少真的感情，儒家的人也太正经而没有“性情”，虽然正派但是太索然无味了。更何况儒家人士，表里不一的也逐渐多起来。而坚持儒家正统的人，也出现了一种过于理想化而不切实际的心态，这使得他们成为“忠臣”但是却在政治的实际运作中固执而不通权变。

当然,在非主流的领域其他思想也有发展。如阴阳五行、巫术、方术等借助道家思想为依托，产生了道教。

总的来说，汉代是以儒家为基础整合其他思想，并把儒家思想贯彻到中国人实际生活中的时代。

五、魏晋出现了玄学

曹操被后人归入法家，但实际上他未必是货真价实的法家。他不过是一个实干的人，不受“腐儒”的局限而以实用有效的方式来成就功业而已。他被孔融等儒家所轻视，自然也对儒家不是很尊重。

虽然种种原因导致魏晋儒家思想的衰落，不过最根本的原因还是思想发展本身的逻辑。经学烦琐而不实用，以经学用世的结果只是产生了王莽这样的失败者。正如心理学家所发现的，被压抑的总会反弹，儒家衰落后，被压抑的道家就开始了反弹。董仲舒的儒学，虽然引进了阴阳五行，却和道家无关。也许正因为汉初道家曾经当道，所以汉武帝排斥道家，反而使得汉儒没有结合道家思想。也许正因为经学压抑了道家，所以魏晋才走向了道家的复兴。

玄学基本上是升级版的道家，横空出世的天才王弼是玄学的第一人。但即使没有王弼，似乎思想发展也还是要慢慢走向这个方向。“升级版”的道家和先秦道家不同的是，它更像一个哲学体系了。关于天道、人性以及人的认识论，玄学都达到了一个相当的高度。《易经》在玄学中,也得到了非常深入的诠释。实际上，我前面说易的精神是中国文化精神的根基，其实是有前提的：一个是周朝前留下的东西，除了《易经》其他的不多了——如果秦没有焚书，也许我们还可以有其他代表中国文化精神根基的文献；另一个前提就是因为有王弼等人把易诠释得足够清晰，我才知道易的深意，知道这是中国文化的根基。

魏晋留下的另一个文化遗产，就是所谓的“魏晋风骨”，一种洒脱的人生态度和生活风格。我们熟知的竹林七贤是这种生活风格的代表，而后来的陶渊明等也继承了这种隐逸的人生选择。

总的来说，魏晋是把道家思想贯彻到人们生活中的时代。我们可以把先秦的诸子百家看作文化的设计师，而汉以及魏晋就是儒家和道家文化的实际建设期。这两种文化相继对中国人产生实际的深远影响，直到今天我们身上依旧留有其痕迹。

六、隋唐兼容并蓄，三峰鼎立

其实隋朝没有我们以为的那么差，只不过杨广把一副好牌打坏了,天下才改名为唐。但是从各方面看,唐都可以说是隋的延续。思想界最大的事件是，佛教传入中国并兴盛起来。

其实可靠的说法是，早在汉代佛教就已经传入中国，不甚可靠的说法是秦朝就有佛教传入。在汉代儒家兴盛的时候，佛教没有发展的空间。到了魏晋南北朝时期，天下越来越乱，思想界也没有儒家的一家独霸，佛教才开始在中国兴盛。南北朝时期，入主中原的少数民族也对推广佛教起到了很大的促进作用。

作为一个外来的宗教，历时几百年才终于兴盛也并不奇怪。首先，大量的经典翻译就需要很长的时间，而本土化更是需要很长时间才能完成的任务。

在佛教的刺激下，汉代就发源的道教（不是道家）也开始不断改革，试图战胜外来的佛教。儒家当然也不能轻易接受佛教，比如韩愈就激烈地反对皇帝迎“佛骨”（舍利），并因此被贬到蛮荒之地。官方的态度呢？就是你们都可以存在，排个顺序，谁第一谁第二谁第三。这是唐代的包容。

但每个思想体系都不满足于共同存在，因此互相之间就不断有争论。有时是在皇帝的主持下辩论或者斗法，有时是在人们的心里争夺地位。

佛教刚进入中国的时候，与儒家是格格不入的。比如佛教认为沙门不需要敬王者——皇帝不过是福报好一点的凡人，而和尚是未来的佛，沙门怎么能敬皇帝呢？而在儒家的眼中，这简直是大逆不道。毕竟在儒家体系中，皇帝是“受命于天”的，是天的代表，虽然是人身，但是有神性的。而且，“尊卑上下”是董仲舒所说的亘古不变的天道，所以他们觉得佛教徒不敬皇帝是目无君长，是一种逆天的行为。还有就是佛教要出家修行，在儒家看来也是大不孝的行为。父母养你这么大，你说出家就出家了，让父母无人赡养且可能无后，也是相当自私的行为。

道教则更多地试图和佛教比法力，试图在法力上胜过佛教。

包容必然带来交流，而交流带来相互影响和融合。

道教虽然反对佛教，但是也暗暗“偷师学艺”，把佛教的组织形式、寺院殿堂设置、神像、出家方式等都逐渐引入道教之中。道家，或者说是更新后的玄学，实际上和佛教的抵触最少，也融合得最容易。因为道家发现，佛教和道家思想其实有不少相通之处。

比如老子继承《易经》“变易”的思想而说道“非恒道”，而佛教强调“无常”。道家强调“无”，而佛教强调“空”。道家的无并不是一无所有，“三十辐共一毂，当其无，有车之用。埏埴以为器，当其无，有器之用。凿户牖以为室，当其无，有室之用。故有之以为利，无之以为用”。佛教的“空”也不是那种“顽空”，真空能生妙有。空，是说事物没有固定的“本性”，不执着地认为物有实在、固定的本质或本性，就可以看到其无穷的变化。在认识论上，道家讲“道可道，非恒道也”，道是不可以仅仅用语言传递的；佛教讲佛法“不可思议”……

因为这种相似性，中国思想界接受佛教少了很多的阻碍。谈玄说道的文人，转而说空说有，这个转型很是自然。生公说法，顽石点头，这种风范和魏晋名士扪虱而谈的风格也大略相近。在我看来，下层民众接受佛教，主要靠的是佛教的神通显现，让战乱中的人们心灵有所寄托。胡人出身的那些人接受佛教，是因为他们没有可能成为经学大师，所以要另起炉灶。而文人雅士接受佛教，则多是玄学打下的基础。

总体来说，唐朝是一个自信的时代，因自信而包容，因包容而博大。在这个包容的环境中，以儒、释、道三种伟大思想的三峰鼎立为核心，兼容各种其他思想，构成了成熟而鼎盛的中国文化。中国文化的生命力愈加强大，并辐射到周围广阔的地区。

七、宋明道学（或理学）再集大成

虽然儒家和佛教的整合经历比较艰难，但最终还是会完成。只要不封闭，不同思想必定交流，就像不同人种之间也会通婚一样。更何况,“和”是中国文化在远古肇源的时候就有的精神基因。

经历几百年的时间，到了宋代，佛家的思想终于被儒家吸收。

所有的整合都需要有一个借口，其实董仲舒对儒家的改造，一定程度上有助于儒家和佛教的结合。因为董仲舒把阴阳五行融合进了儒家，而阴阳五行不仅仅关乎人事，同时也是自然之道。这样儒家就不仅是一种社会伦理和政治领域的思想，还回归为对全面的道的认识。儒家也更多地关注人的本性、世界的本质这类的问题。所以儒家的根本虽然是心性，但孔子却并不像哲学家那样去过多地阐释说明心性，而只是教弟子们为人处事。但后来的儒家，则开始把孔子未太多去讲的这些东西放在心上去思索了。

这样，儒家和对这些问题说得更多的佛家开始有了交集。儒家发现，抛开那些出不出家、拜不拜王者的行为细节，去看那些对人心人性的理解和体悟的话，佛教和儒家并非泾渭分明，而是颇有可以互相印证的地方，于是逐渐开始合流。

儒家通过阴阳五行之学，同道家以及道家发展出的玄学也开始了合流。毕竟，阴阳变化就是大道的流行演变，不是吗?

从儒家的根基上，吸收了佛、道的营养后，产生的果实就是所谓的道学或称理学。这是儒家、道家和佛家这鼎立的三峰整合后的集大成。第一个代表人物就是喜欢莲花的周敦颐，然后就是他的传人“二程”。周敦颐思想已经深深地印刻到了中国人的心中，举个小例子，我们经常说要讲“道理”，“道理”这个词，就是道学或称理学的“道”和“理”。道学家当然认为自己讲的是儒家的道理，而不是佛道的道理，但是实际上我们可以看到，至少他们是在佛、道的启发下，才更清晰地理解了孔子所说的（或者隐而未说的）那些道理。周敦颐“出淤泥而不染”的荷花，当然是为了阐发孔子所说的那个人心，但是我们可以看到这个对“不染”的理解，显然受到了佛教的影响。甚至莲花这个象征意象，也是佛教用得更多。

当然，道学或理学家还是认为自己是儒家，而不承认自己是道家或者佛教。正如禅宗不会认为自己是道家一样。

这个时期道、佛也还有自己的独立发展，只不过社会的主流思想是儒家，儒家当然也不只是周敦颐所传的道学或者理学，还包括王安石的新学（带有法家气息）、苏轼的蜀学（佛家气息多一点）以及张载的关学。王安石变法失败，其学也衰落；苏轼不合时宜，也没很努力于学派推广；关学的后人逐渐和理学合流，所以最后影响较大的是理学这一支。而“二程”的理学这一支，也分化出了陆九渊的心学这一方向。

对佛教的整合完成后，中国文化整合了亚洲另一个伟大的古文明，实现了亚洲文化或者说东方文化的大整合，达到一个辉煌的顶点。

然而盛极而衰，出于种种原因，落后的北方游牧民族摧毁了伟大的宋代文明社会，元代近百年文化断层，直到明代，作为中国文化的主要载体的汉族复兴，才开始逐渐恢复宋代的文化。明代早期，各方面都有不如宋代之处，这是非常正常的，因为文化的恢复并非一蹴而就的。

明代前期的主流，可以说是以朱熹作为代表的理学。而后王阳明（可以看作沿袭陆九渊）的异峰突起，改变了明代后期的思想家风貌。朱熹多讲天理，王阳明多讲良知，所以直到今天“天理良心”这个词还是中国人判断是非的核心词汇。思想发展的规律，也是分后则合，合后则分。宋代整合后，明代主要区分就是朱王之分。

八、西方文化的传入

清代虽然是延续了两百多年的稳定王朝，但我认为在思想发展上毫无建树且有严重的破坏。其对文化的破坏和摧毁，几乎可以说是史无前例。秦开了焚书坑儒毁灭文化的先河。但秦只有十几年的全国统治，为害时间尚短。南北朝虽然也是文化破坏，但是南朝旧文化尚存，北朝又吸收了佛教思想。五代十国虽有严重的战乱破坏，但没有故意毁灭文化。元朝虽然自己没有文化，轻视、奴役汉人，但也没有有意毁坏中国文化。而清代，通过文字狱，通过假借修书实际毁书，通过禁锢文化，有意识、有步骤地摧毁文化，使得这个文化断层格外巨大。清代的存续，逐渐使得中国文化进入前所未有的荒漠化的阶段。在西方文化传入时，几乎无力因应。

我们所谓的西方文化，并不是一种单纯的文化。但是简略地说，主要是“两希”也就是希腊文化和希伯来文化。这两种文化中的思想也是体系众多，但简略地说，可以说希腊主要是“理性主义”而希伯来则是神的信仰为核心。其实，殷商“对接”希伯来而周“对接”希腊，似乎并不是多么困难，但问题出在，中国文化在清代已经堕入深谷，中国人对中国真文化已经所知不多，所以在西方文化的冲击下，才会应对乏力，步步溃退。

清亡之后，一方面中国文化有机会复兴，但更急迫的压力则是应对西方文化的传入。五四运动时期，留洋过的学者中，兴起了一股推崇西方文化、试图全面西化的思潮，打倒孔家店成为一时轰动的口号。西方文化和中国文化，以一种强烈冲突的方式相遇。这一方面固然是因为东西方文化本身的差异性，另一方面也是因为留洋学者们对中国文化有所误解。他们以为的“孔家店”，其实并非孔家的，甚至也不是朱熹家的，其实是爱新觉罗家的。那些残酷压抑、专制严重的东西，多数是清代的假儒家的东西，而非真正儒家。这个假的孔家店当然是违背人性的，在西方文化的映照下，其恶劣的一面昭然若揭。因此，五四运动时期的很多留洋学者希望全盘西化，也是可以理解的——中国文化在中国陷入低谷，所以他们也不知道什么是中国的真文化，什么是中国的真精神。不知道中国文化真精神，怎么可能和西方文化融合，总不能用清代的那种僵尸文化来融合西方文化吧。

但问题来了，全盘西化不仅是中国文化的损失，也是一件做不到的事情。一个民族如同一个人，其心灵的发展有其自己的轨迹，不是想抛弃就可以抛弃的。让中国全盘西化，就好比一个家长告诉孩子“我希望你完全变成别人家孩子的样子”，甚至好比我们要求一只狗变成一只猫，这种事情永远不可能成功。因为不管表层有多少变化，中国人骨子里还是中国人。几千年印在中国人骨髓里的那些东西，永不可能凭空消失。

向往西方文化的学者们大力倡导全盘西化而不得，导致的结果就是：首先必须“崇洋媚外”，因为“洋”被看作唯一的希望和未来，而我们又发现怎么学都还是学不好，从而感到我们怎么这么差、这么无能，失去自信的结果就是只能更加依赖西方。其次就是对中国文化更加仇视——为什么这个东西就是没有办法清除干净呢？于是产生了对中国文化欲彻底清除的一种狠戾之气，从这个思想基础上最后发展到了史无前例的文化大破坏。如今天的一些极端的反中医者，背后依旧是这种希望全盘西化，希望“灭掉”中国文化从而清除西化障碍的动机。

然而我们也应看到，“崇洋媚外”的后面，有一种从善如流的优良品质；仇视传统的后面，有一种恨铁不成钢的焦急。这都不是恶意，但是非常有害。另一面，我们也应看到，中国人之所以屡遭打击，还是不可能全盘西化，这种表面的“落后、不争气”背后，也有在潜意识层面对中国文化的坚守，对中国人精神生命的坚守，这也是一种伟大品质。

西方文化中的自由主义文化和马克思主义文化，经过各种方式的竞争后，后者产生了更大的影响。前者和儒家稍有融合，后者和法家稍有融合，虽还处在非常初级的融合层面，但对表层的生活还是产生了一定影响。

为什么中国文化和西方文化的交融很难完成，我认为其主要原因是，中国文化表面上已经衰落，所以中国思想界没有办法用中国文化来“对接”西方文化。而在潜意识层面，中国文化又没有消亡而且不可能消亡，所以中国人也不可能全盘西化。于是，中西文化的交融就“卡”在这里了，进退两难。这就是我们目前所处的融合，就是目前的困境所在。

九、未来的方向

中国文化的基因，在中国人的潜意识中根深蒂固，但在表层却几近丧失。这种情况下，我们不可能西化，也不可能回到传统。实际上，我们的文化发展的任务，应该是在中国文化的基础上，整合西方文化，从而达到对东西方文化的全面整合。这个整合将对人类文明产生非常深远的、伟大的影响。

要完成这个任务，我们首先需要经历一道难关——恢复传统“真文化”，接续中国文化的传承。

实际上我们需要做的，首先是南北朝之后唐所做的、五代十国后宋所做的，特别是元之后明所做的那个恢复工作。按道理说，如果清朝灭亡之后，我们能有一两百年的时间，先完成这个工作。然后，再应对西方文化的冲击，再花个几百年来消化西方文化，这个任务就比较容易完成了。但历史走向了另一条轨道，我们必须在现在这种不利的形势下来面对文化恢复的问题。

第二个要做的事情，是融合中国文化和西方文化。这个难度反而稍微小一点，因为现在接触和学习西方文化的人相对多一些。但这个过程中，要吸取教训，一定不要扭曲地学习西方文化中的糟粕，避免学习的误区。我们先有了自己，才可能学好别人，先有了自己的主心骨，才不会在学习别人的时候像邯郸学步一样迷失了自我。

接下来，是传播这种整合了中国文化（其中已经包含了南亚佛教文化）和西方文化的新文化。这还需要中国发展得好，让西方人看到中国的发展能力，看到中国的优势——如果我们很弱很失败，却说自己的文化很优秀，说服力也很有限。

如果顺利，这个过程在数百年内完成，之后人类会有一个辉煌的发展——前提是这之前人类没有把自己毁灭，科学的进步也受到恰当的控制。

这是天道的必然，是文化发展流变的必然，但其完成还是有赖于一些对文化发展有自觉，又愿意挺身而出承担历史责任的人。我们，也许可以做这样的人吧。

中国文化中的意象与意象对话心理学

朱建军

中国文化可以追溯的源头和其他文化一样开始于占卜。远古人类试图通过占卜来和超自然的力量沟通，从而让神或上天来引导人们的生活。占卜知识汇集在一起的最初产物就是易经。

我们发现的最早的被大量使用的中国文字，就是占卜所用的牛骨和龟甲上刻画的甲骨文。这些文字用象形的方式来表达意义，凝聚了中国古人对世界的理解和思考。

其他文化中的文字后来大部分转化为表音文字，出现了表达语音用的字母，构成了和发音一致的词汇。汉语则不同，虽然也出现了代表声音的“音部”，但是并没有转化为表音的文字，还是继续在象形的基础上发展成表意的文字。因此，我们可以说汉字是一种表达意义的图像，也就是意象。

文字中蕴含着人类的心理能量，因此它不仅包含意义，而且包含着人的意愿、意志或意图的心理能量。包含着意愿、意志和意图的能量，又有象征性意义形象——心理学中所说的意象。意象是精神世界中的核心存在，我们梦中出现的人物是意象，对我们有纪念意义的内心形象是意象，孩子心中的妈妈的形象是意象，回忆中恋人的样子也是意象。而中文的文字，也是这种种意象中的一种。

语言影响思维方式，汉语是象形基础上的表意文字，这就让中国人的思维方式更多地具有形象性。简单地说，中国人形象思维发达。

形象思维和逻辑思维是有差别的。表面上看，形象思维似乎没有逻辑思维那么缜密，但形象思维的优势在于它更适合想象力的发展，更有创造性。爱因斯坦说，他总是先用想象的方式，来发现和理解物理学规律，然后用逻辑思维的语言表达这些规律。也就是说，他先用形象思维，后用逻辑思维，可以获得最深刻的知识。

中国人当然也可以运用逻辑思维，但是更多地使用形象思维。这让中国文化带有一种特别的质素。我们要理解这种质素，就需要了解意象心理。

意象对话心理学，就是关于意象的心理学，是关于人与人之间如何通过意象来交流对话的心理学，是最具中国特色的心理学。意象对话心理咨询，也就顺理成章地成为更适合中国人的心理咨询技术（当然并不限于中国人使用，其他国家的人也同样可以用）。

意象对话心理学认为，人通过形象思维，把自己的生活转化为故事保留在记忆中。这个关于自己的故事，表明了他心目中的自己是什么样的人，他心目中的世界是什么样的世界，然后生活是什么样的，所有这些就构成了他的心理世界。例如，如果一个人认为世界就如同一个大赛场，自己就是参加比赛的运动员，生活就是竞争，他就会过一种竞争性的生活，更容易得焦虑性的心理疾病。如果一个人认为世界是一个荒凉的地方，自己是荒漠中孤独的旅人，生活就是疲惫的旅行，那么即使现实生活中有很多亲友，他还是会感到孤独寂寞，更容易产生抑郁类的心理疾病。

心理咨询师走入来访者的想象世界，用意象和他交流，就是意象对话心理咨询。中国文字的特点和中国文化的特点，使得这种心理咨询格外适合中国人。

意象对话不仅适合中国人的心理咨询，也适合用来帮助我们理解中国传统文化的方方面面。这本书就是我们在用意象对话的方法来理解中国文化的各个方面和各种表现。

意象对话可以用来理解《易经》。《易经》不仅是个“占卜”的小册子，实际上它是古人对世界的所有哲思的结晶。每一卦，就是一类人生境遇,用一个意象来表达。卦辞就是一个“小故事”，告诉我们在这种情境下，应该如何选择。

例如，“屯”的意象是生命新生的形象。小苗刚要出土，就是屯。小婴儿还什么都不懂可以叫作混沌：混沌的“沌”字中就含有这个“屯”，在易经中“屯”的发音和“混沌”中的“沌”是一样的。混沌就需要启蒙教育，所以《易经》中紧接着“屯”卦的下一卦就是启蒙的“蒙”卦，代表教育。

小苗出土是艰难的，需要顶开上面压着的土，但这种艰难是必要的。“屯”卦的卦辞就会讲艰难，以及面对新生的艰难时应有的态度。而这种态度可应对任何新生的艰难，比如用于应对一个公司草创时所遇到的困难。意象对话心理学可以帮助我们理解《易经》中的这些形象，理解《易经》中的智慧，给我们的人生以启迪。

意象对话也适用于理解和研习中医思想。中医是用意象作为工具来理解人体机能的。如中医中认为“风寒”“风湿”这些都和“风”有关。这里所说的“风”并不等同于客观世界空气流动的那种风，而是一个象征性的意象。中医的“风”代表的是一种

“变化不定”。体内有一种走窜的、一会儿在这里一会儿在那里的、位置在变化的不舒服感受，那就是“风”。如果精神上也过度变化不定，失去了最基本的稳定性，那就是精神上的疾病，叫作“疯”。

中医理论几乎都是用“意象”来表达的。中医所说的肝不完全对应着我们体内那个柔软的、大大的、分泌消化液的器官，而是一种躯体疏解功能的象征。中医诊脉所说的“弦”也并不是有一根什么弦存在，而是表达摸到的脉给我们带来的感觉，好似摸一条绷紧的琴弦。

用意象对话来理解中医，可以更直接地体会到远古的中医所要表达的那些经验和体会。实际上，我们已经在这个方面做了很多的尝试。让来访者想象他们的五脏是一座房子，房子中居住着某种动物，这个动物有不同的状态。当来访者自由放松地想象时，我们发现他们的想象和他们的身体状态有很好的对应：如果某个人想象心里住着一头牛，你就可以知道他可能比较固执，容易钻牛角尖，也容易得一些相应的疾病，比如因发“牛脾气”而导致心血管疾病。如果某个人心里住着一只机灵而活跃的小百灵鸟，我们就知道他这方面可能更健康。

意象对话可以用于验证中医知识，比如“肝和青色有关”是传统中医知识，那么是不是这样呢？让来访者自由想象，就会发现肝功能健康的人的确更容易想象出绿油油的植物（这种植物的绿色，古代叫作“青色”，例如青苗、青松），当肝功能不佳时，想象中的植物往往枯黄，而这个患者的皮肤上也可能出现

“黄疸”。

中医的很多知识来源于道士们的经验，中医经典《伤寒杂病论》中的很多药方都是道士的成果。传统文化中的道士们，对健康和养生有很多实际经验，而这些经验也是意象表达的。表面上看，我们会觉得他们所说的东西是虚妄神异或者所谓“迷信”的，实际上却都可以看作是意象或象征。“三魂”可以看作精神活动的象征性形象；有些“鬼”是不健康的身心状态的象征形象。从意象对话的视角看，这些都不是“迷信”，而是一种形象思维方式的表达。因此，意象对话也可以帮助我们理解道教，把道教的一些实修的经验转化为现代人能够理解和接受的形式。

除了这些实用的方面之外，意象对话也可以帮助我们理解道家（不是道教），也就是经典的老子和庄子的思想。老子最常用的意象就是“水”，柔软却可以胜过坚强，低下却可以汇集百川，当我们体会水给我们带来的感受，我们就可以体会到无形无相的“道”的精神。庄子更是大量使用意象来表达，北海中的巨鱼鲲，转化为扶摇直上九万里的鹏，这不仅是瑰丽的想象，还是对精神力量转化过程的生动描述。鲲是更低形态的生命能量，鹏是这种生命能量升华后的能量。想象鲲鹏的巨大，可以唤醒我们巨大的生命力，而不只是认同一个微小的自我。野马，自由地在草原上奔跑，吃草喝水，象征着自然生命的不羁境界，想象野马的时候，我们就懂得了自由不是外界提供的，而是来自内心。

人有心理疾病，大多是陷入了病态的想象世界。当我们能够真正跟着庄子去想象，我们的心胸自然会开阔，我们的灵魂自然会不羁，我们的心理疾病就会走向痊愈。

道家是本土的，佛教是外来的，但是经过了上千年的融合，中国佛教可以说充分本土化，成为中华文化的重要组成部分。虽然佛教指出，从根本上看，所有的“相”都是“梦幻泡影”而不是实在的，但是意象仍是帮助我们心灵进步的好工具。佛教中也有用意象来辅助改善心理的种种方法，这些和意象对话心理咨询也可以相互参照。

提到了道家和佛家，就不能不提起中华文化的另一个核心思想：儒家思想。

儒家的基本气质相对严肃认真，似乎整体上没有老庄那样生动活泼，表达中的意象相对少一些，但并非不运用意象。严格说，孔子整理的历史著作《春秋》，表面上是历史，实际上是通过案例来表达孔子的思想，那里面的人物和故事，都可以看作儒家思想的象征意象。

周敦颐写《爱莲说》，并不是写他对花卉的审美偏好，而是通过莲花的意象，来传达“出淤泥而不染，濯清涟而不妖”的人生态度。中国文人写作中，常常对各种自然物、动植物的形象赋予意义，使它们成为精神品质的象征，几乎所有的物象描写，都有心理描写的成分，几乎所有的“格物”都不是引向物理学，而是引向精神修为。牛顿看到苹果落地，会思考到地心引力，而中国人看到花瓣飘落，会想到人生短暂、人生意义等心理学的问题。“前不见古人，后不见来者”，中国人也不会去思考时间的物理学，而会感慨生命的基本孤独这种存在心理学的问题。

意象对话心理学，从意象的心理象征意义的理解出发，也同样有助于我们理解儒家的很多具体的认识。其具体应用，也许可以从用意象对话的方法来阅读中国诗歌和古文名篇开始。

除此之外，中国人生活中还有很多事物可以用意象对话来理解。我们的衣食住行，都是以一些有象征意义的意象为基础的。中国烹饪中的“调味”比其他国家烹饪中的更复杂，其中包含着“调和”这样一种中国的文化精神。中国的传统服装怎么穿，与一个人的年龄、地位、社会角色等都密切联系。中国的居住环境，更是有专门的意象方面的学问。建造住房所临近的山脉的形象，在传统中国人看来对人的兴衰有很大影响，这并非“迷信”那么简单，而是有心理学的道理的。环境对人有心理暗示作用，因此好的环境意象的确可以改善人的心理状态，从而改善人的命运。在“行”的方面,中国人和“行”有关的意象,多是把“安居”“故乡”理想化，而把路途看作是艰难的。“蜀道难”“江湖险恶”等意象，反映了中国人安土重迁的文化特点。

不懂意象，就难懂中国人，难懂中华文化。意象对话心理学，是我们了解中华文化的很好的切入点。

《论语》：爱的层次与爱的传承

郑玉虎

有些文化现象，表面看是文化问题或思想问题，内在可能是心理学的问题。

蒋介石曾接受过精神分析，正式请心理学家做的。不过后来放弃了，因为他觉得这个东西不符合儒家思想。那么，精神分析真的不符合儒家思想吗?

闹婚现象曾引发网络热议，很多网友把矛头指向地方陋俗，指向传统文化——打击范围有点宽，这跟传统文化有关系吗?

……

凡此种种，我想从爱的话题说起。

意象对话的实践，离不开爱这个话题。意象对话的实践者每天都在直接或间接地接触各式各样的爱，对爱有丰富的观察和深刻的体悟。我想谈一些经验，分类谈。

六个层次的爱之一：情结性的爱

第一类是情结性的爱。对人付出爱，实际是潜意识里自己需要爱，付出爱让自己内在的缺失感得到了安慰。比如有的人小时候吃不饱，为人父母后就特别喜欢给孩子做吃的，生怕孩子吃不饱，生怕孩子偏食挑食，成天跟在孩子屁股后头喂吃的。孩子不好好吃饭自己就焦虑。只要孩子好好吃饭，自己什么都愿意做，再苦再累也觉得值。看着满桌的饭菜被一扫而光，自己非常有成就感；若家人都只吃七分饱，自己就会伤心，想方设法让他们多吃点。喂到别人都烦了，自己还是担心别人没吃好。孩子倒是看得明白：有一种饿，叫作妈妈觉得我饿。

有的不体现在吃而是体现在其他方面，比如被抛弃感。小时候经历过被抛弃的感觉，觉得这是一种不好的感觉，很不好，一定不能把这种感觉带给别人，所以总是紧紧抓住对方，用行动告诉对方我不会抛弃你。对方不明就里，潜意识却会感觉很不舒服：你神经病啊，什么抛弃不抛弃的？有的人在家被嫌弃，父母嫌弃，兄弟姐妹嫌弃，街坊邻居嫌弃，上学也莫名其妙地被同学嫌弃。为了避免被嫌弃，就积极努力讨好，希望别人不要嫌弃他。可能别人本来并没嫌弃他，因为他的这种讨好，就真的变得挺嫌弃他的。

情结的程度有轻有重，每个人不同。轻的比较隐秘，不易被察觉；重的表现很明显，身边人很容易感觉到。妈妈年纪大了怕冷，所以总提醒你加衣服，其中的情结不太容易被察觉。有人穷到吃不起早餐，还要把仅有的一个茶叶蛋给你以示好，你会吃得很别扭，特别不舒服，但又找不出对方有什么问题，说不清哪里做得让你不痛快，这种（情结）较容易发现。有人非要干涉你的人生，替你选择，替你填报高考志愿，美其名曰为你好，这种（情结）就很容易识别。

最严重的，不只干涉家人，影响身边人，还忍不住要到社会上献爱心。一天不献爱心，自己浑身难受，如同戒毒瘾一样让人抓狂。安娜·弗洛伊德总结过一种防御机制叫“假性利他”，说的就是这种情况，只是不都严重到这种程度。有些患抑郁症的人特别喜欢开导别人，开导的过程中别人好了，自己却越来越抑郁了，甚至自杀了。有的人身患重病，却操心公益，结果老天不长眼，“安排”他意外死亡，家人往往也没得好，跟着倒霉。有的人自己挣了钱，就开餐馆赠送快餐、做义工、收养无靠者或者免费发放物资，有一天赔到难以为继，不但没人同情，还被声讨……这时，他怎么也不明白这些人怎么可以这么忘恩负义。无偿领取，搞得像别人欠你似的，然后别人不但不感恩，还恩将仇报?

有一次在朋友家，我吃完饭自觉动手收拾洗碗，朋友制止，因为这是保姆的工作。当时感觉到一种有趣的气氛，朋友态度很坚决，却没有任何职业歧视的情感色彩。保姆洗碗，这是保姆自己的事情，我们各自分工不同而已。保姆一样不能插手其他人的工作。虽然没有互相帮忙，但是感觉上家庭气氛是很舒服的。这次经历之后，我就特别能理解一种特殊现象。比如我是一家之主，特别有爱心，把保姆当亲生女儿对待，给她买衣服，买化妆品，送奢侈品；经常无原则无规律发额外奖金；把她介绍给亲戚、客人；带她旅游，专门给她安排同等餐饮住宿。那么我很能理解，她内心会有多恨我。我这样对她，她意识里会感觉挺舒服，但潜意识里，内心感觉上并不舒服，不如被当保姆对待自在。每一次将她当女儿对待，都等于是提醒潜意识：我爱女儿，不爱保姆。我做得越多，她内心的“保姆”会越恨我。潜意识里积累的仇恨，一定多得跟感激一样儿一样儿的。如果有一天她动念害我全家，我不会感到意外——仇恨的来源刚好就是我的爱，她在这个过程中，潜意识里并不舒服。

六个层次的爱之二：本能式的爱

第二类是本能式的爱。它是本能反应，本质是本能，不是爱，只是我们习惯上把它认为是爱，看起来跟爱很类似。最常见的就是依恋本能和性本能。人本主义心理学、客体关系理论，其实讲的主要是依恋本能。这种情形之下，成熟的爱的成分很少，只不过有些地方是依恋的演化形式，不容易识别，会被认为是其他类型的爱。经典精神分析中，性本能讲得最多。

猴子就有依恋的需求。有人做过实验，给小猴两个“妈妈”，一个是钢丝做的，一个是布做的，两个妈妈都挂着奶瓶。结果发现小猴喜欢布做的妈妈，不喜欢钢丝做的妈妈。婴儿早期有相同的心理需求，婴儿对妈妈的需要，并不仅限于吃奶，依恋也一样重要。有一个温暖安全的妈妈，孩子心理就健康；妈妈冷漠无回应，那么即使她能喂奶，她给了你怀抱，你还是不会健康。

三岁以内（尤其一岁以内），孩子对这种本能的需求是很强烈的，很难替代。这就是为什么，一岁以内的孩子被送养，内心这块肯定有创伤。因为别人替代不了妈妈，再好的亲人（姥姥、奶奶），再好的第二父母（养父养母），也都替代不了。没人能替代，再好的“妈”都替代不了亲妈。这是本能，本能是不按理智行事的。本能只管需要或者不需要，本能不会说：妈妈送养我，也是被逼无奈，所以我原谅她的过错，取消需求。本能不会这么做，做了也没用，取消的饥饿依然是饥饿，饥饿被迫取消了，肚子也还饿。本能不是这么“考虑问题”的。它饿了需要吃，就需要；它心理上饥渴了需要抱，就需要。它没法管这个需要合不合理，懂不懂事，有没有人情味。

对这种本能要求的满足，在一岁前是多多益善。这一点跟其他年龄段不同。其他年龄段，这种本能的满足需要适度，需要有节制，一味地满足会把孩子惯坏，变得不健康。但是 0~1 岁不同，一岁前的孩子不怕惯。越是万般宠爱集于一身，越是被欣赏被亲昵，他的存在感就越好，而且越自信、快乐。反之亦然，越缺乏回应，就越没有存在感；越少得到依恋满足，就越自卑、不安、抑郁、淡漠。

但这里说的宠爱，也要是健康的爱，不能是情结性的爱。健康的爱越多越好，少了不好。情结性的爱就不是越多越好，多了反而会出现一种病理现象。弗洛伊德认为过度的满足和过度的不满足，都会形成病理，不利于健康发展。适度的满足为佳。

妈妈自己心理发展极度不成熟，一岁前需求没有得到满足，所以特别希望将全部的爱付出给孩子，补偿式地让孩子满足，这不会让孩子变得健康。这种溺爱会使得孩子内心没有得到真正的满足，但又被迫对溺爱产生依赖。有益健康的是真正的满足，不是这种补偿，这是情结性的爱太多带来的病理。如果过度不满足，那么孩子内心有缺失，不会是健康的。但即使是健康的宠爱，也只适合一岁前，一岁以后需求不同，对待的方式也就不同了。如果一岁以后依然一味宠爱孩子，又会带来新的问题。

一岁以后的心理发展，其他本能需求（如自控、性、语言、学习等）相继出现，依恋不再是最主要的本能需求。但它也不会彻底消失，不管在哪个年龄阶段，这种需求都还有一定程度的保留。即使到了成年，人身上也还是保留了一部分依恋需求。跟恋人、亲朋好友待在一起，不只是例行公事，而是渴望见个面吃个饭，这些都是依恋需求的表现，有时候待在一起本身就是在满足依恋需求。

罗杰斯讲无条件积极关注，人本主义强调人性的关怀，都很适合健康地满足这种本能。同时有经验的咨询师也会发现，过度强调无条件的爱，一味这么对待，实际不像罗杰斯所认为的那样能解决所有问题。这种方式容易带来一种新的问题：过度被“惯”之后，来访者变得有点“边缘”，不太懂界限，缺乏自控力。这就是因为这种方式有适用上的限制，适合一岁前的心理状态，并不适合所有年龄段的心理状态。

六个层次的爱之三：自恋式的爱

第三类、第四类不是很常见，也不是很好理解，读者可以跳过，直接看第五类。

第三类是自恋式的爱。这是一种自我中心式的爱，本质上爱的是自己。可以看作比第二类的本能更基础的一种本能需求。心理学家弗洛伊德所说的自我本能接近这个本能。科胡特自体心理学是最贴近这个本能的，几乎所有内容都围绕这个本能展开。

自恋这个词容易让人误解，以为是病理的，实际这里说的只是一种自我中心，是不可避免的一种自爱倾向。婴幼儿最早期，就是以这种自恋为基础，才能打下地基去构建自信。完全没有自恋，人是没法获得自信，没法建构自我的。

我潜意识里认为我的这个自我，比别人的自我要好一点点，所以我才愿意选这个自我。我是比别人好一点的，所以我才愿意做自己。我是会比别人聪明的，所以我才愿意选这个我，并且愿意继续去努力成为这个我。这种自信是盲目的，不够理性，但是是必须的。

如果一个人潜意识里就觉得自己的自我，跟其他所有人的自我都是一样的，那他就没有必要选这个自我了。做人没有自我，这对婴幼儿来说等于没“选择”活过，这是很可怕的。选了就说明自己对此是有一点自恋的。孩子稍大一些，表现更为明显，喜欢跟别人夸耀：我爸比你爸高，我妈才厉害，你家没我家有钱，我弹弓射得比你远。成年人也还不自觉地使用这种本能，只是自己不太知道。你为什么要用这款苹果电脑？没有自恋的话，干吗不随便用个电脑？背包为什么偏偏选中最合你意的那个？它为什么合你意？合你什么意？没有自恋的话，用哪个不是用？你的三观从哪里来？你为什么要选这套三观？它是世界上最好的三观么？你为什么偏偏选中这一套？你可以没有三观么？

越基础的本能，影响面越广，影响力越大。自恋的影响，实际遍布生活方方面面，几乎全方位无死角。最常见的表现，是海因茨·科胡特（Heinz Kohut）讲的两种心理：理想化和孪生需要。选定一位老师，喜欢把自己的老师理想化；找到一个咨询师，喜欢把咨询师理想化；出轨爱上情人，喜欢把情人理想化，这是理想化需求。喜欢找一个闺蜜或者蓝颜，或者三观甚合特别聊得来的，或者笔友，或者默默契合心有灵犀的某位，这是孪生需求。自恋必然带来这两种心理需求，理想化是把自恋放到别人身上的结果；孪生需要是因为孤独。不对内就对外，要么自恋要么恋他，所以理想化是必然会出现的。孪生也很好理解。自恋的人内心深处一定孤独，因为自恋一定要与“常态”不同，不同就会带来孤独。满大街都能理解我，我得有多庸俗啊，这就没法满足自恋。得让别人不理解，才能满足自恋。可是不理解就肯定是孤独的，所以内心深处会需要被理解，孪生就是满足了这种需求。

把人理想化，或者当作一种孪生需求，看上去很像爱，实际上这种爱不是爱，它只是一种自恋。

六个层次的爱之四：我感式的爱

第四类是我感式的爱。人天生有一种维持自我存在的本能，不是后天学习的，生来就有。身体上的表现是维持生命的需要；心理上的表现是维持自我存在的需要。生理上，人生来就知道要找奶吃，饿了自然就会感到难受，奶来了本能地就知道吃，这都是为了维持生命的存在。成年之后，身体的发展依然延续了这种本能需求，所以人最怕的事情之一是死亡。很多说自己不怕死的人，你把他往海里扔，下边一群鲨鱼，他的身体就会有恐惧反应，因为他的意识可能不怕死，但他的身体会怕。心理上，人之所以会有烦恼，最根本的源头，就是这个本能。被人扇一嘴巴会愤怒，被人侮辱会伤尊严，失去爱会难过，这都是为了自我保护。

自我保护实现的，就是自我的延续。如果人没有这种需求，心理问题等于不存在。因为没有心理反应，没有一个所谓的心理世界，不存在心理活动，所以也就产生不了心理问题。不过这样的人活下来的概率很低。婴儿生下来，从来没有得到过一点爱，并且他不会哭不会闹不会感到难受，那他是怎么活着的呢？这是比自恋更根本的一种本能，影响也更深远。没有彻底超越这个本能的人，不可能避开这个本能的影响，潜意识最深处他首先要为自己活着。就是说只要这个本能还在，他对人的爱，本质上都只是一种自我需求，只是表面上看着像是爱。不过用“自我”不是特别准确，心理学家荣格所说的“我性”（对应英文名称 SELF）更准确一点，但也不够理想，“我感”相对准确一些，所以这里说成“我感式的爱”。读者姑且当它是个概念而已，可搁置原因，知道所指内容即可。

这类爱最核心的特点是自私，唯一的、核心的目标，就是让我活下去。其他反应都只是为这个目标服务的。具有竞争性，并且有排他性，首要目标是让我活着。对自己有爱，对自己的生命有爱，对他人无爱——对他人即使有爱，也只是求生本能上的同病相怜。与第二类、第三类爱的不同在于，第四类爱更深，更隐秘，更不容易察觉，同时影响力也更大，是最根本的求生本能，是自我内核的最中心，每个生命都不可避免地会有。第二类、第三类爱，每个个体具体表现会有较大差异；第四类爱，则几乎无个体差异。

六个层次的爱之五：真爱

第五类是真爱。真爱就是真正的爱，是出于真心的爱，不是本能需求，不是匮乏带来的补偿需求，不是自私的。经验上我说的真爱包含六种：资源式的爱、存在性的爱、男女真爱、自我实现的爱、公爱、原型的爱。之所以从经验上去分，是因为实用，都是直接经验，可以直接感受并且总结。

资源式的爱，是隐藏在情结里的。意象对话心理学体系里，有一个内容叫“爱的种子”，是我看到对这类爱最准确的阐释。它像一颗种子，藏在潜意识深处。人缺爱会感到痛苦，为什么呢？因为缺爱的这种感觉是不舒服的。为什么缺爱会感到不舒服呢？因为它不像有爱的感觉那么舒服。为什么你知道有爱的感觉是舒服的呢？因为亲身体会过。

你体会过，就是说你的潜意识里有过。就是说在你需要真爱的地方，实际就是有真爱。你有多需要，恰恰就说明这里有多少。缺爱感到痛苦，就是因为心已经离开这种真爱的感觉，真爱的感觉已经得不到满足。从这种意义上说，缺爱有多痛苦，恰恰说明真爱资源有多富足。一个人青春期对社会太有爱，过于激情，充满理想，太想报效社会，那么受到一点挫折之后，他内心的失落也会比一般人大。究其根源，是他比一般人更有爱心。心理疾病患者、罪犯、“疯子”艺术家、哲学狂人，潜意识深处可能是更天真，也更有爱心的人（这么说并不意味着：心理疾病患者可以不吃药，罪犯可以不受法律制裁，“疯子”艺术家可以不进精神病院，哲学狂人活该自杀。这是不同层面的问题，现实层面犯了法当然要受法律制裁）。其他情结也都一样，每个情结背后都能找到相应的种子，都是真爱。越是严重的情结，里边越是隐藏着真爱。

存在性的爱。它是与存在性的孤独相伴随的，某些人少数时刻才会感受到。自我生命本质上是孤独的，没有疆界、无边无际的孤独，只可体验，没法描绘，难以言说。恰好是这无边的孤独里，带着一种爱，一种边界的消融。是爱打破疆界，给无边的孤独带来慰藉。看似很矛盾，体验上却是很统一的一种感觉，与无限的孤独同在时，恰好不孤独，是有爱的。既是自爱，也是他爱。存在主义心理学家有时候会提到一点儿。看起来跟第三类爱——自恋孤独带来的孪生需要——有点相似，实则有本质的不同。第三类爱不能算真爱，它只是一种本能需求，而真爱不能是需求。而且自恋本身带有夸大，自恋孤独相应地带有夸张——补偿都会有夸张。不实的爱肯定不能算真爱。而存在性的孤独是非常真实的，不带任何浮夸。而且这种孤独本身是自我满足的，并不是因为需要才产生爱。

有人在旅行的时候体验过这种爱，瞬间被美景强烈震撼，没来得及反应就直接感动得大哭，似乎自己与美景是浑然一体的，亘古未有的孤独，但却又感觉很美好，并不孤单。旅行的时候容易体验到这种爱，是因为旅行时脱离日常生活，更容易遇见内心真实的自己。也有人在宗教仪式，或者某种幻觉状态中体验过这种爱。总之心比较干净，并且不受打扰的情况下，更容易体验到这种爱。

男女真爱。少量一见钟情里带有真爱的成分。没什么理由，没什么功利的追求，无缘由地相互吸引。女人变得很陶醉、爱美、性感、灵敏、纯真，全然地欣赏眼前这个男人，而且傻傻地觉得他是世上最帅（没有之一），并且唯一一个适合自己的男人。男人变得很有诗性，很勇敢或者很有创造性，跟平时的状态不同，俨然换了个人：天真、痴情、旁人看来有点搞笑，但是自己完全发现不了。大概会是这样的表现，但不能说符合这些表现的就是真爱，更不能说一见钟情就是真爱。一见钟情很常见，其中大部分都是情结性的爱，虽然两人都会觉得是真爱。情结性的爱，也可以很激情，也可以很有创造力，也可以双方都感觉很真，感觉跟情结完全没有关系。但实际只是情结——真爱是很少见的。

自我实现的爱。自己内在生命得到实现的情况下，人会自发产生出一种成熟的爱，属于真爱。内在生命大致包括：本能需求、情感需求、自由意志、人生追求、事业、家庭、爱好、友情、创造力、艺术修养、天性，等等。这些东西都得到很好的满足，可以约等于自我实现。

这种爱总体倾向上是快乐的、有趣的并且会激发创造力。心理学家马斯洛对“自我实现”谈得很多，但对于“自我实现”之后的爱谈得不是很多。反倒是弗洛姆谈的爱，多数属于这种爱。弗洛姆没有使用“自我实现”这个术语，但他说的爱实际是这种爱。《爱的艺术》里有很多相关描绘。马斯洛虽然没直接谈，但人在自我实现之后，他的爱自然就是自我实现的爱了。弗洛姆有很多相关的描绘：“我一直相信，真正的爱情可以在对方身上唤起某种有生命力的东西，而双方都会因唤醒了内心的某种生命力而充满快乐。”“爱是一种主动性的活动，而不是被动性的情感。它是一种‘自足’。一般来说，可以用‘首先是一种给予而不是索取’来描述爱的特征。”“天真的、孩童式的爱情遵循下列原则：‘我爱，因为我被人爱。’成熟的爱的原则是‘我被人爱，因为我爱人。’不成熟的、幼稚的爱是‘我爱你，因为我需要你’，而成熟的爱是‘我需要你，因为我爱你’。”“爱是人身上的一种积极力量。这种力量可以冲破人与人之间的樊篱并使人与人结合。爱可以使人克服孤寂和疏离，但同时又能使人保持个性，保持自身的完整性。在爱中会出现这样的悖论形态：两个生命合为一体，又仍然保留着个人的尊严和个性。”

公爱。公爱可以是对任何人的，这种爱的产生只是出于公心，并不是因为能实现什么目的。可以是对某个陌生人的，可以是对家人或家族的，可以是对某个群体的，可以是对民族的，可以是跨民族、跨种族的，可以是对全人类或者其他某个物种的，都有可能，都可以。

社会事件之所以引发关注，很多时候是它唤醒了人们内心的公爱。2018 年曾有一例新闻，一男士在高铁上吃泡面，旁边女士感到不满而对其辱骂，列车员了解情况后跟这位男士说，那位女士是“神经病”。列车员对男士表达的爱，就是一种公爱。跟女士实际是不是神经病没关系，跟高铁吃泡面违不违反伦理道德没关系，只是该女士的辱骂有过火的地方，男士的憋屈激发了列车员的关爱。可能当时不止列车员，同车厢很多乘客都会对男士有理解和关爱，因为大家心中有良知，自然地就会感觉到女士的辱骂是过火的。并不是因为这个事件跟自己有什么关系，也并不是因为关爱男士能给自己带来好处，只是这个时候良知被触碰到，公爱自然就被激发了。成长路上，自己过好了之后，会自发地愿意为家族做点事，真心希望家人好，看到自己家族兴旺，会真心感觉好，这也是公爱。天才文学家能写出打动全人类的作品，就是因为他有公爱，对所有人的爱，不是对某群体的爱，不是以自我个体为出发点写作的。有人奉献一生兴修水利，可能不为求名利，只是出于对家乡父老有公爱。有人弘扬传统文化，可能只是出于对本民族和民族文化的公爱。

原型的爱。昼夜更替，四季变化，老天这么做的时候，并不考虑你舒不舒服，开不开心。今天小明感冒发热，所以夏季临时延长 24 小时，避免小明秋风受寒，待到病情稳定，再适度降温？老天爷不会这么考虑问题。它只管夏季结束就进入秋天，并不考虑小明死活。古人讲“天地不仁”，有可能说的是这个意思。但它实际实现了另一种爱，让万物有法可依，不会因为某个人私人的意志就随便更改。成长足够深入的话，会体验到这种爱。

另一种形式的体现更常见：原型借某个人的生命呈现，实现自己的意志，间接完成自己的爱。项羽死的时候可能不完全是痛苦的，有一面认为死会更痛快。这挺像英雄原型的呈现，以英雄原型的视角来看，区区一个活人不算什么，项羽死了，但英雄的意志实现了，所以项羽性格里英雄的一面会觉得死得很爽。

六种真爱不管哪种，都跟前四类有一个不同：不再是以自我中心的。自我中心的爱，本质上不能算爱，只是人们通常已经习惯了把它认为是爱，所以这里保留。爱一定要存在于独立的生命个体间，要尊重意志的自由，相互独立的前提下才能谈爱。母亲生出来孩子，给他喂奶，给他穿衣，这个只是本能。发现孩子与自己不同，有他自己独立的意志，控制不了，然后还愿意尊重他的不同，还愿意理解他、关心他，这才能叫爱。单向表达自己的某种需求，不能算爱，白展堂爱土豆不是爱，老鼠爱大米不是爱，约瑟夫爱机器人不是爱，父母对孩子的控制也不是爱。

六个层次的爱之六：有觉知的爱

前五类不管是不是真爱，它都只是盲目的爱，缺乏清醒的觉知，第六类爱跟前五类爱最本质的区别，就是觉知，它是有觉知的。前五类爱的任何一类，都可以变成有觉知的爱，情结性的爱可以变得有觉知，本能式的爱可以变得有觉知，真爱也可以变得有觉知。但它们有觉知深度的不同，浅的觉知只觉知到部分，深的觉知会觉知到整体。以情绪而言，浅的觉知，觉知到情绪的一部分；深的觉知，觉知到整个情绪的全部。以自我而言，浅的觉知，觉知到自我的一部分；深的觉知，觉知到整个自我。以人生而言，浅的觉知，觉知到部分人生；深的觉知，觉知到整个人生。情绪、自我，都只是人生的一部分。分层来说，对人生最浅的觉知，是觉知到某种具体情绪，比如我很愤怒，我觉知到了，这是最浅的觉知。进一步觉知到愤怒的来龙去脉，那么对愤怒的觉知深度增加，但对人生整体而言，这依然是最浅程度的觉知。更深的觉知是对情绪基调的觉知，情绪基调比具体的情绪更深，因为它是所有情绪混在一起之后形成的情绪旋律。甚至也包含自我，是全部情绪和自我混合之后的产物。如果不只觉知到情绪基调，还觉知到它全部的组成部分，觉知到组合过程、组合原因、组合方式，那么对情绪基调的觉知又进了一步。但对人生整体而言，觉知深度并没有增加。最深的觉知，就是觉知到整个人生，情绪、自我、出生、死亡、事业、疾病、衰老，全部内容都觉知清楚，整个人生变得清醒，这是最深程度的觉知。觉知带来理解，有了清楚的觉知，就有了深刻的理解，这种理解本身是一种爱。对自我的理解，是对自己的爱；对他人的理解，是对他人的爱。有了对自我的理解，能理解自己，也就能理解他人。觉知程度越浅，理解就越肤浅；觉知程度越深，理解就越深刻。一个全然理解自己人生的人，同样也能理解别人的人生。这种深度的觉知很有用，自己清醒，看人也会变得很通透。看人的时候，不是看到他的行为，是看到了行为背后的动机；听人说话的时候，不是听他的语言，是听到了其语言背后隐藏的本能和情感；看一个人的今天，不是看到他的现状，是看到前因后果，看到他为什么成了今天的样子。看人会很通透，但这种通透不是为了把人看穿，只是理解到了，它的本质是一种爱。觉知的一个结果是不盲目，另一个结果是灵活。无觉知的爱，即使是真爱，也容易侵犯边界，因为它盲目并且偏执。

有觉知的爱会更灵活，因为它清醒可控。

意象对话心理学认为，爱是有层次的，六类爱对应六个层次。六类爱，大致可以按照顺序递进，前边的类别，属于低层次的爱；后边的类别，属于高层次的爱。爱的层次与心理健康程度对应，低层次的爱，对应低级别的健康；高层次的爱，对应高级别的健康。情结性的爱，是不健康的爱；真爱，是很健康的爱。数量比重上也同样有对应关系，一个人情结性的爱越多，整体心理健康度就越低；真爱越多，整体心理健康度就越高。每个人身上都不会单纯只有一种爱，六种都会同时有，但是比重不同，前边的爱比重越大，心理越不健康；后边的爱比重越大，心理越健康。心理成长遵循这样一个规律：成长初期，情结性的爱很多，占的比重也大；随着成长，情结性的爱会减少，占的比重也变小，而真爱会逐步增多，占的比重也变大；成长越靠后期，后边的爱越多，占的比重也越大。意象对话心理成长，是从第一层走向第六层的过程，逐层上升。

介绍意象对话的六类爱，是为了引出《论语》。《论语》的核心是“仁”，“仁”约等于爱。《论语》里的爱，与意象对话讲的爱，有些地方有本质上的一致性。

《论语》里的仁爱

若要在《论语》里找一个与意象对话所说的爱最接近的对应概念，可能会是“仁”。“仁”也是一种爱，广义上的一种爱。“仁”

是儒家最核心的概念之一，《论语》里一共出现了 109 次，所以儒学也被认为是仁学。直接定义“仁”这个概念会比较困难，它的内涵非常丰富，且灵活多变。但是借助《论语》原文，也许可以有一些初步理解，对接近这个概念会有帮助。[①]

【原文】子贡曰：“如有博施于民，而能济众，何如？可谓仁乎？”子曰：“何事于仁，必也圣乎，尧舜其犹病诸！夫仁者己欲立而立人，己欲达而达人。能近取譬，可谓仁之方也已。”

【白话】子贡问：“广施于民，周济众人，能算得上仁了吗？”孔子说：“这跟仁有什么关系？尧舜必定算得上圣人了，但在仁这方面，依然有瑕疵。懂得别人的需求，就可以算得上开始有仁爱了。”

孔子替情结性的爱做了一个诠释，同时给“仁”做出了定义。情结性的爱不叫爱，施舍周济算不得仁，“己欲立而立人，己欲达而达人”，这才算得上仁。而且真爱不在于数量，开始有就是有，有一点就是有了。

【原文】樊迟问仁。子曰：“爱人。”

【白话】樊迟问什么是仁，孔子说：“爱人。”

这里说得很直白清楚，“仁”就是爱人。

【原文】子曰：“唯仁者能好人，能恶人。”

【白话】孔子说：“仁爱的人才能亲近人，厌恶人。”

这从特征描述上做了定义，仁者具备的特点是：好恶分明。

【原文】子曰：“予之不仁也！子生三年，然后免于父母之怀。

---

① 本章论语资料参见：杨伯峻．论语译注［M］．北京：中华书局，2009.

夫三年之丧，天下之通丧也。予也有三年之爱于其父母乎？”

【白话】孔子说：“宰我真是不仁啊！孩子三岁，才能离开父母的怀抱。丧期三年，这是天下通行的标准。宰我对父母有三年的爱吗？”

这里再一次明确提到“仁”与“爱”的关系，没有爱则不仁。引述的时候为了简化，前边省了一部分。省掉的部分讲的是，丧期三年，宰我觉得时间上太久了点。孔子问宰我，丧期吃香的喝辣的，你心安么？宰我说心安。孔子说心安你就吃好了，君子不吃，是因为吃了心里不舒坦。后边才发表评论，说宰我不仁，对父母没有三年的爱。显然在孔子这里，“仁”跟爱是非常接近的，几乎可以画等号。

【原文】子曰：“志士仁人，无求生以害仁，有杀身以成仁。”

【白话】孔子说：“志士仁人，不因为贪生而损害仁，倒是会通过牺牲生命来成全仁。”

这似乎是一个更高标准的定义：“仁”是种比生命更重要的东西。心理体验上，这也是一种爱，是对真理、道义或某种精神追求的爱。人对这种东西的爱，的确可以超过对生命的热爱。并不是所有人都最爱自己的生命。

【原文】子曰：“苟志于仁矣，无恶也。”

【白话】孔子说：“如果立志于仁，就没有恶了。”

说明“仁”跟善是同质的，而且对应标准很高——彻底没有恶是一种很高的道德标准。

从“仁”的这些侧面定义来看，爱的六个类别里边有个很好的对应类别，是第五类：真爱（应该隐含第六类，有觉知的爱，不过这是后话）。而且是六种真爱里的后三种：自我实现的爱、公爱、原型的爱。粗略定义下，"仁"大概相当于"通心""同理的爱"，或者通俗讲，接近"痛痒相关"。《论语》之外，有一些人对"仁"也有提及，可参考。孟子说："恻隐之心，仁之端也。"程颢说："学者须先识仁。仁者，浑然与物同体，义、礼、智、信皆仁也。"谭嗣同说"仁"是"天地万物之源"，"仁以通为第一义"。梁启超说："动则通，通则仁，仁则一切痛痒相关之事，自不能以秦越肥瘠处之。"梁启超认为"仁"是孔子思想的核心，是"人和人交往过程中显现出的一种人格"，这种人格"智的方面所表现者为同类意识，情的方面所表现者为同情心"。这些论述中的"仁"，都像第五类的爱，不像其他类别的爱。笔者从心理成长的经验来看，"仁"所说的内涵也更像真爱，不像情结性的爱，不像本能式的爱，它不是自我中心的。

真爱在分类里很靠后，是高层次的爱，是很高级别的成长才会收获的成果。就是说，《论语》谈论的爱，起点很高。起点就是高层次的爱，没有低层次的爱；起点就对应着高级别的成长，没有铺垫。

起点高不一定是好事。笔者在成长中有这样的观察经验：有些人起点高，实际是把低层次的爱隐藏了，只展现高层次的爱；有些人的确起点高，本来就心理健康度非常高，结果起点高导致不思进取，赢在起跑线也输在起跑线。

起点高也不一定就是坏事。笔者在成长中有这样的观察经验：

有些人"冒充"起点高，等到隐藏着的低层次的爱被发现时，他不回避，诚恳地面对，保住了高起点应有的水准；有些人起点高，这成为信心和动力的来源，他们自我要求的标准极大地提高，也很有收获。

冒充起点高，隐藏低层次的爱，这种情况是可以识别出来的。普通大众识别不了，但是专业上有识别技术。比如某些灵修大师，号称自己开悟，已获得很高层次的爱。这种情况骗老百姓行，骗专业人士就骗不过了。他所谓的"开悟"经验里边，隐藏着很多问题，以专业的视角很容易识别。隐藏的问题，或者隐藏的低层次的爱，他是藏不住的，不管以什么样的方式，都不可能完全藏住，总会有蛛丝马迹。识别靠的不是一套固定的技术，"大师"本人也不清楚识别需要的是什么信息，所以没办法绝对隐藏。要么从他的经验里，要么从他的作品里，总能找出破绽。

但《论语》里找不出这种破绽，109 次提到的"仁"，没有一处破绽。整本《论语》，无论从见解、技术、做法，或者是从价值观、原则等角度来看，都找不出漏洞，每个地方都很"正"，都做得恰到好处，跟现在心理成长的健康标准也非常一致。

举几个实际例子来看。

【原文】子曰："乡愿，德之贼也。"

【白话】孔子说："老好人是道德的窃贼。"[①]

学心理学之后，逐步发现身边的很多所谓"好人"其实是不

---

① 乡，乡间；愿，心愿、理想。乡愿，大致相当于乡间抱了道德理想却不懂现实的人，接近老好人。

敢坚持自我的人。“好孩子”就是听父母话、学习好、不会犯错的孩子；“好人”就是公交车上主动让座的人，或者雨天不打伞跑去帮人搬砖的人。不但让座，而且逢人必让，一让三四十年，或者不止帮搬砖，还帮搬家，把自己搬到吐血也不医治，坚持一搬到底。那么这就不只是“好人”，而且是“好人”中的榜样，模范人物了。也有很多时候我们提到“好人”，指的不是这种做好事的人，是没脾气、不跟人冲突的人，或者和稀泥的人。

从心理健康的角度来看，这些行为本身的确是很好的，前提是不要过度牺牲自我。听父母话表达孝心，很好；好好学习不把心思用在别的地方，很好；少犯错误、减少不必要的代价，很好；主动让座相互帮忙，人情温暖，很好；少发脾气、少冲突，减少情绪冲动带来的互相伤害，很好；和睦相处大家都舒服，显然也很好。但这些个好，前提条件都是不能过度牺牲自我。牺牲自我不但损害自身的健康，而且损害对方的健康。

比如让座，从我自己这面来看，明明不愿意让座，只是因为道德绑架而让座，那么我损害了自己的权益，同时让自己的真心受伤；从对方来看，没座站一下也无所谓，自己也挺乐意站着的，只是因为没法拒绝我的盛情，只好忍受着坐下了。这时候他同样做出了牺牲，牺牲了拒绝人的权利。如果坚持自我，明确拒绝，其实反而更有利于他自身的心理健康。不只牺牲了拒绝的权利，同时他也违背了真实的内心需求，因为从需求上说他可能并不想坐。违背真心，会伤害到真心，从心理健康上说是有害的。

只有一种情况之下，让座是无害健康的：我真心愿意让，他也真心需要，一切刚刚好。这种概率实际没有想象中的高，挺难碰上。比如有人觉得自己是真心需要，其实不过是觉得送上门来的便宜不占白不占，那么我让座的这个行为，真正起到的效果是纵恶，或者说是惯恶。

简单说，其实好人没那么好做，纯粹意义上的好人好事非常罕见。如果做不到心思敏捷、辨识清楚，那么至少不要做老好人，这样也好过假装好人。孔子说“乡愿，德之贼”，非常到位。做不了真好人，至少可以先拒绝做假好人。拒绝也是需要心理力量的，而且这种力量的背后，其实是一种真爱，是对真实自我的爱，接近前边说的真爱里的第一种和第四种：资源式的爱、自我实现的爱。

【原文】子贡曰：“如有博施于民，而能济众，何如？可谓仁乎？”子曰：“何事于仁，必也圣乎，尧舜其犹病诸！夫仁者己欲立而立人，己欲达而达人。能近取譬，可谓仁之方也已。”

前文定义“仁”，引述过这段。这里再次引述，是为了阐释仁者心理健康上的准确性。《论语》对仁（爱）的把握非常精准，非常到位。安娜·弗洛伊德总结了一种防御机制，叫“假性利他”，表面很有爱，喜欢布施，能济众，潜意识里是因为自己需要爱。这背后只是自己把需要外投，就觉得别人需要。这时候施舍别人，自己内心会得到暂时的安慰。自我感觉挺好，但实际缺乏自知，显然不可能真健康。这类型的布施，看起来很有爱，实际是有害健康的，相当于我们说的“情结性的爱”。达摩批评梁武帝，说梁武帝没有功德，可能就是这个原因。梁武帝广建寺庙大加布施，看起来很有功，但从心理成长的角度看，这种是“假性利他”，不是真爱，真爱不是这种表现。真爱才会有功德，“假性利他”的再多布施也不会有功德。如果是真心，出于真爱而做，那么做一点是一点，做一点有一点的功德。真爱不在于数量，在于真心实意，只要是出于真心，哪怕只是一点点，那也是功德。但要做到这一点点，实际上是很难的，多数时候我们误以为自己出于真心，实际依然是“假性利他”。《论语》的阐述非常清晰透彻，“博施”跟仁爱没有关系，“己欲立而立人，己欲达而达人”，能懂得别人的需求，这种心态下的“博施”才算得上仁爱。

【原文】或曰：“以德报怨，何如？”子曰：“何以报德？以直报怨，以德报德。”

【白话】有人问：“以德报怨怎么样？”孔子说：“那用什么报德呢？应该以直报怨，以德报德。”

做过心理成长的人都会知道，无觉知的抱怨，不会对健康起到任何建设性的作用。面对抱怨，直接的感受是不舒服的。不承认这种不舒服，是对不舒服的不接纳。不但不承认不舒服，还以宽容、接纳的态度面对抱怨，这是虚伪，会浇灌抱怨。健康的态度是直面，不拐弯，不舒服就是不舒服，不接纳就是不接纳。直面并不是还击，宽容和还击都容易，直面反而难。生活在祥林嫂身边，一遍遍听她诉说、抱怨，人本能的反应是不舒服的。这个时候出口伤人容易：“你有完没完？”宽容也容易：“她也挺可怜的，不说说又能怎样，原谅她就这么孤零零一个人了……”直面就挺难。直面的表现是：“听她诉说，我莫名地心烦、厌恶，我难受但是我直面这种感受，直到‘耗尽’。不责备她，也不假装理解她，就只是直面我自己的难受。”不宽容的时候，人容易走向另一个极端，就是反击。它也一样不健康。苏东坡有一个小品文《改观音咒》，把这个道理讲得特别清楚。

《观音经》云：“咒诅诸毒药，所欲害身者，念彼观音力，还著于本人。”东坡居士曰：“观音，慈悲者也。今人遭咒诅，念观音之力而使还著于本人，则岂观音之心哉？”今改之曰：“咒诅诸毒药，所欲害身者，念彼观音力，两家总没事。”

大概说的是苏东坡看到《观音经》上说，诅咒的毒药，如果是要害人，那么念观音名号借观音力，就会反害于诅咒者。苏东坡想，观音是很慈悲的，现在有人被诅咒，借观音力而反害于诅咒者，这还是观音的发心么？于是苏东坡改成：诅咒的毒药，如果是要害人，那么念观音名号借观音力，就会双方都没事。苏东坡的方式很健康。

如果面对的不是怨，是德，那么最健康的回应是德，不是直。人在收到真爱时，自己内心一定是被滋养的，被滋养的结果是自己变健康了。自己变健康,自己有了收获,这个时候最健康的回应，就是要有感恩，或者同等程度的回报。回报意味着自己潜意识里真的收下真爱这份礼物了。完全没有感恩，完全没有回报，等于自己并没有收下礼物。没有收下的礼物，实际跟自己的潜意识没有关系，别人送了也白送，只是闲置的。

【原文】子曰：“不愤不启，不悱不发，举一隅，不以三隅反，则不复也。”

【白话】孔子说：“憋了劲想要知道的时候，才启发。有东西发不出来，才引导排解。做不到举一反三，就先不教了。”

心理咨询师多半会有这样的经验：被别人逼着来咨询的来访者，不接；来访者本身没有压抑堵塞的情绪，则不引导宣泄情绪。心理咨询必须是来访者本人想咨询、想改变，咨询才会有效。否则再好的咨询师、再好的咨询方法都没有用。咨询过程中，只有来访者已经堵塞了情绪，才引导宣泄。如果来访者本身没什么堵塞的情绪，咨询师却引导他宣泄，不但起不到好的疏导效果，反而有害。害处是来访者学会了情绪宣泄的方法，并且宣泄情绪的这种方式被鼓励了。在不必要的情况下被鼓励使用，这是有害健康的。

心理成长的授课老师，多半会有这样的经验：自身没有成长动力的学生，不带；不做功课，不带疑问，没有任何困惑，这样的学生不教。心理上要成长，一定会经受考验。经受考验，能最终挺过去的，一定是自己有心理准备，决意克服困难的人。成长靠的是自身的动力。自身没有动力，没人能给予。自身没有奋起的力量，没人能替代自己成长。

普通心理课程授课老师可能会有这样的经验：教完一个内容，学员没有消化吃透，不要紧接着教新的内容。心理上的学习，需要一个消化过程，这个过程没有完成，等于没有学习。学到多少取决于自身消化了多少，不取决于外在给予了多少。另外，消化没有完成的时候，新的内容进来是对消化过程的打断。

有些心理咨询是违反以上经验的，比如咨询师帮着父母逼孩子改变。父母希望咨询的结果是孩子好好学习，考第一；咨询师特别努力，积极诱导，把孩子变成好学生。来访者没有情绪问题，咨询师也很积极，疏导宣泄之后，咨询很“见效”。这种咨询师看上去很有爱心、很积极，其实这种努力实现的是咨询师的意志，不是来访者的意愿。有经验的咨询师看起来不太积极，其实反而是“真爱”，对来访者有真爱。成长授课的经验也一样，不带没动力的学生，恰巧是对学生自身的动力有信任，出于真爱才能做到拒绝。普通心理课程的经验，可能也适用于非心理类课程——填鸭式教学容易，教学相结合、适时给予则更困难。看懂学生的消化进度，这本身就是对学生的深刻理解，没有真爱做不到。

《论语》中讲这个教学问题很透彻，态度上也很健康，没有瑕疵。

【原文】孔子曰：“生而知之者上也；学而知之者次也；困而学之，又其次也；困而不学，民斯为下矣。”

【白话】孔子说：“生来就有的知，最上等；学习才有的知，次一等；困境中学来的，又次一等；有的人困住了还是不学，这就是最下等的了。”

沿着心理成长的路一门深入，足够深入的话，会在自己的内心找到良知。良知不是一种具体的知，却对具体的知有指导意义，非常重要。比如解梦，知道梦的意思，这是具体的知。良知是一种更为基本的判断：这个解对不对？是否已经找到真实的解？良知会帮助我们得出这个判断。找到正解的时候，良知会知道对了；没有找到正解，哪怕只是一丝一毫的错误，良知也会知道还不对。

显然，这对求解有很高的价值。然而它的价值不仅体现在求解的这一面，它对维护心理健康也有相当高的价值。良知是内心最基本的知，一旦做了违背良知的事，哪怕只是非常细微的违心，细微到我们自己根本意识不到，良知也会知道，并且记住，良知层面的心理健康会因此而受到伤害。所以找到良知，顺应它，以符合良知的标准去活，对心理健康非常有益。有良知的人，会在内心最深处有一种自信，活得心安。

良知是先天的，不是学来的。学来的知是更浅一层的知，这种知可以是具有实用价值的，也可以是不具实用价值的，仅仅只是满足人的求知欲。学会解梦,这是学来的知,是有实用价值的知。通过学习知道人为什么会做梦，知道外太空是什么样子，知道我是谁，这是学来的知，这种知可以满足求知欲，满足兴趣爱好。

比这更浅一层的知，是纯功利的知。有了心理问题，要解决，所以学心理咨询，学习只是为了实用，解决当前面临的问题，这是功利性的知。功利性的知，也有它的重要性，需要的时候必不可少，但相对来说比较狭隘，用完就没意义了。

最狭隘的不是功利性的知，是自暴自弃选择的无知。有了心理问题，没有求治动机，选择破罐子破摔，这种人最没救；明明已陷入困境，却不思进取，不寻求出路，不去学习、改变，只是坐而等死，自甘堕落，这是最大的无知。

有趣的是，我们在心理体验上也认为，这四种知是分级的，而且刚好，大致上就是这么四类。最上等的知是良知，其次是学来的知，再次是功利性的知，最下等的是无知、不知。跟《论语》

的分级完全对应。在这一点上，意象对话心理学与《论语》特别吻合。我们认为《论语》分级准确，经验到位，可以验证。

这四种知，跟爱是有对应关系的。良知对应真爱，接近真爱里的第六种，原型的爱。没有真爱，人的良知体现不出来。它跟我们平常理解的人与人之间的爱心有所不同，但它也是一种爱，非常纯正的爱。学来的知有真爱的成分，也有本能需求的成分。功利性的知、自暴自弃的无知，都不具真爱的成分。

【原文】曾子曰："慎终，追远，民德归厚矣。"

【白话】曾子说："认真对待死亡，追忆先祖，人们的仁德就会增加。"

心理成长上特别重要的一块内容，是家族心理。浅显的心理成长触及不了这么深的潜意识，深度的心理学多少总是要触碰这块内容，没法避开。一般说来，心理成长的开始部分都是在化解自身的情结，了解自我。这个阶段过了之后，家族潜意识的内容就会浮现。这些内容不完全属于个人，有些跟自己没关系，是家族里其他人的心理内容。了解这些内容，对自己的心理健康，对整个家族的心理健康，都非常有用。比如这个阶段会经常梦到死去的亲人，梦里非常真切地体会到他们的心理状态。尤其容易感受到他们临死的心态，体会到遗愿在他们内心激发的感受。这在一定程度上可能是对他人内心的理解，同时更重要的，也是自己的内心在成长，毕竟我们的人生，并不只是为自己而活。理解他人也是一个重要的成长部分。基于这种感受上的体验，加上适当的调节和处理，过一阵子会再次梦到死去的家人，再梦到的时候，会明显感觉到他们心态变好了。这可以理解成自己所理解的他们变好了，也可以理解成自己的内心变好了。总之家族整体心态会变好，因为心中的别人变好了，我会相应地变好；反过来我变好了，我内心的各个部分也都会变好，并且我会真实地影响到身边人，让整个家族都变好。现实里的调节方式跟梦里一样。不是梦到，而是内心里真实地想到，想到之后真切地去体会他们的人生，理解他们的感受，了解他们未了的心愿，这样做也会变好。我和我心中的他们都会变好，外在现实里的整个家族也会变好。家族环境变好了，它又会反过来滋养我。硝烟弥漫的家庭环境和和睦友爱的家庭环境，显然后者更养人。如果把视角再拓宽一些，一个地方的地域文化跟家族心理也是完全一样的道理。某个地域大家的心理问题都得到梳理，整个地域文化很健康，大众心态很好，那么这个地域的文化会很养人。心理环境好，大家内心都有福，可以看作大家共同的潜意识里有德。

曾子简略的一句话，说的可能正好是这种心理，从心理体验的角度来看，我们认为曾子说得很正，里边找不出来什么问题。而且这里描绘的爱，显然是真爱，对应第五类公爱。

【原文】子曰："君子求诸己，小人求诸人。"

【白话】孔子说："君子求解于自己，小人求解于他人。"

孟子有个很接近的说法："行有不得，反求诸己"（做了事却没有得到预期效果，那么反过来看自己）。意象对话心理学把"反求诸己"定为最基本的价值观之一，这就意味着它不是在某一个具体的地方重要，是对整套学说而言都非常重要。它不是只影响意象对话理论的某一面，而且影响到方方面面，整套学说都是以这种价值观为基础。

之所以这么重视“反求诸己”，是有原因的。原因之一，这是人获得成长的基础。违反这个原则，自身没法获得成长。眼光向外，外归因，只看外界不看自己，那么自己永远得不到成长。原因之二，可以培养如实观察自我的能力。“反求诸己”不等于问责自己，不等于归罪自我，“反求诸己”是如实地看自己。夫妻吵架，任何一方本能的反应都是：明明是对方的问题，凭什么要我“反求诸己”？潜台词是：“反求诸己”意味着是我的错。这是对“反求诸己”的误解。“反求诸己”只是看清吵架过程中自己的情绪是什么，自己的反应是什么，自己的情绪反应对于激化矛盾起了什么样的作用，自己身上什么样的特质导致吵架可能发生。看清这些内容，才能如实面对。避开自身的因素，只看外在问题，这种看待方式本身是片面的。原因之三，“反求诸己”可以培养自我担当的勇气。人本能地有点儿逃避自我担当的倾向，尤其是对痛苦的担当。夫妻吵架，指责对方容易，担当自己的情绪就会很难。自我担当会很难，但这种勇气是必需的。人不为自己担当，谁又来替你担？逃避担当一样要承担逃避带来的后果，只是早一点晚一点的事。原因之四，“反求诸己”可以帮助自己全面看清自我。全面看清自我，这是一项浩大的工程，一般人终其一生也完成不了。但能“反求诸己”的话，看一点是一点，看多了就会越来越全面。原因之五，最为重要的是，内在自我被看清的时候，“反求诸己”可能帮人实现一个“反转”，恍然大悟似地超越内外界限，顺便把外在也看懂了。但是反过来，想通过看外在而实现这一步的反转，顺便把自我内部也看清，就很难。这是一种很有趣的心理现象：由内到外容易，由外到内就难。东西方文化在这一点上有着很根本的分歧。

孔子设计“反求诸己”这种方式，不知道有没有暗含深意。至少从意象对话的角度能看出来，“反求诸己”是很有深意的设计。缺乏对人内心深刻的人文关怀，是不会有这种设计的。这是一种非常深刻的爱，是真爱，接近原型的爱。

【原文】子曰：“莫我知也夫！”子贡曰：“何为其莫知子也？”子曰：“不怨天，不尤人，下学而上达，知我者其天乎！”

【白话】孔子说：“是没有人懂我的。”子贡问：“为什么说没有人懂您呢？”孔子说：“不抱怨天，不责备人，形而下学起，通达形而上，懂我的只有天啊！”

心理成长有两种战略：一种是从下往上的，一种是从上往下的。具体说，前者是从基础做起，一一化解情结，一点一点了解自我，最终有一天会触及根本的问题，解决之后，就会彻底通达。后者反过来，是直接解决了根本的问题，然后打扫周边战场，一一化解情结，一点一点了解自我。两种战略各有利弊，多数人适合第一种。第二种适合根器特别利、天赋特别好的人。这种人很少，多数人适合从零做起，一点一点积累。第一种战略看起来有点笨，进步也慢，但只要持之以恒，稳步前进，迟早有一天会走到顶端，触及根本的问题。不只心理成长是这样，心理学作为一门学问，想要彻底弄通透，多数人也要走这样一条路：从基础知识学起，日积月累之后会回到根本的哲学问题，再通透之后会发现它依然是心理学问题，是心理学的根本问题。做其他学问，可能多数人也是这样一个路子：先打基础，然后逐步走向顶端，直到回到根本的问题，类似孔子所谓的“下学而上达”。

心理成长触及最根本的问题时，问题不再是个人的问题，是天道的问题，心理学术语说是原型层面的问题。意象对话术语叫“道原型”或“天道原型”。[①] 西方文化更多地把它理解成上帝。各自侧重点不同，但原型是同一个，根本问题是同一个问题。接触到这个原型，人会自发地愿意放弃个人欲望，愿意追寻天道。这个时候有一样东西特别关键，就是前边的成长基础是否扎实。一步一个脚印走过来，基础足够扎实的，不太会出错，并且会因为触及这个原型而有大的进步，获得很大提升。基础不够扎实的就很容易出错，失之毫厘，差之千里。出一个细微的错误，演化出来就可能是很大的问题。

以笔者个人的经验，触及这个原型会有两种最基本的感受，其一是孤独。没有人能理解自己，只有天道是知音。这种孤独并非出于狂妄，也不是为了病态的自恋满足，而是因为真的就是这样。这就是这个原型的基本特点。其二是使命感，一种强烈的使命感推动着自己。自己会因为强烈追随使命而不再怨天尤人。别人不理解，自己不会怨他；命运对自己不公，自己不会抱怨老天，只会执着地去完成使命。

---

① 朱建军．人格：一生一剧本［M］．北京：知识产权出版社，2018：70.

“反求诸已”的深意之一也体现在这里，前边已经通过“反求诸已”培养了自我担当的力量，这里触及这个原型的时候有足够的力量承担，不会被压垮，不会因为超压而出错。

为什么孔子谈论“下学上达”，不谈论另一条路“上达下学”？是因为他不知道战略里的另一条路？还是知道而故意只谈论“下学上达”？从“下学而上达，知我者其天乎”可以看出他自己走的是“下学上达”的路，他自己为什么要走这条路？这些问题笔者也没有答案，只是好奇。

“莫我知”“不怨天，不尤人”，刚好都是触及这个原型时最核心的表现，这应该不是巧合，不是偶然。这个原型本身是有爱的，是我们说的“原型的爱”，属于真爱。如果孔子体验过这个原型，可能他内心也有这种爱。如果体验过这个原型，然后还能准确地理解自己，不歪曲，这应该也算是一种自爱吧？

如果没到第五层

以上对《论语》原文的理解，都是基于五层以上的。如果成长没到第五层，对原文产生的理解会是以下情形。前面四层个个不同，但理解上或多或少总有偏差。

子曰：“乡愿，德之贼也。”

第一层：好人没好报，做好事受过伤，扶人过马路反被讹，怕了，千万别再做好事。（出于情结，看问题以偏概全。）

第二层：有一种冷，叫作妈妈觉得我冷。妈妈真是好有爱，可就是因为她太有爱，我才说不出地难受，独立都会有内疚感。可妈妈这等好心肠，能说她有错么？她也是为我好呀。总觉得她哪儿有点不对劲，又说不清楚原因。（是有点不对劲，但只有超越第二层才能说清楚原因。）

第三层：小鱼仙倌爱锦觅吗？为何如此完美，却又感觉不到他们之间的亲密？他究竟爱的是锦觅，还是他自己？大概所有的爱都这样，不过是在证明自己有爱，自我表现罢了。很完美，对别人很好，实际又很害人。（小鱼仙倌、锦觅是电视剧《香蜜沉沉烬如霜》里的角色，剧中小鱼仙倌，外形俊美且处处大方得体，很爱锦觅，是众人眼中完美的婚恋对象。完美是一种自恋式的伪装，小鱼仙倌其实不懂得怎么爱人。）

第四层：人都在为自我选择，所谓好人，只是当时情景下，对自己潜意识生命最有利的一种选择，是自私的。自私的选择，当然有害德行。《论语》里的说法没错，“乡愿，德之贼也。”（超越第四层的话，自私的选择也可以是不损德行的。）

子贡曰：“如有博施于民，而能济众，何如？可谓仁乎？”子曰：“何事于仁，必也圣乎，尧舜其犹病诸！夫仁者己欲立而立人，己欲达而达人。能近取譬，可谓仁之方也已。”

第一层：佛陀慈悲为怀，救渡世人。《论语》这里说的是佛家大乘精神，凡事站在对方的立场，替对方考虑，做有益对方的事，这才是真正的助人，这才是真正的救渡。心理咨询遇上贫民，咨询师高高在上不能经济援助，还谈什么助人？（咨询师不做经济援助，这属于基本职业伦理，是必须遵守的。）

第二层：授之以鱼，不如授之以渔。童年没爱的人，内心比童年贫困的人更苦。《论语》讲的是对的，外在的布施并不能解决一个人内心的痛苦，唯有爱，能弥补内心的缺失，化解精神上的痛苦。仁爱为本，对待来访者要无条件积极关注。（爱并不能解决所有心理问题。）

第三层：咨询师就应该首先是成功人士，自己没成功过，怎么引导别人成功？或者说，咨询师就应该各方面能力比来访者强，综合能力不如来访者，人格魅力不如来访者，在来访者面前会有自卑，“立人”“达人”也就无从谈起了。（这是咨询师的一种自恋需求，咨询师不一定非要是社会上的成功人士，是心理咨询方面的专业人才就好，也不需要各方面能力都超过来访者，不可能做到，也无此必要。）

第四层：所谓“立人”“达人”，本质上还是在追求自身的存在感，是自我内部的一种存在需求。只是因为这种需求过于隐秘，利人者、达人者自己没有体会到而已。《论语》所说的这种仁爱，实际是不存在的。佛家所说的大乘精神其实也不存在，度人实际还是在修自己。（处在第四层，确实体会不到那种仁爱。）

【原文】或曰：“以德报怨，何如？”子曰：“何以报德？以直报怨，以德报德。”

第一层：《论语》说得真是太好了，我们家里那位，抱怨起来没完没了。我总是以德报怨，忍让退避，她却蹬鼻子上脸，不依不饶。到把我逼急了，她就消停安生了。（这种忍让不叫“以德报怨”，只是没看清自己内部招致抱怨的原因而已。最后消停，也不是真消停，只是暂时镇压下去了。）

第二层：我看生活中有一些人，人好心好、善良友爱，但也不是绝对的善茬，说话直接，生气也很直接。不窝气，不藏着掖着，但是别人的好自己也一点点都记得，总是要报答。最后也没见多命好，年轻时候就得病死了。“以直报怨，以德报德”，这种做法，可能也不见得就好吧？（生气不一定是准确的表达。生气直接不等于“以直报怨”。这个层面的善良，往往还是带有隐形的压抑，压抑致病反而是正常的。）

第三层：“以直报怨，以德报德”，这不难，我平常修身养性谈佛论道参禅打坐，哪个都比这难。（结局是这种人不接地气，貌似高雅但是心不够开放。别人想要与他推心交流，会很难。这种结局刚好是自恋导致的结果。）

第四层：我做到了“以直报怨，以德报德”，但隐隐觉得这种做法带有隐形控制，对方会觉得不够直白，都对不起我似的。对方潜意识里会有点儿被迫“以德报德”，不那样做的话就好像欠我一点点似的。可见《论语》讲的这个做法，还是有一点点问题的。（这一点点的隐形控制，刚好就是这个层面唯一存在的问题。不是《论语》讲的有问题，是这个层面的“我”带点儿这类问题。）

【原文】子曰：“不愤不启，不悱不发，举一隅，不以三隅反，则不复也。”

第一层：隔壁老王家孩子就是没碰到这样好的老师，碰到了一样能学好。就跟我一样，可怜啊，小时候的教育真的是太重要了。启发式教育，从小就得抓。找个因材施教善于启发互动的老师特别重要，早教不能输在起跑线上。(这种理解基本不着调。)

第二层：其实老师教什么不重要，怎么教更重要。一门功课学得好不好，取决于你喜不喜欢这门功课的老师。学生喜欢老师，功课就会好。老师喜欢学生，就会知道怎么启发，什么时候启发，哪里启发。教学不是冷冰冰的讲解，它更是一种爱的互动，借着教学互动实现了爱的传递。适时准确的启发，一定意味着老师是爱学生的。(论调本身没问题，但对爱的执着，使得理解与原文不够贴切。)

第三层：方法、时机、内容全对，而且也都是因材施教，有备而发的，但是结果却不理想，并没有教好学生，没能很好地启发对方。可能孔子的这个说法，适合部分人，不适合另一些人。(实践是检验自恋最好的工具，行之无效的完美方案，实际都只是自恋幻想。孔子这个说法不适合你是因为你自己还没能超越自恋，而不是孔子的说法有局限性。)

第四层：有的老师很善于启发后学，总能准确找到切入口，找准时机，因材施教加以引导，学生也总是学得很好，教学非常有效。可是教出来的学生一个模板，都是老师本人的翻版。这里边一定有问题。(这种教育确实有问题，问题出在老师还没有学会避开自身的性格影响。老师学会避开自身性格影响之后，教出来的学生是符合每个人性格天性的。)

【原文】孔子曰："生而知之者上也；学而知之者次也；困而学之，又其次也；困而不学，民斯为下矣。"

第一层："生而知之"是一种很玄乎的东西，太不靠谱。"学而知之”,姑妄听之吧,中学学的东西,现在基本上也没剩多少。“困而学之”大概指的就是应试了,这一定是最下等的知,噩梦,噩梦。“困而不学”倒没什么,30 岁以后不都这样吗?(单纯用自己的人生经验去理解孔子,这种方法是不可取的。)

第二层:小孩确实知道很多东西,是天生的,不是谁能教会他的。他知道你是不是真心爱他,真心他就亲近你,不真心他就不理你。他知道开心,知道不开心;知道吃,知道不吃;知道睡,知道不睡;知道玩,知道不玩。反倒是后天学的东西,把我们的这些天性掩盖了。成年人如果能像小孩一样知道那么多,自己就会活得很天真很开心,也很健康。没那么多烦恼,也没那么多疾病。(如果成年人没有经历专业的心理成长,而直接回复到小孩状态,其实是不健康的,很危险。)

第三层:王艮说过,满街都是圣人。王阳明也说人有良知。佛家终极目的追求的也就是智慧。孔子这个说的是对的,生而知之者上也。学来的那种知不能开启智慧,所以我不求。求则求先天良知。良知才是圣贤之道。(这样子“串联”是不对的,内心没有亲证。生而知之为上,其他各种知也都有相应价值,不必因此而排斥。)

第四层:渴了知道要喝水,暖了知道放松享受,冬天小便过后身体知道要抖一抖,人确实有很多先天知道的东西。可是没用啊,知道了也没用,没法开发成为一种实用的智力。(其实是可以开发的,只是需要非常深入的心理成长。)

【原文】曾子曰:“慎终,追远,民德归厚矣。”

第一层：那谁谁谁家，祖坟被人刨了，鸡犬不宁啊，全家都不安生，一桩接一桩，你看这都连续几年了呀。人呢，别不信邪，祖先的问题马虎不得，麻痹大意要出事儿。起码的敬意不能少。（这就是迷信。）

第二层：友爱的家庭氛围会更好。孝顺长辈，关爱老年人，家族内部消极情绪会减少。重视临终关怀，老年人走得安详，那么全家都会感觉更好。死人也一样，死去的家人也是家人，爱家人是自然的事。像爱活着的人一样爱死去的人，那么全家都有福。（以活人类推死人，也许欠妥。死去的人，“爱法”上可能有不同。）

第三层：做临终关怀，调节家族内部关系，祭祀先人，显然对家族心理健康是有用的。如果能尽自己微薄之力，把家族内部遗留的情结都处理掉，岂不是造福全家？（这样想很危险，家族内部情结不是自己能解掉的。）

第四层：其实不用去管先人，只要深入地调整自己的内心，这就会影响到他们的“健康”，因为整个家族氛围变好了。（还是得管，外部因素也是有影响力的。）

【原文】子曰：“君子求诸己，小人求诸人。”

第一层：这我太懂了，我从来都是万事不求人，打小就这样。（“求诸己”跟“不求人”完全不是一回事。）

第二层：人格上的独立非常重要，从小被惯养的孩子，看着活得舒服，其实内心很痛苦。心理上实现独立，经受风雨、经受考验，虽然痛苦但是内心踏实。（孔子肯定不是在讲惯养的问题。）

第三层：求人不如求己，求人总是需要有依赖，有依赖就不可控。靠求人解决的问题，自己这里总是留下了隐患的，问题再出现怎么办？这是古人重视修心的原因，没事的时候就总在修炼自己、做准备，等到有事时就不用害怕，因为已经有应对能力。有解决不了的事，都说明还是自己修炼不够，有待用功。自己修炼够好，就没什么怕的事了。（人生无常，你可以修炼得面面俱到吗？）

第四层：所有心理问题，都能找到相应的内部原因。完全没有内因,心理问题不会发生。事情也一样,外部有解决不了的事情，归根结底还是内心有没过的关。过了内心这一关，事情自然会顺。凡事求诸己，孔子讲的是对的。（过于绝对，内外的分裂本身也会引发问题。）

【原文】子曰："莫我知也夫！"子贡曰："何为其莫知子也？"子曰："不怨天，不尤人，下学而上达，知我者其天乎！"

第一层：幽默是一种防御机制，自恋是常见的幽默方式。我也真是醉了，孔子玩笑开这么大。（谁知道呢？也许孔子是发自内心，不是玩笑。）

第二层："不怨天，不尤人"，自我成长这是一个好方法。不过很难做到，一般人达不到。有些人受得了但其实是在压抑，用好很困难。能用好的话这种方式确实是非常促进自我成长的。至于这条路能走多远，走下去最后会是什么样，就全不知道了。应该会很远，但也说不好，持保留意见吧。（理解准确，态度诚恳，用功方面似乎有待提高。）

第三层：自我成长是非常孤独的，越深入越孤独，后期不可能被人理解。孔子没人能理解，这也正常，一点都不意外。（有借题发挥的嫌疑，孔子没谈孤独感。）

第四层：心理成长太深入，确实有种老天才能理解的感觉。已经超出人性范畴，没法以人的方式得到理解，像是接触到了天理，姑且认为就是传说中的天道吧。厉害了我的天，鬼都理解不了，说不清什么鬼，但隐约知道是可以被理解的。（心理成长这“鬼东西”，隐约感觉到的往往更准确。）

如果处在一层以前，完全没做过心理成长，对《论语》的理解又是另一番情形：每读一句都能产生很多种理解，每种理解都配上鸡汤故事，似乎有理，却又似是而非。总之就是满嘴鸡汤，满嘴跑火车。

另外有一种情况需要特殊说明。有些人没做过心理成长，但是读《论语》产生的理解，却与上述理解完全一样。第一层一样，第二层一样，第三层一样，第四层、第五层也一样。或者有些读者，没做过心理成长，但是上述评述他却全部能读懂，完全能理解，跟做过成长一样。这并不奇怪，因为人心是个多面体，每个人的内心都是六层共存。谈到哪层，潜意识相应的地方都会被激活，自己会感觉能懂、能理解。它跟真正的理解的区别在于：心没有完全贴上。有时候是大脑理解，心并不理解；有时候是心有理解，但只是很小部分的心有理解。成长走到第六层的人，全部六层哪层都可以完全理解。成长走在第一层的人，第一层能全部理解，第二层到第六层都只是部分理解，甚至心根本一点都不理解，只是头脑层面有理解。高层对低层兼容，低层没法兼容高层。

要在心的层面产生真理解，笔者认为心理成长是必需的。

意象对话传承仁爱的方法

从上边这些例子可以看出，《论语》涉及的仁爱，多是些很高层次的真爱，而且论述总是精准、到位，找不出遗漏，挑不出问题。以心理成长的视角来看，《论语》起点很高。

《论语》起点高，一定有它高的原因，笔者这里没有直接证据，只是猜测可能有如下原因：孔子本身对自己内心的体悟很深入、很通透。孔子最亲近的学生，内心体悟也挺深入、挺通透。孔子本人显然很深入、通透，否则不可能发展出儒家这么精深的文化思想。心理成长上有一个基本经验：一个人自己内心体悟通透的话，一定有办法教会身边亲近的人，让他们也做到。所以孔子身边的学生体悟上深入、通透，就不奇怪了。另一个可能的原因是：最为亲近的这几个学生，本身智力水平并不低。子贡聪明，经商富可敌国，从政做了宰相，外交上凭一己之力挑起各国争端而保护了鲁国，辩才也很出众。子贡“闻一知二”，而颜回“闻一知十”，说明颜回智力水平更不会低。颜回能做到“不迁怒，不贰过”“其心三月不违仁”，并且“人不堪其忧，回也不改其乐”。坚持心理成长超过 15 年的同行，可以按照自己的心理经验，做一个大致的估算，自己离“不迁怒，不贰过”还有多远？离“三月不违仁”呢？离“不改其乐”呢？须知颜回总共只活了 39 岁。《论语》主要记录的，是孔子以及身边最为亲近的几个学生的言论，所以即使起点偏高也不会让人很意外。

【原文】子曰："吾与回言终日，不违，如愚。退而省其私，亦足以发，回也不愚。"

【白话】孔子说："我整天跟颜回讲学，他从来没什么意见，像是有点愚笨。回去之后自己省悟，也完全能阐发他自己的观点，他其实不愚笨。"

笔者认为，像《论语》起点这么高的内容，特别适合三类人。一是颜回这样的，智力水平高，举一知十，提头知尾，而且好学，自己还特别用功，总能把老师讲的东西彻底悟透，不是一知半解，更不至于误用。二是自我一致性已经非常高的人，比如心理学家罗杰斯。他的内外不太会有不一致，不会出现内外不协调还不自知的情况，这样就不会因为学了起点高的东西而导致隐性的自我压抑。三是心理成长功底已经相当好的人，只缺一个启发的机缘，稍一启发马上获得很大提升。

孔门学生数以千计，并不都是这三类人，但这些教学内容也还是适用，因为他们是另一个特殊的类别，是讲诚信的人。真诚特别重要，真诚可能是学《论语》最为重要的品质条件。诚恳地意识到自身的不足，不回避，不压抑，不自责，只是诚恳地承认，并且诚实地去改进,这一点非常重要。一旦有自欺、自责,就会"跑偏"，显然不适用。先秦的人，诚信度相对较高，所以基本适用。

现在则有所不同。现代人诚信度相对来说要更低一些，真诚的能力已经下降，显然也不可能都是前三类的人，前三类作为标准的话，要求过于苛刻。所以现代人直接学《论语》，其实容易导致一个问题：以《论语》的高标准进行自我要求，结果形成一种高级而又隐性的自我压抑，心理体悟更加不通透了。下面以具体例子来说明。

【原文】曾子曰：“吾日三省吾身——为人谋而不忠乎？与朋友交而不信乎？传不习乎？”

【白话】曾子说：“我每天多次自我反省——为别人谋划有没有没尽全力的地方？与朋友交往有没有不够诚信的地方？老师传授的学问有没有还没习练的？”

这本来是一个非常好的自我练习，每天反省自己的工作、交友、学业，反省就会发现不足，有了不足去改进，然后就会更好。这些对自我提升显然是非常好的，会变得更健康、更有力量。每天反省不止一次，多次反省的话，自我进步会非常快。

但也会有一些小问题，比如反省中发现自己有不够尽力的地方，有点内疚，然后产生了自责。接下来我就去改正，让自己更尽力。这样的过程很容易产生隐性的自我压抑。我的内疚没有得到健康的处理，自责带来的自我伤害也默默地存在内心，而且学到了更精细的自我批判，过去有三分不尽力才被意识到，那么现在只需要到二分不尽力自己就很容易意识到，然后产生新的内疚、新的自责、新的改进。于是得不到健康处理的内疚、自责继续积累，看似微不足道，挺不起眼的一个小问题，多次积累之后就会成为一个很大的心理问题。积少成多，心理问题都是这么来的。而且长期“练习”情绪积压就会很明显。每天练习次数越多，后果越严重。有人可能觉得这没什么难的，只要正确处理内疚和自责就好。问题是正确地处理内疚、自责问题其实并不容易，多数自认为正确的处理，实际上并不专业。而且产生问题的情绪也可能不是内疚、自责，而是别的情绪，至于具体是什么情绪，每个人都不同，千变万化，具体情境下准确共情才可能了解。以上只是一个练习导致的结果，而《论语》里不止一个练习，也不止一样好东西。出问题的话，每个练习都可能出问题。整本《论语》里边全部好的东西也都可能这样带来负面结果。

相应地有另一个问题，实践过后人会误以为自己已经懂得"三省"这个方法，因为自己已经学过，亲身实践、总结过。如果没有过亲身实践，人不太容易自信，就因为有了亲身实践，有了经验基础，人才特别容易自信，但这种"懂"可能是完全不对的。理解上不一定对，即使理解是对的，实践也可能完全不对。做过心理成长的人都知道，意识层面的理解和潜意识层面的理解，虽然看起来是一样的道理，实际上却完全不是一回事。古人所做的练习，针对潜意识更多，一般不会涉及意识层面的练习。

第三个问题是个普遍问题，不是这个练习特有的，也不是《论语》特有的。人潜意识里容易把自我跟好的东西等同。《论语》里的方法是好方法，我学的是《论语》里的方法，所以我的方法好过心理学的方法；《论语》里的"仁"是更高级的爱，我学的是《论语》里的"仁"，所以我的爱更高级；《论语》层次比心理学更高，我学的是《论语》，所以我的层次更高。这种想法的逻辑漏洞很明显，但是人难免有这种心理。结果是《论语》里真正的"仁"没有学到，学了一个很像"仁"的东西；内在不如"仁"

的情感不愿意如实面对了；不愿做心理学这种“更低层次”的成长了。

灵修圈也有少数人曾进入一种误区，有人把它叫作“灵性逃避”,本质上就是不愿意面对问题。灵性层面的成长让人感觉很好，所以接触之后有些人会自我感觉变好，结果却是：热衷灵性成长但是整个人的内心状态非常不通透；柴米油盐的生活能力差，用灵性成长作为逃避的借口；不接地气；喜欢探讨生死、存在、意义这些根本问题。孔子、王阳明不谈生死，不论玄学，只回答眼下困扰的问题，一定程度上更少进入前述的误区。

精神分析没用好也会出类似的问题。有人学会好多精神分析术语，然后套用，实际是在防御自己内在的感觉。“你投射”“你这是对你爹的愤怒”“你被动攻击”……这实际成了一种更高级防御，不学精神分析还好，学了之后，反而学会这么一种高级防御了。

有一条成长路径可以避免《论语》传承上的这种误区。这条路是心理学的方法，同时可以传承到《论语》的精神。我认为它是更适合现代人的方法，不存在前文提到的这些问题。意象对话心理成长，走的就是这条路。

简单地说就是从零做起，步步为营，稳步攀登，最后实现与《论语》精神的直接对接。不谈修行，不提传统，脚踏实地做心理分析，一步一个脚印。这条路看起来起点低，不够高大上，但每一步都扎实而且方便评估，每一步都可以清醒地知道自己已经走到哪里，离目标还有多远。

以爱的层次为例，来说说这是一条什么样的路。

第一步是心理分析、化解情结、了解情结性的爱。这是入门，入门阶段必须接受专业的心理学训练。心理分析就像外科手术，是高度专业化的技能，需要专门训练，并不像人们想象的“分析心理谁都会”。弗洛伊德就曾为此苦恼，因为他发现心理学这个东西，什么人都可以“插嘴”。实际上，“插嘴式”的心理分析和专业的心理分析，是完全不同的，虽然有些“插嘴”看起来也有道理。接受专业训练，全面了解自身的情结，根本目的不在于化解情结、给自己带来幸福生活，根本目的是：借这个训练过程学会敏锐地觉察自己的情绪。学会之后，敏锐的觉察可以用于全面的自我发现：发现情绪，发现情结，发现爱，发现心理能量，发现心理感觉……各种发现。掌握了专业技能，就不容易被情结迷惑，不容易被潜意识的情感左右，可以清醒地发现、认识各种细微的情感反应。清醒的自我分析，可以避免那种表面献爱心实际隐藏个人情结的情况，可以把情结都变得有觉知。自我分析、了解情结，这是一个浩大的工程，非常考验耐心。不同的人情况不一样，需要的时间和精力不一样。有的人天然健康，情结少，四五年的专业训练就够；有的人健康度低一些，情结较重，这一步可能需要十多年；有的人终其一生也很难走出这一步。

这一步中的常见问题：①以古人的修心方法替代心理分析。这个替代是没法实现的，因为古人整体心理健康度更高且诚信度高，他们可能不太需要专业分析。现代人心理状态已经发生变化，古人的方法已经不适用，现代人需要针对情结的专业分析（不排除少数例外，不需要心理分析也能自己悟透，但是这种人很罕见，万里挑一）。②逃避痛苦。分析、面对情结，这个过程感受上一定是不舒服的、痛苦的，甚至常常是非常痛苦的。必须承受痛苦，才能化解痛苦。很多人因为承受不了痛苦而选择逃避，中途放弃，并且给自己找了各种各样看似很合理的理由。这些理由说到底，就是帮自己逃避痛苦。③浅尝辄止，缺乏耐力。单这一步，一走就需要很多年，需要持之以恒。很多人没法坚持到底。

第二步是全面了解自己的本能。第一步足够深入，分析透彻的话，第二步的成长会自动接上。懒惰、傲慢、嫉妒、性、依恋、吃、呼吸、运动、放松……各种本能都会自动呈现，自己只需要在体验中继续了解就好。自我的架构里，本能欲求是比重相当大的一块，如果对它缺乏深入全面的了解，那么这样的心理成长一定是存在重大缺陷的。不了解这些本能就不可能做到恰当满足，健康应对。更重要的是，不了解的话，自己没法真正理解本能的生命意志，不会真懂生命，不会真懂“我是谁”。全面的压抑和一味地放纵，显然都是很不健康的。这么做一定是出于无知，没能透彻理解。

这一步的常见问题：①各种本能之间相互混淆。性可以转化为其他本能，以其他形式完成；其他本能可以转化为性本能，以性的形式获得满足。没有体验清楚这一点，就可能产生混淆。有些女性性本能得不到满足，然后就成天干活，希望通过干活来释放性能量。这样做的结果是得不到健康的性的滋养，而且容易让自己变成“女汉子”。有些人恐惧的时候，通过性来释放恐惧。

这样做的结果是性被扭曲，恐惧也得不到好的表达。有些人说夫妻吵架后过一次夫妻生活就什么事儿都没了，床头打架床尾和，但这样实际只是把问题暂时掩盖了，吵架的事儿并没有真过去，迟早还会再翻出来。②本能之间相互激发，因为缺乏识别力而无法一一得到健康的满足。有人有依恋的需求，希望得到爱人的抚慰，比如搂抱、抚摸，但是抚摸会马上激起性欲，然后满足性欲，忘了依恋。这种情况下依恋并没有得到满足，所以内心深处还“欠着”。③片面截取某些修行方法，对本能采取过度克制或过度放纵的态度。某些修行方法会采取这样的方式，但这是阶段性的，并且要配合其他训练方法使用，断章取义地使用往往是有害的。④受病态的价值观、哲学观影响，把本能看成恶心的东西，一味回避。这样做只会让这种本能变得更加“不健康”。

第三步是深入观察自己身上的自恋反应。不观察不知道，一观察会发现生活中自恋无处不在。做饭、购物、上班、养宠物……做好了自恋地觉得是自己好，做不好自恋地觉得是自己不好。实际做好了说明方法好，做不好说明方法不好。但人难免要跟自我联系，因为自恋总是存在。这一步要做的就是如实观察、全面观察，观察清楚之后，就可以不被这种感觉左右。事情做好了，我开心，但是我不被开心裹挟；事情做不好，我受挫，但是我不会因此而沉浸在挫败中。自恋归自恋，事情归事情。方法不好改进方法，方法好了保存经验。

这一步的常见问题：①误把正常的自恋当病态的自恋。人多少会对自己的长相有点自恋，这是正常的，一般无须治疗。

②压抑自恋。故意表现谦虚，以为这样做就不自恋了，实际潜意识满足了一种自恋：我可以做到不自恋。这是画蛇添足，反而让自恋不容易被如实观察到了。

第四步是看清自我究竟有多固执。没看清的时候，我所做的一切，本质上都只是自我固执的一种体现，自我实际是非常偏执的。我固执地爱一个人，偏执地觉得我的爱都是为了对方好，事实上可能没有什么东西比这种爱更伤人的了。这一步要做的就是把这种偏执彻底看清。

这一步的常见问题是片面学习佛家理论，认为“我是一切问题的根源”，希望自己做到无我。这是一种很畸形的心理发展，在自我还没能成形的时候，提前把自我消灭掉。如同新生儿还没有长大（更谈不上生命绽放）就被扼杀，这显然不会让他变得健康。

如果一路顺利，经历了这四步，人会自然收获真爱。真爱不是求来的，到这一步它会自发呈现。真爱跟前面的四种爱都不同。对真爱有过亲身体验，你就会理解《论语》里说的“仁”。这种懂不是通过学《论语》学来的，是自己内在生命的体悟在《论语》记录里得到了印证，学是学不来的，《论语》没法指导今天的心理成长。学的过程，靠的是今天的新方法，《论语》只是用来作印证。懂得的也不是《论语》的记载，是文献记载背后所要传达的精神力量。懂记载和懂背后的精神，是完全不同的感觉。李云龙没上过学，看不懂地图，但他实际懂地图，因为他看的都是活地图。成长走在这一步，现代人看《论语》的感觉就像李云龙看地图，通篇都是真爱，活灵活现。

这是意象对话心理成长实现仁爱传承的基本步骤。“仁”只是其中一个例子，实际不止“仁”，《论语》里讲的其他精神内涵、心理品质，也都可以通过意象对话的心理成长直接获得。获得相应的精神品质，实际上就已经实现精神传承。为方便实操，下边简要总结具体做法。

一、读《论语》

能背诵最好，背不了也没关系，背诵与否，对心理内涵的传承影响不大。但阅读是必要的。阅读时注意：避免理解，“不用心”最好；随机翻阅，无须刻意通读，像小孩子读书一样，随意翻，但是经常翻、多翻；读原文，不看别人的注释，尤其不看白话翻译。这样做的原因是：心理成长没有走到第五步的时候，自己产生的理解，都只是意识层面的种种误解，理解越多，偏离内涵越远。别人的注释也一样，注释往往是注者自己的知识背景产生出来的一种理解，跟读者心理体悟未必贴合，这样的注释看的越多，离内在体悟越远。但理解文字含义是必要的，这里只查字典就好，不用看注释。阅读起到的作用，只是留下一个大概印象，对《论语》原文有一种基本印象就可以。就像播种，种子种下就翻页，剩下的只是坐等发芽。小孩的翻阅方式好，因为小孩的翻阅是出于兴趣，《论语》贴近潜意识，贴近良知，它能偶尔隐约唤起兴趣，唤起良知。因为不理解，反而更贴近；因为不用力，反而真给力。

二、了解历史

了解真实的历史，有助理解心理发展，理解学说背后的心理内涵。主要的是孔门学派发展历史，其次是人物性格和成长历史。如果能多一点春秋历史知识更好。注意事项：避开文学性的历史故事，避开被过度发挥的历史，尽量挑选可靠的史料了解一点就好。

三、参加小组

心理成长小组是一种特殊的学习方式，是做意象对话心理成长所必需的。只有参加小组，才能步步为营地完成前边说的四步骤，其他形式的学习，都代替不了这种学习。注意事项：挑选可靠的授课老师；长期坚持，避免半途而废；避免以其他形式的学习代替小组。意象对话的小组学习，如同学中医，必须跟好的老师，不能自学，也不能靠书、音频、视频这些方式——知识性的学习无法代替经验性的学习。小组有一个好处是成员之间可以互相启发，相互校正，安全性好，出现偏差的概率低。另外，意象对话的成长，就得是本人亲身参与，亲身被分析被老师带领，这样才能得到真知。避开自身的体验，避开自身的心理分析，试图作为一种外在的知识去学习，这是行不通的。参加小组很必要，是三个具体做法里最重要的一个。这个做法里最重要的一点是坚持。一直坚持的话，慢慢地有一天自己就会发现做法一种下的种子已经开始发芽，这个时候就重读《论语》，重复做法一就好。这样一轮又一轮地重复，坚持成长，一直做下去就会有收获，就会实现精神上的传承。

只要在一个点上实现传承，理解了《论语》所讲的心理内涵，我们马上就会发现，《论语》是个宝藏，满地真爱，满地真知，满地正信，它很美。这些宝藏中的任何一样，开发应用到现代心理咨询中的话，都价值极高。可以说，《论语》在现代心理咨询中的运用价值，还远远没有得到重视，更没有得到开发。“仁”是一种真爱，仁学是真爱学说，《论语》是充满真知真爱的学问。随着本土心理学的发展，这些学问迟早会被心理学遇见，被心理学家重视，被心理咨询挖掘。

《论语》讲的是真爱，精神分析讲的也是真爱，但两者还是有所不同：《论语》讲的是潜意识更深处的真爱，比本能更深，以爱的类别里第五、第六类为主；精神分析讲的是潜意识里边浅层面的爱，主要是本能层，部分更靠近情结层，爱的类别里对应第一、第二、第三类。

《论语》对真爱讲得更深，而对于最浅层的情结性的爱，以及在这一层上需要做的功课，《论语》实际并不适用。在这一层上，精神分析特别有用，化解情结、理清情结性的爱、做心理分析，精神分析在这些方面比《论语》适用。而从心理咨询实践经验来看，现代人身上体现最多的爱是第一类，情结性的爱。可以说，以适合现代人的方法去处理情结性的爱、找回真爱，精神分析在这一点上是很有功劳的，儒家思想在这一点上不甚适用，没法跟精神分析比。而如果以精神分析心理学为基础，从一层到六层，层层往上实现心理成长，走到第五、第六层，精神分析和《论语》之间的疆界就被打通了，这就是意象对话心理学所做的事情。它适合做这个事情，它以精神分析为基础，但本质上是本土心理学，先天与《论语》亲缘。

本章开头提到过蒋介石的看法，他认为精神分析不符合儒家思想。他所表达的具体内涵，已经没法确定，我觉得有很多种因素，会导致他得出这个结论。首先蒋介石所说的儒家思想，不一定是《论语》里的儒家思想，有可能是民国时期的儒家思想，也有可能是蒋介石个人理解的儒家思想。民国时期的儒家思想，不一定完全符合《论语》里传达的思想，蒋介石个人理解的儒家思想，也不一定符合《论语》里传达的思想。另外，蒋介石做精神分析，请的是萧孝嵘，萧孝嵘的确是出色的心理学家，但心理学学历和精神分析实践没有直接关系，出色的心理学家也可能没有什么精神分析背景。如果是这种情况的话，心理学家所做的精神分析，当然也不能代表精神分析。如果是真正的精神分析遇到《论语》中的儒家思想，其实是很相通的。

本文开头还提到闹婚陋俗，有些网络评论把矛头指向传统文化了。其实闹婚陋俗跟传统文化可能没什么关系，“礼”(包含礼仪、仪式）是《论语》重要内容之一，但《论语》没有闹婚仪式的记载。《礼记·曾子问》有记载：“嫁女之家，三夜不息烛，思相离也；取妇之家，三日不举乐，思嗣亲也。”《礼记》是否出自孔门，待考，但《礼记》的记载中能看出，“三夜不息烛”的主要目的是新娘表达离别哀愁，是很真很纯的感情，跟闹婚陋俗所传达出来的感情不可相提并论。

从意象对话的实践经验来看，这两个文化现象，内在基础其实是心理学问题。回归心理学，从专业的角度把精神分析做好，精神分析不但不违背儒家思想，反倒有利于儒家思想的传承。精神分析可以用来打基础，为实现文化对接做准备，意象对话做的就是这个事情，用心理学铺路，最后实现对接，传承好的传统文化。

同样，从意象对话的实践经验来看，闹婚陋俗的演化，本质上有心理层面的问题。正因为我们失掉了好的婚礼传统，婚闹陋俗才有容身之地。爬灰、凌辱、性骚扰，这些东西不能代表传统文化，它所反映的心理内容是不健康的。传统婚礼所表达的离别之情是非常健康的。借由心理学，实现心理上的疏导，我们就有可能在心理上更健康，实现文化调整，找回好的文化传统。

这是意象对话在做的努力，也是深爱中华文化的很多同人都在做的努力。

附录

文章写完后意犹未尽，在本书其他部分的讨论中，也多有涉及《论语》。这些主题都可以成为对《论语》精神的传承，不仅是从仁爱的角度。简略引述如下。

【原文】子曰："巧言令色，鲜矣仁！"

【白话】孔子说："花言巧语，表情虚伪，这样的人很少有仁爱。"

心、行完全同步的人，心理是高度健康的，这其实就是王阳明说的知行合一。心行同步，就是说心念生起，就与心理能量完全同步。通常情况下是做不到两者同步的：因为心念起时我们一般都觉察不到，没有觉知所以也谈不上同步。心念与心理能量的不同步，是心理问题的根源之一。心念与心理能量脱节，身心健康水平降低。脱节并且导致言行不一，健康就进一步受损。不仅言行不一，而且言行不一是用来抵御某种消极的感受，这就开始向神经症水平靠近了，安娜·弗洛伊德所说的防御机制，就是这种情况。比如有的人考试不及格，内心是受挫的，身体沉重无力，面部却堆了笑，并且告诉自己："胜败乃兵家常事，考个试算得了什么！"无意识地这么做，而且经常使用类似的方式应对失败，那么这个人就已经非常靠近神经症了。孔乙己就属于这种情况，很多自我安慰的话，貌似有一定道理，实际是应对用的，基本等同防御机制。孔乙己准确展示了很多防御机制，可能不完全是偶然，因为鲁迅的创作有受精神分析影响的痕迹：孔乙己的防御机制属于间接影响，不是特别直接；《明天》《不周山》《肥皂》等是直接受精神分析思想影响而创作的。

如果不是无意识地经常言行不一、内在感受与外在表达不一致、花言巧语，而是有意识这么做的，那么心理健康程度比孔乙己稍高。但这种做法依然是有害健康的。它会加强无意识层面的不一致。如果比孔乙己的防御更严重，不但言行不一，而且心身不一，心灵和身体"不在一个地方"，那就是心理学上说的解离，比神经症程度更严重，属于精神性的问题了。

【原文】食不厌精，脍不厌细。食饐而餲，鱼馁而肉败，不食。色恶，不食。臭恶，不食。失饪，不食。不时，不食。割不正，不食。不得其酱，不食。肉虽多，不使胜食气。唯酒无量，不及乱。沽酒市脯，不食。不撤姜食，不多食。

【白话】食物不嫌做得精，鱼肉不嫌切得细。食物霉烂发臭、鱼肉腐烂，不吃。颜色难看，不吃。气味难闻，不吃。烹饪不当，不吃。时间不对，不吃。切的刀法不正，不吃。没有特定的调味酱，不吃。肉虽然多，但吃肉不超过主食。只有酒不限量，但不能喝到醉。买来的酒和肉干，不吃。姜食可以吃，不多吃。

看起来很矛盾，同是《论语》，其他地方讲求“蔬食”“箪食”“食无求饱”，这里却讲“食不厌精”，不但讲究，而且到了挑剔的程度。从心理成长的角度看就不矛盾，心理特别健康的人，他所追求的是真理和智慧，是精神性的快乐，不是饮食方面的快乐。食物能带来的快乐是非常有限的，但这并不妨碍他用心对待饮食，而且可以非常用心，越用心越快乐。从做到吃，每一步、每一个细节，都可以成为修心的实际行动。快乐地做饭，自己做得特别享受，全身心投入，这种心态做出来的饭好吃；当成任务，带着怨气做，做出来的饭不好吃。当然重点不是别人觉得好不好吃，而是自己做饭的过程本身是一种修心，做的有多讲究就意味着自己内在的要求有多高，这和贪吃的心态是完全不同的。有些人行为表现上很类似，但是心态完全不同。比如人生不得志，精神、心理谈不上健康，更谈不上大度、快乐，没什么抱负，转而把生命能量全部投注在吃上。这样的人对食物也会特别讲究，特别挑剔，但这种挑剔显然是不健康的。好像除了吃，也没什么更大的追求了。还有一个区别：前者很灵活，可“精食”，可“蔬食”；“精食”很快乐，“蔬食”也很快乐。后者很难适应“蔬食”，必须“精食”。前者体现的爱心是真爱，后者可以表现出爱心，但不是真爱。

【原文】子夏问曰：“‘巧笑倩兮，美目盼兮，素以为绚兮’，何谓也？”子曰：“绘事后素。”曰：“礼后乎？”子曰：“起予者商也，始可与言诗已矣。”

【白话】子夏问孔子：“‘美丽的笑容真好看啊，漂亮的眼睛眼神企盼啊，素雅的面容多么绚丽多彩’，这是在说什么？”孔子说：“绘画的事是在素净的底子之后。”子夏说：“礼也是在（仁爱之）后？”孔子说：“子夏你领悟了我的意思，从现在起可以跟你谈论《诗经》了。”

国画写意不写实，是有传统的。表面看模糊虚幻，实际非常准确地传达了潜意识的感觉。国画也有写实的，但它的重点始终不在实物本身的美，重在传达实物背后的某种潜意识感觉。所以它有自己独特的美学取向：相比浓妆，肯定是以素雅为美；相比人为，肯定是以自然为美。但其实背后还有一个价值取向，是隐含的，没有明言，但却是更重要的，那就是心要正。同样是素雅的美，有的素雅看着很正，有的素雅看着就会感觉不正；同样是自然的美，有的自然看着很健康，有的自然看着就不健康，这就是修心的必要性。经过修正，心理健康，那么人自然会有真爱，自然会懂美，所以传达出来的美一定很正，传达出来的爱一定很真。美是很健康的美，爱也是很健康的爱。通过绘画可以传达，通过礼仪可以传达，通过别的任何形式也都可以传达。没有经过修正，那么自己没法传达健康的美，因为自己内心就不清楚健康的美是什么样。

【原文】子曰："诗三百，一言以蔽之，曰：'思无邪'。"

【白话】孔子说："《诗经》三百篇，一句话概括的话，那就是：'思想单纯'。"

心理上得到疏导，内心通透，这样的人一定不会排斥诗歌，排斥的是淫诗艳词。因为健康的生命，内心是鲜活有感情的，不可能变得枯燥乏味没活力。西方哲学家容易空想，然后变得晦涩难懂没有诗意，这恰好是因为没有修通，是空想导致的。宋明理学过于正派，似乎少点人情味，也是修学上的偏颇所致，内心体悟方面不够明朗。好的诗歌，写的是人性，或者纯真美好的感情，这种情感本身就是非常珍贵的。唐诗宋词中的大量优美篇章，把生命情感的美好书写得活灵活现、恰到好处，是难以逾越的巅峰之作。从心理健康的角度切入去诵读，对健康改善和心理调节非常有用。如果心理学家找到恰当的方法，国人心理健康可以因此而得到大的提升。

【原文】子曰："己所不欲，勿施于人。"

【白话】孔子说："自己不想要的，就不施加给别人。"

这句话要做到是非常难的。首先难在识别，哪些是自己不想要的？哪些是潜意识里自己真心不想要的？要看清第二个问题就非常难。不给别人是真心没打算给，还是自己内在有情结驱使？

这个要看清很难。不给别人，是真正理解到了对方不需要，还是仅仅从自己的立场出发考虑对方？这也不是容易看清的。有一种人能很有觉知地做到这一点，而且的确在哪个心理层面上都不会带来问题，就是佛家所说已经证悟“无我”的人。能准确有觉知地做到不施舍，本身也是一种施舍，因为没有做有害的施舍，这需要相当高的觉知程度。所以儒家精神，有时候看着很像佛家精神——大无畏，法布施，心很通透，活得很快乐，而且不是一般意义上的快乐，是大乐。这种天然亲近，可能是儒家文化最终能消化佛家，结合之后产生本土新佛家的根本原因。禅宗明显结合了儒家文化的特点。孔门都是在家人，在现世的生活中修学，现世人生挺成功，同时内心体悟上很通透，并不需要专门出家修行。禅宗带有这种文化特点，惠能身上能看到这种特点。

【原文】子曰：“天何言哉？四时行焉，百物生焉。天何言哉？”

【白话】孔子说：“天何曾言说？四季更替，万物生长，天何曾言说？”

道家和儒家，表面差异很大，核心精神却很接近。儒家所说的“天”，和道家所说的“道”，可能是心理学上的同一个原型，只是各自侧重点不同。“天”更强调这个原型意志不可改的一面，“道”更强调它变化无常的一面。这两面并不是冲突的，它有意志不可改的一面，同时它又是处在变化中的，永不停息地改变。在这个原型面前，人没法作为，只能顺应。人不能代表这个原型的意志，更不能代替这个原型，直接替它去言说——那样就过于自大了。世界几大文化创始人都不愿意在生前著书立说，有可能多少受了这个原型的影响。不能代言，但对它进行介绍是可以的，《道德经》可能就是对它的介绍，讲得很清楚，贴得很近。这个原型有个特点，包罗万象，变化无穷，深不可测，大到不可说，但又自成体系，井井有条，《道德经》可能带有这个特征。

但同时，《道德经》被分为“道”和“德”两个部分，总共81章，并且开头以“道”“名”挈领，人为迹象太明显，这个原型不会是这种特点。杂乱中的自成体系，才符合这个原型的特点。这一点上，《论语》反而更符合原型的特点，看似杂乱无章，前言不搭后语，并且很多说法自相矛盾，但其实背后有贯穿始终、从没改变的整体原则，散乱中有种独特的系统性。

可操作的《道德经》

周烁方

三读《道德经》

我第一次读《道德经》是在大学时代。那时电脑和网络刚刚兴起，我不记得在哪个网站论坛上闲逛的时候看到了《道德经》，下载了电子文档。印象中我花了一两天时间来读它，句子不难懂，还有白话翻译。读下来的感觉是：似乎有道理，可又派不上什么用场。之后那个文档就被扔进某个资料文件夹，再也没有被点开。

这就是我和《道德经》的第一次相遇，我有心把它描写成美丽的邂逅，可实际上全无浪漫可言。在我从小被“植入”的观念里，《道德经》、老子、道家，属于封建主义、唯心主义，是应该被批判的。我大学本科的专业是计算机，属于工科，可以说是一个很唯物的专业，那时候还没有兴起计算机二进制与周易阴阳的比较之说，读着《道德经》的我与周围的气氛格格不入。然而幸运的是，那时我已自学心理学有一段时间，阅读了弗洛伊德《梦的解析》《性学三论》《荣格性格哲学》,朱建军的《解梦全书》等，我心中的唯物主义思想已不那么坚定。周围的同学不大可能去下载《道德经》，更不可能花时间读完，而我却这样做了。虽然只是短短两天，虽然只收获了无聊与不解，但这样一个不浪漫的相遇却成了开端。

第二次读《道德经》是在研究生期间。计算机专业本科毕业后，我花了一整年时间备考，最终进入北京林业大学心理系，成为在读硕士研究生，正式开始学习意象对话，其中深厚的传统文化底蕴潜移默化地渗透我心，而当时的我对这一影响却全然无知。那时有个室友喜欢看奥修的书，我也跟着看。奥修的语言文字很有催眠性，我一度陷入其中难以自拔。当时我最喜欢的一本书是奥修写的《道德经心释》，在其中奥修对《道德经》做出了很高的评价，并且做了深入的解读。今天看来，奥修对《道德经》的理解大多是歪曲的，只是借助道德经来传播他自己的思想。但当时的我完全被那些魔性的语言迷住了，一本接一本地读他的书。这种着迷产生了一个积极的副作用——我再一次对《道德经》的原文产生了兴趣。我记得那个很懒的自己特意跑到实体书店去，买了一本三秦出版社的《道德经》。这本书一直陪我到今天。

那是我第二次读《道德经》，比第一次仔细了许多。我一字一句地读，不懂的地方会花一些时间去琢磨，书中也有一些注释和简单的白话文翻译。书中的有些话让我觉得很深奥，很有道理，但是无处可用，比如“无名天地之始，有名万物之母”（第一章），无是天地的开始，而万物却是从有中生出来，多么深刻！但这与我的生活有什么关系？有什么意义？有些话让我觉得微妙又似是而非，比如“柔弱者生之徒，坚强者死之徒”（第七十六章），柔弱的才是有生命力的，坚强的都是死的。我从来没有从这个角度考虑过，人活着是软的，死了尸体是硬的，很有启发。可是我又想：“但弱小是生命力低下的表现吧？生命力旺盛就应该强大啊？！”想不清楚。也有的话我能听懂但是不认同，比如“不尚贤，使民不争；不贵难得之货，使民不为盗”（第三章），老子也太天真了吧！你不提谁好谁坏，别人就能不争斗了吗？你不把稀有的东西看得贵重，可别人还是觉得贵重啊，还是会去偷啊。也许这只是一种自欺欺人的想法吧！无论如何，第二次读《道德经》我花费了更多的时间和精力，并产生了一些初步的感触和思考。但思考的结果是疑惑大于收获。而那些小小的收获也仅限于觉得其中的某些思考角度比较“有道理”。

第三次读《道德经》，是我成为心理咨询师的第八年。在这八年里，除了对心理咨询技术与理论的学习和实践，我花费了大量时间精力做自我探索与自我成长——主要是用的意象对话技术。这个过程并不容易，受了不少苦，现在回头看都是一些必须要受的苦。在经受了这些必须要受的苦之后，我的个人情结得到了较大程度的觉知与修通，我明晰了对我人生影响最大的心理原型，一方面不再受制于它，另一方面能够在需要时调动它的力量。基于这样的成长与进步，我先后获得了意象对话学派的珍珠级和水晶级心理师资质。在专业实践方面，我积累了相当的一对一心理咨询经验，以及心理团体工作的经验。在心理团体工作中遭遇的契机，使我第三次翻开了《道德经》。

当时，我在进行团体释梦工作时会先讲一点理论，使团体成员对释梦工作的视角和方法有所了解。开始时，我讲的是荣格派的理论与观点，了解荣格派的人都知道，SELF 原型（自性原型）与 individuation（个体化 / 自性化）是其中的重要概念。我会讲一讲 SELF 是什么，SELF 与 ego（人内心较为局限的，以意识为中心的小我）的关系等。每次讲这些内容的时候，一方面我看到团体成员从中有所收获并且对接下来的释梦工作有帮助，另一方面又有一种说不清的“违和感”。我多次对这种情况进行反思，终于找到了症结所在：荣格派的理论和观点具有浓厚的西方色彩，尽管与西方的其他心理学家相比，他已经很“东方”了，可他终究是个西方人，他内心底层的结构、看问题的方式还是西方的。而我是中国人，团体成员也都是中国人，我们内心底层的结构是中国的，是与西方不同的。中国人接受西方人的观念时，归根到底会有一些隔阂，这种无法消弭的文化差异才是违和感的主要原因。这一觉察使得我对东西方文化底层结构的差异越发清晰，我意识到：我应该从中国文化中去寻找那个“理论”的来源。

于是我第三次翻开了《道德经》，细细品读。翻开这本旧书，我却仿佛进入了一个新世界。也许是我对《道德经》更加敞开了，也许是《道德经》对我敞开了，我们如同亲密的恋人一头扎入彼此的怀抱，随口说出的话总能心心相印……好吧，这样的形容有点浪漫过头了。我想表达的是，在这次的阅读过程中，我真的感觉到自己能读“懂”《道德经》了,反过来我也觉得《道德经》“懂”我。说我懂它，是因为我知道它讲的是怎样的东西，知道它不是在讲道理，而是在讲事实，我甚至能够理解老子的孤独感，“吾言甚易知，甚易行；天下莫能知，莫能行”“众人皆有以，而我独顽似鄙”。他并不是在用某种修辞手法来表达某种情怀，他只是在陈述事实。说《道德经》懂我，是因为我在看到某些章节的时候，发现一个个精炼的句子却把我某些难以言说的体验表达得如此准确和直接，就像一个最高超的心理咨询师在共情我的体验。部分地印证，已经让我有种开窍了的感觉，于是我越发如饥似渴地读它，对于某些章句的理解不透彻，我就按照它所说的去实践，去体验，完全地相信它，然后实践反馈回来的结果又帮助我加深对它的理解。从那之后，我开始在释梦团体中讲解和应用《道德经》，我会从中抽出一些章节来讲，以帮助团体成员理解人的心理世界怎样是健康，怎样是病态，应该如何看待梦中丰富的象征，等等。于是，在我带领的团体中一种和谐感油然升起，仿佛一切早该如此。我也在心理咨询以及我的个人成长中应用它，领悟它。在这个过程中我逐渐感到我与中国传统文化中最核心的一部分连上了，如同一片树叶通过树枝、树干连上了树根。这种连接带给我极大的安全感和稳定感，我不再有那种总想去多学点什么使自己变得更好的想法，而是知道我“就是这样子”，我作为一个中国人，从几千年前开始，一直就是“这个样子”。

我所体验到的“这个样子”到底是什么样子，没有办法用几句话来讲清楚，这就是我想要写这篇文章的原因。我想把我体验到的、我连接上的分享给大家，因为它是所有中国人共同的精神财富。

《道德经》的来源与版本

《周易》比《道德经》成书更早，被誉为群经之首。“易”的精神可以看作中国传统文化中最核心的精神。这个核心精神可以简单表述为：没有什么是恒常不变的，万事万物时刻都在发展变化，而“一切总在变化”又是不变的。《周易》里有六十四卦，讲述了六十四种事物或能量发展的最基本规律。为了讲述这些规律，《周易》运用了许多比喻和象征，但由于成书年代早，且古文言简意赅，现代人读起来非常吃力——幸好我们还有《道德经》。

《道德经》较少使用典故和现实描写，词句浅显优美，两千多年后的现代中国人仍然能够比较容易地读懂。《道德经》讲的是道，但其精神内涵与《周易》一脉相承。道，还是在讲那个万事万物发展的规律，那个“不变的变”，那个“变化的不变”。打一个不够恰当的比方：如果说易与道指向的都是中国文化的精神内核，那么《周易》就是“复杂具体完整版”，《道德经》则是“简单抽象缩略版”。

《史记》里有一段记载，涉及《道德经》的具体来源。

老子者，楚苦县厉乡曲仁里人也，姓李氏，名耳，字聃，周守藏室之史也。

孔子适周，将问礼于老子。老子曰：“子所言者，其人与骨皆已朽矣，独其言在耳。且君子得其时则驾，不得其时则蓬累而行。吾闻之，良贾深藏若虚，君子盛德，容貌若愚。去子之骄气与多欲，态色与淫志，是皆无益于子之身。吾所以告子，若是而已。”孔子去，谓弟子曰：“鸟，吾知其能飞；鱼，吾知其能游；兽，吾知其能走。走者可以为罔，游者可以为纶，飞者可以为矰。至于龙，吾不能知其乘风云而上天。吾今日见老子，其犹龙邪！”

老子修道德，其学以自隐无名为务。居周久之，见周之衰，乃遂去。至关，关令尹喜曰："子将隐矣，彊为我著书。"于是老子乃著书上下篇，言道德之意五千余言而去，莫知其所终。

这段记载的真伪已无从辨别，但我们可以把它看作一个象征，以理解老子和《道德经》在国人心中的地位。

老子是周朝的图书管理员（周守藏室之史），那么他应该是有文化的，读过不少书，事实上《道德经》里的确有一些章句引用了更古老的文献。在这个意义上，《道德经》并不是某一具体个人的领悟，而是传承与集合了更古老的、多人的智慧。

孔子向老子请教"礼"，老子却指出了孔子的一些潜在观念及其弊端，于是孔子把老子形容为龙。这段故事一方面衬托出了老子的精神境界，连"孔圣人"也要向他请教；另一方面反映出老子看问题很深入，直抵本质。他发现了人心正在不断堕落的社会趋势，并指出想靠"礼"来恢复古代的美德是不太可能的。而孔子把老子比喻为龙，说明老子应变灵活，难以捉摸，而且极有力量。这种如"龙"的形象，似乎与大家通常对老子、对道家"清静无为"的印象有很大出入，但与我所体会到的道家精神高度一致。

后来，老子将要"蓬累而行"，隐居于无人所知之处。是尹喜强行挽留恳求，老子才写下了这五千余字的《道德经》，而后消失无所踪。如果这个故事是真的，那还真要感谢这个叫尹喜的人——如果没有他的强行挽留，老子真的就带着他的智慧一同隐去了。老子的行事风格与《道德经》文风一致，并不刻意彰显自己，并不试图强行挽回世风日下、道德沦丧的局面，但同时又并非冷漠不关心他人，从《道德经》中的许多内容看来，这部经书写出来就是给人用的，给普通人用于生活、工作、家庭，给官员和帝王用于治理国家。然而真正能够用上的有多少人呢？如老子所言，“吾言甚易知，甚易行；天下莫能知，莫能行”，这些简单平实的字句放在那里没有人去读，有人读却读不懂，偶尔有人读懂了却不会照着做。大概就是因为这些道理太平凡了，没有众人期待中的“智慧”所应有的金光闪闪，振聋发聩，因此被轻视。对于这种现象，我无法像老子那般淡定地说“不笑不足以为道”，而是感到无比的遗憾。因此我要尽自己的力，把我所领悟到的有限的内容写出来，传达给大家。老子也说“君子得其时则驾”，在中国传统文化明显开始复苏的当下，越来越多的中国人愿意向古代经典寻求智慧与解答，也许这时候我写这篇文章，正是“得其时”呢。

另一个我想要简单讨论的内容，是《道德经》的版本问题。我在写作过程中曾经纠结过这个问题。因为《道德经》在古代并不是电子版定稿然后印刷的制品，而是许多代人口口相传，以笔抄录流传下来的结果，所以《道德经》实际上有许多的版本。而我从第三次细读开始，就已经逐渐意识到，《道德经》中的“五千言”并不是由一个人写成的。我这样判断的根据简述如下：其一，不同章句的语言风格差异较大；其二，不同章句所体现出的精神境界高低不一；其三，在某些章句中看起来特别重要的概念，在其他部分却未提及（比如“慈”）；其四，有一些章句明显是对另一些章句的注解和感悟。简言之，我的结论是，现存的王弼版五千字《道德经》，有一部分是更原始的文本，有一部分是后人在阅读原始文本时写的“读后感”或者“读书笔记”，这些“读书笔记”被不加区别地与原文一同抄录下来，最终在反复传抄的过程中与原文混为一谈，甚至还有一些是“针对读后感的读后感”。

现在我们通常读到的《道德经》是三国王弼修订的版本。1993年，湖北荆门郭店一处楚墓出土了三组《老子》竹简，其中部分内容与王弼本一致，有细节上的出入，还有一部分则是以前未发现的。由于使用的是古楚国文字，很多章句的意义难以明确。

我曾经纠结，如果我读的《道德经》版本都不是原始的版本，那么怎么能说我从中得到的智慧就是道家“最原始”的智慧呢？可哪个才是真正“最原始”的《道德经》呢？似乎又无法确定。我带着这样的纠结继续写作，继续在生活与专业中践行《道德经》。直到看到楚简版《道德经》的拓印及相关研究时，我才意识到一个问题：那个历史、考古意义上的“最原始”的《道德经》怕是永远也找不到了。这一失落反而使我放下了对版本的执着，心结顿解，我开始明白：就算《道德经》中有原文，有注解，有对注解的注解，甚至还有一部分更古老的遗失了，但现存的五千字整体上是彼此印证，具有一致性的。就如同比《周易》更早的《连山》《归藏》无处可寻，《道德经》的最早版本也没有办法找到。然而，即使随着语言、文字的变迁，内容的轶散、流失乃至后人加入，《道德经》中所蕴含的那个精神还是被传承了下来，隐匿在中国人的精神、骨血里。禅宗六祖惠能曾说："诸佛妙理，非关文字。"《道德经》中的智慧与精神也并不是关于那些具体文字的，文字与句子只不过是智慧与精神的呈现方式。

因此，我所要做的并不是考据词句的细节，而是透过这些句子去连接《道德经》背后的智慧，领会其中古老的精神内涵，并且在新时代的背景下对其进行新的注解与表达，使其在当代活过来，体现为新的生命，继续传承与发扬开去。

为便于交流，在本章接下来的内容里，我所提及的《道德经》章句全部来源于王弼版的八十一章《道德经》。

《道德经》中的世界观

《道德经》中的某些章句体现了基本世界观，也就是对这个世界的本质及其运行规律的一种理解。明白了《道德经》如何看世界，就更容易理解书中的其他内容。

道生一、一生二、二生三、三生万物。万物负阴而抱阳，冲气以为和。

有一个"先在的"道，经过一系列过程化生出了人可以认识的万物，而这万物中均蕴含着阴和阳，阴阳之间有一种自然的和谐。万物不是最初就有的，也不是本源，而是结果。阴和阳是彼此对立又相互定义的两种性质，蕴含在万物之中，阴和阳也不是本源，而是结果。

天下皆知美之为美，斯恶已，天下皆知善之为善，斯不善已，故有无相生，难易相成，长短相形，高下相倾，音声相和，前后相随。

美与丑、善与恶、有与无，这些我们用于认识世界的概念和评判，也如同阴阳，是彼此定义的。这种彼此定义，与西方人所讲的 opposite（对立）是不一样的，它并不是说有两个相反的东西存在着，仿佛处于一条轴的两端。《道德经》里不存在这条所谓的轴。有美才有丑，有丑必有美，美与丑相互依存，一旦有一天这种区分不再继续了，美与丑也就共同消失，回到那个没有区分美和丑之前的状态。

天之道，其犹张弓欤？高者抑之，下者举之；有余者损之，不足者补之。天之道，损有余而补不足，人之道则不然，损不足以奉有余。

有一种叫天道的东西，它的运作规律就如同一个人引弓射靶，举太高了就要放低一些，放太低了就要举高一些，用力过大了就要减小一些，用力不足就要再大力一些。天之道，会减损那些过多的，弥补那些不足的。而人很多时候是逆天道而行的，减损那些本就不足的部分，让已经多余的部分更多。

在上述章句中，《道德经》以最简的方式描述了它眼中的世界：道化生万物，分化产生对立，道会自然地调和“不足”与“有余”，而人常常和天道对着干，带来麻烦。

有个已婚的中年人，经常做同一类梦：梦见自己是一个侠客，衣袂飘飘，轻功盖世，有人在追捕他，可他脚步轻盈，穿房越脊，总是很轻松就躲过了追捕。

按照《道德经》的世界观，“高下相倾”，高与低是互相定义的。高处那轻盈卓绝的侠客，必有相应的低处未被探知。用心理学方法对梦中的追捕者进行体验时，他发现这些追捕者并非凶神恶煞，而是一些朴实的村民，每天承担着各种义务，过着劳作的生活。这“低处的村民”便是做梦者以前从未看到过的部分。虽然现实中他已经工作多年，结婚生子，可内心一直把自己认同为一个“飘逸的侠客”，希望能够拥有绝对的心灵自由，心理上不愿意接受社会、家庭所赋予的角色和任务。这样的他，心中的高与低分离，并不能“冲气以为和”，也不可能得到真正的自在。表面上看，梦中的他永远潇洒飘逸、灵活闪躲，深一步看，我们会看到：他是一个“永远的逃犯”，内心永远带着要被“低处的村民”抓到的焦虑。

所以，天之道来调和这一状况了。“高者抑之”，那些追捕他的村民，从未被他正视过，却正是天道意志的体现。仿佛有个声音在说：“你太高了，下来，下到地面来。”可他听不见，他害怕失去那已经过多的“自由”，他要继续逃，让自己更高更快。这就是所谓的“人之道”，损不足以奉有余。他压抑、排斥、贬损内心接地气的和社会化的一面，即那些“朴实的村民”，他的内心变得毫无根基和稳定性，他还想要更多的“自由”。

天道总是调和，而人常常在有意或无意识地逆天道而行，给自己带来更多的麻烦，这样的例子在我们的生活中比比皆是。

《道德经》中的生活态度

《道德经》中的某些章句，体现它所认为的、人应有的生活态度或处事态度。

故常无欲，以观其妙，常有欲，以观其徼。

这是一种观察人事物，或者说观察世界的态度。如果在观察时我们并没有带着特定的欲望、特定的倾向，仅仅是单纯地观察，我们就能观到更玄妙、更本质的部分。如果在观察时，有了先入之见，有了特定倾向，有了“欲”，那么所能观到的就不是玄妙的本质，而是“徼”，是边际，是区分，是心灵外部的轮廓。

这一点在心理咨询工作中体现得尤为明显。在心理咨询过程中，来访者总是在讲述一些表面的故事，这些故事可以很精彩，很复杂。如果咨询师带着“欲”去听这些故事，总能听到自己想要的部分。一个关注俄狄浦斯冲突的心理咨询师，总是会听到来访者嫉妒、仇恨、潜意识里想要干掉那些比他更年长、更有权势的同性；一个关注防御机制的咨询师，总能听到来访者在压抑、在理智化、在反向形成、在见诸行动；一个关注自我资源的咨询师，也总会听到来访者遗忘了、忽视了、误解了自己内心的资源，他们会帮来访者与这些资源连接。然而这些听，本质上听到的都是“徼”，是表面，是边界，是心灵外部的轮廓。

在意象对话的心理咨询中，咨询师更多使用无欲的观，无欲的听。我们要求意象对话心理师首先要自我成长，理清、化解内心的情结，尽量不带先入之见地与来访者互动，不把自己认为重要的东西投射在来访者身上。而意象对话正是一个无欲之观的工具。来访者讲着表面的精彩故事时，我们只是听着，不被具体内容所吸引，然后等待一个合适的时机问：此刻你有什么样的感受？这样问的时候，我们也没有任何的预设，不预想来访者可能会是什么感受，我们只知道他表面的故事之下有感受。然后他也会“观”到自己的那个感受，我们进一步通过意象来呈现这个感受：“这个感受像什么？此刻你心中有怎样的画面？”我们也不去预设他可能会出现什么样的意象，而最终，这个意象会呈现出来。这意象中所蕴含的就是心灵中更玄妙的本质。

有一次，我和一位朋友聊天，她兴高采烈地讲述着一些生活琐事。我听到了她说的每个字，发出的每个音，但我的注意力并没有投入到任何一个细节中，她看我似乎没有被她所感染，就问我：“你在听我说话吗？”我说：“我在很认真地听。”她似乎有些不满意，说：“那你听到什么了？”我说：“我听见一道闪电从上往下撕裂了胸膛，很疼。”她一下子沉静下来，悲伤开始在空气中蔓延。过了一会儿，她说：“谢谢你”。

实际上我不知道她现实中到底发生了什么，我只是在专注地听，但并没有特意（无欲）去听任何具体内容，于是那个闪电的意象浮现出来，我知道那就是她内心正在真实发生的。但如果我在听她说话时，有意识地（有欲）想去捕捉一些内容，想去了解某个方面，我就会被她讲的那些话的具体细节带走，就只能理解一些她内心浅层的东西，而无法知道更深层。所以，常无欲以观其妙，常有欲以观其徼。

治大国若烹小鲜。

这句话很有趣。治理一个大的国家，要像烹饪小鱼小虾那样。有烹饪经验的人，可以回想自己烹饪小鱼小虾时是一种怎样的情形。其实那并不是一种简单的轻松。蒸红烧肉，多 5 分钟少 5 分钟，差别不会太大，糖多一点或者盐少一点，也都可以接受。可是炸小鱼的话，可能 5 秒炸不熟，10 秒就焦了，7 秒刚刚好。炒小虾的话，多放一勺酱油可能就咸死，少放两粒葱花儿就会有腥味。而小鱼小虾的最好烹饪，永远都是用最简的步骤、最准的火候做出它们本来的鲜味。

治理国家，可能会面对很多人，面对很复杂的局势，这时候，越是积极主动，大力推行什么，越是不见得有效果。反而要像烹小鲜一样，做最少的、恰当而必要的处理，整个局势就会像小鱼小虾一样逐渐“成熟”和“美味”。这不但是一种处事态度，也和《道德经》中核心的“无为”接上了轨，这一点后文再讲。

我想，大多心理学工作者都会同意，给一个人的整个心理世界做调节、做治疗，是超乎寻常人想象的困难，因为全面的心理调节与治疗往往涉及细致而复杂的微观，虽然面对的只是一个人，但他从小到大几十年形成的不同人格侧面、人格结构、情结、创伤等，总是错综复杂地交织在一起，牵一发而动全身。想通过心理咨询来改变一个人的基本人格，没有五到十年坚持不懈的有效工作，是不可能见到多少效果的。从微观角度来看，一个人的内心如同一座城，甚至一个国家。

通常情况下，面对这样一个“大国”，心理咨询所做的是每次触及一小部分，每次改变一点点，日积月累，有一天就会看到积累的量变产生了一些可见的质变。在我的释梦团体中，使用了意象对话心理剧，可以在同一时间，对一个人心理世界的各部分同时工作。这些不同的部分，有些是彼此疏离的，有些是紧密联结的，有些是敌意而对立的，不可谓不复杂。在这种错综复杂的局面下，想要通过“控场”的方式来解决问题会变得极其困难，甚至可以说是一种愚蠢的选择。在复杂局面下的控场，往往会顾此而失彼，即使一个人控制力特别强，控住了全场，那也只是他个人私心的体现，并不能让整个局面向更和谐、更符合道的方向发展。于是，“烹小鲜”的态度派上了用场——做最少的、必要的、恰当的操作，尽可能少加东西，用恰当的火候，让其自然成熟不过头。

有个人多年来经常梦见自己赶飞机、赶火车、赶公交车，有时候能赶上，有时候赶不上。有时候梦中自己带着个小女孩，有时候是独自一人。要按照一般的象征意义去理解，也许可以解释说她总是错过机会之类的，但是在释梦团体里我不会这么去做。还记得吗：“故常无欲，以观其妙，常有欲，以观其徼”，如果带着先入之见和猜测去工作，只能看到表面而已。我的做法是，同时把多年来的这些梦境呈现在一个场景里。

我邀请梦者挑选不同的团体成员来代表梦中不同的部分，把他们放在一个大场地中各自合适的位置。于是我们有了将近20人同时在场上，他们所代表的角色包括：机场、车站、码头、废弃的站牌、直升机、几辆公交车、轮船、火车、梦中的我、小女孩。由于“梦中的我”也有人来代表，梦者开始时就可以置身局外，专心于“观”。每个角色都按照过去梦中常发生的状况呈现，比如船永远是未起航的，直升机总是快速上到高空却又跌落下来，公交车总是把人抛在半途不知何处，车站总是挂满了去往各处的标示。而梦中的我,则带着小女孩,在这个“世界”里开始了游历。在后半段的体验里，梦者本人也进入其中，体验着这个充满了各种交通工具的世界。

每个具体部分的行为是大致固定，可以预测的，可是当他们作为一个整体运行起来会发生什么，整个局面会走向哪里，谁也不知道。我们只是体验，做“无欲之观”。

渐渐地，越来越深层的内容自动浮出水面：轮船哪里也不想去；在坐火车的旅途中，梦者能感到一些踏实安慰，可总有到站的时候；公交车认为这两位乘客根本不知道自己要去哪里；小女孩从来不在意去哪里，只在乎她跟随着的那个人……而最后，所有在场的人都看到了那个深处的秘密：在这个世界里，梦者不知道哪里是自己的归处，她只是不断追寻一个又一个目的地，试图在一段段短暂的旅途中忽略自己的迷茫，那个幼小的部分一直随着她流浪，而她却从没有停下来好好看看这个孤独的小女孩……

在人的心理世界，这样的例子非常多见。面对错综复杂的局面，面对“大国”，不要试图控场，不要试图让一切往个人预设的方向去发展，而是要如同“烹小鲜”，只做必要而恰当的事情，给予充分而不过分的火候，那“本来的鲜味”才会自然而然地散发、成熟，那个“国”也会符合道的发展协调，所谓“我无为而民自化，我好静而民自正”。

不仁之仁——圣人与天道的品质

天地不仁，以万物为刍狗，圣人不仁，以百姓为刍狗。

《道德经》中多次提到圣人，大部分时候是指贤明的、能够顺应天道以治理天下的统治者。此处这一句尤其有名，经常被人用来形容命运的残酷。这句话通常理解为：“对于天地而言，万物很渺小、不重要，对于圣人而言，百姓很渺小，也不被当回事儿。”这种理解违背了《道德经》的精神，只会使人心变得冷酷而僵化。为了正确理解这句话，我们需要先搞清楚“刍狗”是什么。

古代祭祀的时候需要宰杀牲畜做祭品，猪牛羊为上，可大部分普通人用不起，于是用狗。后来演变为用草扎的狗作为祭祀用品，也就是刍狗。刍狗扎好之后，祭祀开始前大家都对它很重视，甚至不敢随便碰，祭祀结束之后，它就被扔下不管，变得毫无价值。

我们可以看到，在祭祀从开始准备到进行，再到结束的过程中，刍狗的地位经历了大起大落的变化。开始时刍狗之所以重要，是因为祭祀重要，作为祭祀对象的“神”或“天”重要。祭祀进行中，人用刍狗（祭品）来表达自己在“天”或“神”面前是卑微的、恭敬的、愿意自我牺牲和奉献的。结束后，与“天”或“神”的连接已经完成，刍狗虽具其形，却已失去了神性的意义，故而被人扔下不管。

所以，天地以万物为刍狗，并不是说在天地眼中万物不重要。而是说，在某些特定的时刻，万物中的某些部分会显得特别重要，但它的重要不是因为它自身，而是因为这时它成了那个与天道连接的关键渠道，但之后它又会被与其他万物同等地对待，恢复了普通的身份。同样地，圣人也不是不重视百姓，而是在某些特定时刻，百姓中的某些成员会显得特别重要，但他们的重要也不是因为他们自己原本的身份，而是他们成了天道的媒介或暂时的代言人，故而显得重要。但是当那个特定的时刻过去，当天道已经显现完毕，他们就又恢复了百姓的身份，如祭祀后的刍狗般自生自灭。

用历史来举例子会比较容易明白，秦始皇嬴政和他的父亲发动了一系列战争，最终统一六国。嬴政作为秦朝开国皇帝，实行了“书同文，车同轨”，把各国的文字与度量衡进行了统一。在中华文明的发展历史上，嬴政这个人算不算重要呢？当然重要。分久必合，合久必分，这是天道规律的自然显现。当那个“分久必合”的时刻来临时，“百姓”中必然会有一人脱颖而出，“替天行道”，以具体可见的方式来完成这个暂时性的统一，这个人的作用，就如同祭祀前，或祭祀进行中的“刍狗”，当时的“刍狗”就是嬴政。然而，六国已经合并，语言、文字、度量衡已经统一，天道的显现结束了，完成了，刍狗就失去了其“暂时的神性”，变得与普通人无异。可秦始皇还想抓住这一切，想长生不死，想秦朝永不灭亡。他也为此做出了非常多的努力。但是“祭祀”结束了，天道不再需要他来做那个代言人。秦始皇 50 岁就去世了，秦朝前后加起来也只持续了 14 年。这便是秦始皇和秦朝作为刍狗的最后阶段。而下一个阶段，天道又有不同的显现，又有不同的“百姓”脱颖而出，暂时地成为刍狗：陈胜、吴广、刘邦、项羽……

故而，“天地不仁，以万物为刍狗，圣人不仁，以百姓为刍狗”的真实含义是：万物也好，百姓也好，重要的时刻它便重要，重要的时刻过去了便不再重要。重要与否，何时结束，由天道，不由人意。把这样的道理应用在心理学工作中时，作为心理咨询师的我们更多的时候是面对来访者一个人心中的“天下”，或者面对我们自己内心的这个“天下”。

在心理成长团体中，有一种叫作“场”的东西格外值得重视。在大家熟悉的词汇里，与“场”含义相对接近的大概是“氛围”。氛围看不见摸不着，场更加难以感应。在团体中，场虽然看不见摸不着，却蕴含着极大的心理能量（因为场是在场所有人的心理能量协同构成的），会影响每一个人，影响彼此之间的交流，以及团体在每一个当下可能的发展与走向。如果心理师能觉察到场的存在、特性与变化，就能够更全面地理解团体中发生的事情。

在某一次我所带领的团体中，大家说起了有关哀伤的话题，开始只是在意识层面谈论，但是渐渐地，悲伤的氛围蔓延开来，整个场变得低沉而凝滞，能量很大但隐而不发。这时候有个成员发言了，她讲自己的一个回忆，但是刚讲两句就哭了起来。我提醒她觉察哭时的感受，并且鼓励她找到最贴切的方式表达，她畅快淋漓地哭着，表达着；所有成员都看着她。这时候我感觉到她就是那个大坝的泄洪口，整个场的能量原本是凝滞的，但随着我和她的互动，场开始流动，氛围开始转化。这时候我知道，这并不是一个我和她之间的互动，而是整个场流动的体现。这期间没有其他人打断，没有人不耐烦，大家都很专注地在看和听，仿佛这是他们自己的事。我和她互动了大约 20 分钟，整个场已经变了——不再那么沉重，还是含着哀伤，但已经有了热度，开始向外宣发。这时候她想起了另一件事，想继续和我互动，我轻柔地拒绝了，让她先把注意力放回到内心待一会儿。因为那时我感受到，我和她的互动对团体的意义已经告一段落，如果再继续下去，就变成了我和她的一对一互动，就不符合道了。接下来，就着整个场的情况，我带了一个意象体验练习，让每个人都与自己的哀伤待在一起，带着觉察表达与释放，这时候所有人都能做到了。练习过程没有对话，我也不知道每个人具体在想什么，释放什么，我所做的就是看着大家，继续对团体的场保持觉察，又过了大约 15 分钟，我感受到整个场有一些轻松、灵动了，低沉感、凝滞感、哀伤感所剩无几。这时候我招呼大家结束练习，逐渐让注意力回到群体中。之后是一些分享讨论……

在这次团体里，第一个开始哭的人，并不仅是在为自己哭，也是在为整个场、整个团体哭。在那一刻，她就是从“百姓”中脱颖而出，作为“刍狗”的人选。如果带领者意识不到这一点，把她的表达理解为她纯个人的行为，那么回应方式和处理原则必然会有所不同：其中一种可能是“捡了芝麻丢了西瓜”，以一对一的态度与她互动，却与整个团体的场相背离；另一种可能是，觉得她只不过是在说自己的事，不与她互动或仅仅进行浅层互动，这样又错过了机会，整个团体的场的表达也被忽略或无视了。20分钟后，当她提起另一个回忆时，“祭祀”已经结束了，她已经恢复了“百姓”的身份，或者说“刍狗”已经不再是祭品，而仅仅是刍狗了。这时候，如果带领者觉察不到这一事实，继续和她互动下去，那么他们的互动将不再具有“神性”，而是变成了一种“私人的交流”，那么整个团体的场就被忽略了，团体中的其他成员就可能会开始不耐、烦躁、走神。在团体中，为什么一对一互动有时候会成为整个场的着力点，有时候却会引起大家的不耐烦、走神儿乃至愤怒，道理就在于此。

圣人无常心，以百姓心为心。

这里也提到了圣人，字句的意思是：圣人没有自己恒常不变的心，而是以百姓的心为他自己的心。这句话似乎与“圣人不仁”相矛盾。既然不仁，为何还要把别人的心当作自己的心呢？前面提到，《道德经》认为万事万物都蕴含阴阳，阴和阳又彼此调和。“圣人不仁”强调了不以私心亲近、偏向某人某物，而这里则是在讲贴近、关怀的那一面。

圣人既然要治理天下，当然就需要关心百姓与事物的状态。连状况都感知不清，又谈何治理呢？而最纯粹的关心与感知，并非以己度人或者换位思考，而是完全放下了自我，直接体会到他人的内心（如何做到这一点，我将在后面关于“玄览”的章节里进行阐述）。但是天下的事物太多，百姓数量众多又各有不同，面对这样复杂的局面，想要准确地感知一切，就必须要放下一切先入之见、思维定式，以及自己的个人意图。所谓常心，就是指那些固定不变的情感、态度、立场、意图、思维方式等，如果带着这些去感知他人，就如同带了有色眼镜去看世界、看他人，感知的结果必然在一定程度上是歪曲的。一个关注性能量的心理师与来访者会谈，来访者不论说什么，心理师都能从中听到性的压抑、放纵、扭曲、满足等；一个关注关系的心理师与来访者会谈，不论会谈内容是什么，心理师看到的必定是关系模式、早期母婴关系、内在客体的投射、正性或负性移情等。对于咨询师而言，在自我认识不足的情况下，只能祈祷来访者不要与自己有相似的问题——如此还有可能做一些有效的工作。但是《道德经》对圣人的要求是更高的，唯有“无常心”才能灵活应变，不因具体境遇而滞涩，才能充分而准确地感知到每一个百姓的内心所想所感，进而采取最恰当的行动以顺应天道。这样不杂染地、纯粹地感知与关注他人和万物，也可以称得上是爱的一种高级形式。

具体到心理学工作中，对这一精神的贯彻，需要心理师不加评判、不带预设、没有偏好地倾听和感受。用梦的工作来举例子比较合适，因为有许多梦是离奇复杂、难以理解的，这种情况下，释梦者些许的先入之见或个人偏好，就会影响对梦的整体理解。

有一个中年女子，常常梦见现实中去世多年的母亲。在释梦团体中，她汇报了最近印象比较深的一个：梦见在小时候的家里，一个小小的房间，她和妈妈坐在饭桌旁，说着一些很平常的话。

这看起来是个再平凡不过的梦。团体成员也发表了一些看法，有人认为是一种怀旧心理，有人认为是表达了内心与妈妈的连接，有人认为这代表她的一个孩子的子人格[①]。但这时候谁说了都不算，在意象对话心理剧中，梦自己会说话。

我请她再次仔细回忆了梦境，包括妈妈的样子、自己的样子、屋子的大小、光线、摆设等。这时候梦多了不少细节，比如一个碗柜，一扇通向外面的木门，一张圆形饭桌，房屋的具体面积等。接下来，我让梦者按照自己内心的感受，在现场选择其他成员来代表出现在梦中的人和物（主要是家具和房屋结构）。然后我们在团体现场，按照梦中的样子把整个场景布置了出来。于是现场有了一个被围起来的长方形空间，大小是按照她在梦中的感觉设计的，里面站着或坐着一些成员，他们分别代表：母亲、孩子、饭桌、碗柜、木门、房间、小杂物间。

大家各自进入了自己的角色，梦的氛围开始扩散进入当下的

① 意象对话术语，指人格的不同侧面呈现为意象

现实，每个角色都开始产生自己独特的感受，以及对彼此的感受。接下来每个角色都有机会表达自己的心声。

妈妈："我感觉好累，可是我不能休息，因为这孩子还小，她还需要我。我觉得如果我离开了，她一定会受不了的。"

饭桌："我就是一张普通的饭桌，眼前这一幕（母亲和女儿说话）已经发生了好多好多次，我已经厌倦了，从来就没有什么新鲜事。"

碗柜："我觉得自己已经很陈旧了，木料有些腐朽，嘎吱作响。里面还装着那么多东西（碗筷盘子等），我觉得好辛苦。我觉得我已经该被废弃了，该被换掉了，经过了这么多年，我的使命已经结束。我盼着结束的那一天。"

房间："我觉得我里面很昏暗、陈旧，我自己也昏昏沉沉的。我感觉我里面装了太多的东西，拥挤、闷热、空气不流通。"

木门："我好像从来都没有被开启过，我的注意力一直在这个房间里，不知道外面有什么。我能感觉到我身上的漆已经剥落了很多。我盼望有人来开启我，让我看看外面的世界是什么样子的。"

孩子："我的注意力都在妈妈身上。我有点困。"

大家从这些表达中看到了什么？

我和梦者也在旁边看着，听着，都意识到这是一个正在走向结束或走向新生的心理空间，所有角色的表达，都在说一件事：该结束，该改变了，早就该改变了，但是孩子还没长大，还需要妈妈来照顾她，陪伴她。于是这个世界的发展停滞了，变得越来越消极、低沉、缺少生命力。基于这样的呈现，我们接下来对梦进行了下一步的工作，尝试去扰动和调整，在此不赘述。

这就是“圣人无常心，以百姓心为心”在释梦上的一种具体操作方式。梦者也好，释梦者也好，并不知道也不预设整个梦究竟在表达什么（无常心）。通过扮演者进入角色，让梦中的每个存在都发出自己的声音，而释梦者则不加评判地关注每一个角色的表达，人也好，动物也好，看似无生命的物品也好，都一视同仁，体会他们言语和肢体表达背后的情绪感受（以百姓心为心）。接下来，整个梦，或者说梦者的心理世界就会自然显现出一种走向，一种趋势，也可以看到其中的冲突对立，也可以看到是哪个部分的执着阻碍了心理的自然发展，以决定下一步应当采取的行动。

天地不仁，以万物为刍狗，圣人不仁，以百姓为刍狗。

圣人无常心，以百姓心为心。

现在把两句话放在一起来看，我们就能理解：“不仁”并不是冷酷无情，而是不以个人的私心偏向于某人或某物。这里所说的“仁”并不是孔子所说的“仁”，而是近于前文提到的“人之道”、朱熹所说的“人欲”，是违背了王阳明所谓“良知”的、个人化的、超过适当程度的亲近与偏向。在西方心理学背景下，“圣人不仁”大致可以理解为：心理咨询师要注意觉察自己的正性（带有积极情绪色彩的）反移情，并尽量减少，不因此而特意重视某些现象，亲近某个团体成员或偏向某种观点。

而“圣人无常心，以百姓心为心”则强调了对人、事、物的关注与感知，这种关注与感知不能带有先入之见，不能带有个人化的偏好、意图，如此才能够真实而纯粹地感知，才能够根据情况的变化，毫不滞涩地感知到需要感知的信息。这种感知，与前文所述的“常无欲以观其妙”相一致。在西方心理学中，粗略近似的术语是“中立原则”和“均匀悬浮注意”，但《道德经》所述又要比这两个概念更加精微细致。

带着私欲的“仁”是对天道的违背和干扰，杜绝这种“仁”，做到“不仁”反而是对整体的尊重和对规律的顺应。而圣人对天地万物和百姓并不是没有关怀，而是秉持“无常心”的态度，没有先入之见，没有亲疏之别，没有偏向性，反而能够更纯粹地感受和理解万物与百姓，是一种没有杂质的关怀。这二者结合，就形成了《道德经》所提倡的，圣人治理天下的独特原则：不仁之仁。

在心理学工作中，不论是做个体咨询还是带领心理团体，心理师总会面对各种纷繁复杂不可预测的现象与状况。这时候，心理师应该心怀“不仁之仁”，重要时重视，不重要时放下，如同《道德经》中的天地之于万物，圣人之于百姓。唯有这样，来访者与团体成员的心理状况才能够顺应天道，自然发展。

无条件的感知——玄览与知鱼之乐

涤除玄览，能无疵乎？

前文提到，《道德经》认为，圣人应当“无常心”，“以百姓心为心”。可是问题来了：一个现实里的人，看问题、感受世界与他人总会带着自己的视角与特点，无非是多与少的差别，怎么可能不带任何偏见，没有任何常心呢？圣人以百姓为刍狗，又怎么能知道何时刍狗做好了参与祭祀的准备，何时祭祀已经结束而回归平凡呢？以他个人的思考和判断吗？还是有什么外显的指标吗？

这些问题的解决，取决于道家思想中的一种特殊感知方式，即《道德经》所谓的“玄览”。心理学家朱建军先生曾经谈到，《道德经》里只有一种认识论，就是‘玄览’，只有一种方法论，就是‘无为’。我听了之后深以为然。玄览可以说是中国传统文化特有的一种认识论——人可以不通过任何方法、任何途径，不站在任何视角上，直接了解他人、他事、他物。

庄子与惠子游于濠梁之上。庄子曰：“鲦鱼出游从容，是鱼之乐也”惠子曰：“子非鱼，安知鱼之乐？”庄子曰：“子非我，安知我不知鱼之乐？”惠子曰：“我非子，固不知子矣；子固非鱼也，子之不知鱼之乐，全矣。”庄子曰：“请循其本。子曰‘汝安知鱼乐’云者，既已知吾知之而问我。我知之濠上也。”

这是《庄子·秋水》中一个非常有名的故事。庄子和惠子出去游玩，看到水里的鱼。庄子说：看这些鱼多快乐啊。惠子说：你又不是鱼，你怎么知道鱼快乐呢？庄子说：你又不是我，你怎么知道我不知道鱼快乐呢？惠子说：我不是你，所以不知道你；你也不是鱼，所以你也不知道鱼的快乐。庄子发现这样的对话有问题，于是说：刚才说的不算，我们从头捋一捋啊……你刚才问我：你怎么知道鱼是快乐的呢？你既然这么问我了，就说明你知道我已经知道鱼是快乐的，才问我是“怎么”知道的。现在我告诉你，我就是到了这儿，就知道了。

惠子的逻辑思维很清晰：我不是你，所以不知道你。那么由此推论，你不是鱼，你也不知道鱼的快乐。如果说这是一场辩论，惠子已经获胜了，而庄子却有点像耍赖。但是庄子的“耍赖”是有理由的，因为庄子“知鱼之乐”，用就是道家的“玄览”功夫。玄览的特点就是无方法、无途径、无条件，就那么知道了，既没有“为什么”，也没有“怎么”。而在惠子的逻辑里，“我”和“你”，“你”和“鱼”都是不同的个体，彼此是无法完全了解的（这一点比较像西方心理学的基本假设），所以惠子才要问“你怎么知道的”。可是庄子知鱼之乐，并没有所谓人与我，我与鱼的截然对立，他没法用逻辑和惠子解释。所以他才“耍赖”，但实际他的最后一句回答并不是耍赖：“我知之濠上也”——我当时在这里，就这么知道了，没有你所问的“怎么”。

所以《道德经》用反问的方式来表达：玄览这种感知方式啊，就像是把一切杂质和干扰都洗净，能够毫无瑕疵地认识一切事物。

可以无条件、无途径，没有你我之别，不经过主客体相互作用，直接认识事物和人心，这是中国传统文化中的一个重要认识。与此相比，目前占主流的西方心理学流派，都认为一个人要感知和理解另一个人必须有许多条件和途径。

精神分析心理治疗强调咨询师与来访者之间的关系，其中的某些支流强调咨询师可以通过“反移情”来理解来访者。这是一种非常间接的理解方式，说白了就是“我通过你给我造成的感受，来推测你心里是什么感受”。

人本主义和自体心理学对人的理解更进一步，强调心理师要共情或神入（empathy）来访者，empathy 一词的本意包含着“进入他人”的意思，这种方式要稍微深入一点了，至少不是站在彼此的内心世界相互推测，而是尝试离开自己的心理世界以进入他人。但这里仍然存在一个问题，就算我进入了你的世界，我还是我，你还是你，我看到的和你看到的，会是一样的吗？即使进入了同一个世界，可是“谁在看”的“谁”，也就是主体存在差异，仍然会带来感知上的差异，这个差异还不小。

在意象对话学派中，为了便于和其他流派交流，我们也使用“共情”这一术语来表达一个人感知到另一个人的情绪感受。而在学派内部，更多使用“看”这个字来表达一系列和感知、觉察有关的意思。自己给自己做意象对话，叫作“看意象”，理解和共情来访者时，也会说，我“看到”你的意象里是怎样怎样的。在意象对话学派中，“看”就是感知与觉察，并没有特意区分对内还是对外，看自己还是看他人。在意象对话心理咨询的过程中，来访者闭着眼睛看意象，心理师跟随来访者，进行引导与互动。意象中的心理活动是深入和复杂的，而来访者外显的“信息”又很有限——语言、表情、肢体反应，而且在进入意象对话之后，人的语言也会变少，声音也变得低沉。在这种情况下，心理师是如何理解与跟随来访者的心理活动，并适当引导和互动的呢？靠的就是这个带有“玄览”意味的“看”。换句话说，意象对话心理咨询中，心理师最重要的任务之一，就是“看来访者的意象”。经过长期训练，获得初级（珍珠级）资格认证的意象对话心理师，大都有过“看见来访者意象”的体验。这并不是指一般意义上的感知和共情，而是纯粹无瑕地直接在自己的眼前或脑海中，出现来访者心中的意象。事后如果和来访者核对，会发现双方看到的意象的内容、细节是完全一致的。

我第一次在心理咨询中有这种体验是在2009年。当时来访者正在意象中，他说看到一个人，戴着很厚的旧手套。我当时内心什么也没有想，只是说“再看看”。他说：“他把手套脱下来了。”我的脑海中闪电般出现一个画面：“手套摘下，一只极其白嫩幼小的手从里面出来了，手掌轻握……”过了几秒钟，他报告了一模一样的画面。我知道这个画面在他心里，但我感知到的那一刻，并没有“我，还是他”这样的分别，只有那个画面在。随着之后一些年的自我成长与训练，这种情况逐渐多起来。现在当来访者或团体的成员描述自己的意象，有相当一部分我能够直接“看到”其意象的细节。对来访者的感知更准确，自然互动和引导也会更加贴切，效果更好。当然，有了这种带有“玄览”意味的体验，并不意味着心理师已经达到了老子的高度。这种现象的意义在于，“玄览”本应该是中国人所具有的一种自然的心理功能，随着文化传承的缺失，心理创伤的反复发生，心理发展中一定程度的扭曲，这种玄览功能被遮蔽了，看起来就像是丧失了，变成了传说中的技能和境界。但实际上，这种功能人人都有，而意象对话学派的心理观与训练方式，能够使人逐渐恢复“玄览”的能力。换句话说，玄览并没有那么神秘，是可以通过恰当的训练而在一定程度上习得的。

《道德经》里其实有很多具体的操作方式，宛如一本关于“玄览”与“无为”的使用手册。然而很多人认为《道德经》是在讲道理，这种误解有一个最主要的原因：《道德经》里所讲的各种操作方式，与现代人的习惯相反。现代人如果想要实现某种操作、达到某种目的，习惯于有人指导：你要先做这个，然后做那个，接下来再如何如何。而《道德经》里的操作方式是告诉人们，只要你不做这个也不做那个，你就能达到某种状态。这个特点与《道德经》中反复强调的“无为”有关，我将在后面的章节进行叙述。而现在，这句话就给出了“玄览”的操作方式。

不出户，知天下；不窥牖，见天道。其出弥远，其知弥少。

不出门，能够知天下。不从窗户往外看，能够见天道。如果走出去，向外看，走得越远，知道的反而越少。

这句话的意思，并不是叫人每天宅在家里，什么都不干，然后就能“知天下，见天道”。而是告诉大家，有一种认知方式，是无途径的，无条件的。这种认知并不是从所谓的“自我”出发的。“自我”就像一个房屋，出门就是离开自我走向外面去感知世界，这种认知外界的方式就像前面讲的人本主义的“共情”方式，从窗户往外看，就是以己度人，以自己的体验、感受来揣测他人的内心，类似于精神分析中利用反移情理解他人的方式。不出户，不窥牖，就是指不以各种有迹可循的途径和方式来感知外界。换句话说，不通过感官，直接感知事物与他人，就有可能做到玄览。

这么说听起来有些玄，但是在实际操作中的确存在。举一个心理咨询中的例子：来访者一边哭一边说了一段话，咨询师想要知道来访者心里的感受。如果咨询师试图通过来访者的表情、语音、语调、肢体来判断（哦，他在流泪，他的嘴向下撇，他的声音低沉，他的腿在轻微颤抖，由此可见他心里是悲伤的），这种判断是否准确呢，有可能准确，也有可能会失误。因为也许他的微表情里夹杂着轻松，也许他的一只手藏在背后玩弄沙发扣，也许他在一边说一边观察咨询师的反应。这种外在的判断总会有疏忽，不可能全面；而另一方面，即使能够全面观察到所有细节，咨询师对这些细节的理解也可能有自己的特色和倾向，从而产生理解上的偏差。归根到底，这是一种间接的推测。而如果这个咨询师不去在意这些细节，只是单纯地把注意力放在来访者身上，他的话语也会被听见，他的身形也会被看见，但咨询师不为这些细节所动，逐渐地，咨询师就有机会“直接”体验到来访者内心的那个感受，在体会到的那一刻，咨询师与来访者没有明确的你我之别。玄览中没有你、我、他的差异，硬要形容这种感觉，仿佛你、我、他混同为一，所以《道德经》说：“塞其兑，闭其门，挫其锐，解其纷，和其光，同其尘，是谓玄同。”

为什么意象对话心理师更容易对来访者产生“玄览”式的共情呢？这和意象对话的心理观，以及意象对话训练共情的方式，或者说训练“看”的方式有关。在心理观上，意象对话认为所谓的“我”并不是那么真实的存在，而是一种心理认同作用产生的结果。由此，你和我、我和他之间就有截然对立的划分。我可以“看”我自己的意象，我自己的内心，我可以“看”别人的意象，别人的内心。具体到实操方面，在意象对话学派的基本能力训练中，有这样一个小练习，在此分享给大家。

两人相对而坐。其中一人作为感知方，另一人作为被感知方。两人都闭上眼睛。被感知方在心里清晰地回忆一件事，一件让自己产生明确情绪的事，尽量回忆得真切，仿佛身临其境，那种情绪感受也再次出现。这个过程中，被感知方不说话，也不发出任何声音。而感知者只是闭上眼睛，不做任何的思考与判断。只是把注意力放在对方身上，保持什么也不想、什么也不说、什么也不做的状态，然后来感知对方内心是一种什么样的情绪，再进一步还可以感知情绪的变化，甚知感知这件事可能是什么事。这样子过一段时间，两人都睁开眼睛。感知方讲述自己感知到的内容，被感知方则给出反馈。

如果你实际体验过这个练习，就会发现即使是普通人来做，感知的准确率也远比你想象的要高得多。玄览的能力人人都有，它是一种准确的、无瑕疵的感知。学习意象对话，会让人的这种能力得到恢复与提高。

什么都不做？这不是无为

在《道德经》耳熟能详的词句中，“无为”大概是最著名也是被误解最多的。记得有一次，我去参加一个讲座，演讲者既是心理咨询师，也是中国传统文化的研习者。演讲中，他提到了道家的无为，随后在现场讨论中，他批判性地说：某某心理咨询方法的问题就是太“有为”了。当时我并不同意他的看法，但由于时间和场合的关系并未争论。只是有句话在我心里盘旋：难道无为的反义词就是有为吗？认为有为的对立面是无为，这恰好是一个对于无为的经典误解。为了进一步阐明，我们可以来做一个小练习。

现在，让自己放松下来，闭上眼，在你的心中想象，有一个达到了无为境界的人，然后看一看，出现在你想象中的是一个什么样的人，这个人在干什么。

……

如果你想象出来的是一个白胡子老头，仙风道骨，他眼前有一些人、事、物，他就只是很淡定地看着，什么也没有做（可能大部分人看到的是类似的画面），那么恭喜你——你中招了。这就是对无为最常见的误解，把无为理解为保守、消极、不作为。这种误解的来源，可能一方面是受字面意思影响：无就是没有，为就是做，什么都没做，就是无为。另一方面，的确道家所说的无为是一种比较高级的境界，并不容易理解。我们可以先来看看道德经里最正式提到“无为”的这一小段。

为学日益，为道日损，损之又损，以至于无为，无为而无不为。

为学和为道是完全不同的事情。学习会越学越多，而为道则越来越少，不断地减少，直至无为之境。学习使我们拥有知识和技能，知晓在什么情况下应该如何应对，只有确定的内容，才能够“学习”。而为道则是要不断地减少这些固化的东西，知识、技能要减少，更重要的是知识、技能所带来的思维定式和先入之见要减少，少之又少，最后才能做到无为。无为并不是什么也不做，而是不刻意做，不以先入之见去做，不按照思维定式去做，不跟随习惯与知识去做，在这些都“不”的情况下，再去做，就是无为了。这种无为的操作，能够适应所有的情况，无所不为。

具体到现实中，怎么做才算是无为呢？举一些例子大家来判断：一名骨科医生面对骨折的患者，怎么做算是无为呢？一位操盘手，看到自己所持的股票大幅跳水，怎么做算是无为呢？一位小学老师准备上课，发现学生都在各自说话，怎么做算是无为呢？

也许各位会得出不同的答案，但经过思考之后我们发现，无为大致来说应该是一种介于两个极端之间的状态。医生抱着胳膊冷眼旁观，肯定不算无为；医生看见患者的伤口就上去一顿“折腾”，肯定也不算无为。操盘手看着自己所持的股票跳水，直到把钱赔光，不算无为；一发现大幅跳水就马上全部抛售，也不能算无为。老师自顾自讲课，学生自顾自聊天，不算无为；老师责备带头说话的人，与其发生剧烈的冲突，肯定也不算无为。所以无为是一种不落极端的作为，既不是无所作为，也不是积极地刻意而为，即不太“这样”，也不太“那样”。换言之，无为总是在最合适的时候做最恰当的事，而且不会在不恰当的时候去做事。

正如“玄览”可以在《庄子》中找到“知鱼之乐”的故事为例，“无为”在《庄子》中也有一个著名的故事可做例子，这就是庖丁解牛。

庖丁为文惠君解牛，手之所触，肩之所倚，足之所履，膝之所踦，砉然向然，奏刀騞然，莫不中音。合于《桑林》之舞，乃中《经首》之会。

文惠君曰：“嘻，善哉！技盖至此乎？”

庖丁释刀对曰：“臣之所好者，道也，进乎技矣。始臣之解牛之时，所见无非牛者。三年之后，未尝见全牛也。方今之时，臣以神遇而不以目视，官知止而神欲行。依乎天理，批大隙，导大窾，因其固然，技经肯綮之未尝，而况大軱乎！良庖岁更刀，割也；族庖月更刀，折也。今臣之刀十九年矣，所解数千牛矣，而刀刃若新发于硎。彼节者有间，而刀刃者无厚；以无厚入有间，恢恢乎其于游刃必有余地矣，是以十九年而刀刃若新发于硎。虽然，每至于族，吾见其难为，怵然为戒，视为止，行为迟。动刀甚微，謋然已解，如土委地。提刀而立，为之四顾，为之踌躇满志，善刀而藏之。”

文惠君曰：“善哉！吾闻庖丁之言，得养生焉。”

通过这个故事，我们可以窥见许多与“无为”有关的秘诀。

第一个秘诀是，无为并不是消极和散漫。从旁观者的角度来看，“无为者”一定是在做某些事情的，甚至有可能会显得很积极。在恰当的时候做恰当的事，这要求“无为者”积极地调整自己，顺应道的流动与显现，随时都知道自己该做什么，不该做什么。而为了顺应道的流动与显现，“无为者”需要保持高度的觉察，甚至可以说是警觉，绝非自由散漫。意象对话作为一种心理咨询技术，与其他流派技术相比，其实是偏主动、强度更大甚至不太温和的。意象对话之主动，在于通过意象看到来访者内心的情结时，主动去做该做的事，使其中消极的心理能量得以宣泄和化解。修改、支持、接纳、面对，这些具体的技术对应着不同的情形。遇到让人害怕的意象时要面对，遇到让人厌恶的意象时要接纳，对无生命物的消极部分可以进行修改，对有生命物的消极特征可以进行支持与帮助。做该做的事，而不是消极地等待，这是意象对话的重要特色之一。而这些做法都伴随着高度的觉察：心理师需要觉察来访者，也需要觉察自己，避免自己的个人倾向影响现场采取的行动。意象对话技术之所以见效快，其中的一个重要原因就是，主动地做该做的事，而不是消极地等待。

第二个秘诀是，无为是需要以技能的习得和熟练为前提的。如果庖丁从没见过牛，一下子让他去宰牛，他能做到无为吗？恐怕只能干瞪眼了。庖丁向文惠君讲解了自己到达无为境界的过程，其中最开始“所见无非牛者”的练习阶段是必不可少的。直至解牛的技术足够熟练，才有可能在最合适的时候以最好的方式用出来。所以“为道”与“为学”并不是对立的，只是说它们不是一回事。甚至可以把为学看作为道的基础和前提。在意象对话学派的基本训练中，学习各种意象的象征意义是非常重要的一部分，水象征情感，武器象征男性气质与攻击性，动物象征着不同的人格基本特质……向学员讲解这些象征的时候，老师总会强调：这些知识只是一个参考，一定不要生搬硬套，在实际工作的时候，最好完全忘掉这些，仅仅把注意力集中在感受上。而另一方面，老师又会强调，应该多读读神话和童话，了解更多象征的意义。如果心理师完全不懂任何象征意义，面对来访者的意象，会无从下手。而另一方面，如果心理师总想着分析来访者的意象，每一个意象出来都试图去分析含义，就会被自己的分析带跑，失去对来访者的感知。所以，最好的方法是，学习象征的时候好好学，学了以后平时多用、多分析，但是在心理咨询中，又要放下这一切，只是单纯地关注和感受来访者的意象。有朝一日，心理师也可以达到庖丁解牛的境界——面对复杂离奇的意象，需要时，某些象征意义就会适时地蹦出来，以加深心理师对来访者的理解；不需要的时候，没有任何思考、翻译、解析，只是关注与感受，然后做出恰当的行动。

第三个秘诀是，一旦达成了“无为”，无为的过程本身就会带有一种美。这种美自然天成，触动人心，绝非人工可以营造。庖丁解牛，说白了就是厨师宰牛，原本是血淋淋的粗活儿，与美无关。可是故事里的庖丁在解牛时，他的动作舒展自然如同舞蹈，刀子在牛的身体里游走所发出的声响暗合音律，如同在演奏乐章。

解牛完毕，庖丁本人心满意足，而观众（梁惠王）也得到了美的享受，赞叹不已。无为是符合道的作为，道的运行自然有一种美。故而，是否展现出天然之美，或者说“道之美”，也可以作为判断“无为”的一个参考标准。这不由得让我想起爱因斯坦的逸事——有一次爱因斯坦的一位朋友得出了一个公式，拿给爱因斯坦看，爱因斯坦只看了一眼，就说这个公式是错误的，朋友很惊讶，问怎么这么快就得出结论了，爱因斯坦说：因为这个公式不美。后来那位朋友经过演算，发现这个公式果然出错了。公式也是对规律的表达，符合规律就会有美感。既然数学公式都可以很美，那么心理学工作可不可以产生美呢？当然可以。只是这种美很难用语言描述。如果一位心理咨询师，能够多多练习基本功，好好做自我成长，一方面坚持咨询实践，另一方面接受督导与朋辈交流，总有一天，他会在自己的心理咨询工作中体会到：现场发生的每个细节都恰如其分，咨询师的回应不多也不少，咨询师与来访者仿佛在进行一场精神上的共舞，这时候咨询师没有刻意做任何事，但总是做出最恰当的反应，既是他本人在作为，也是天道在通过他显现。在心理学工作中，这样的美，也应该成为我们追求的目标。

知常而不妄作——顺应规律是健康

心理学关注人的心理健康，可什么是健康呢？汉语中的健康是一个近代才有的新词，对应于英文的 health。health 的本意是完整，这里面暗含了西方文化的健康观。健康就是完整，残缺就是不健康。心理上的完整、不残缺，就是心理健康。那么中国人的健康是什么呢？古代没有健康这个词，健和康是两个独立的词，健的本意是对等和相称，康的本意是道路通达。由此可见，中国文化的健康观与西方是不同的。health 强调的是完整，仿佛本来有一个理想的存在状态，是包含一切的，分裂了、残缺了就是不健康。而中国文化的“健康”强调的是对等和相称（即阴阳平衡），以及通达无滞。在中国文化的“健康”内涵中，实际上并没有假设一个原本完整的实体，而是认为万物总是“负阴而抱阳”，不断流变的，故而平衡与通达才是重要的。在《道德经》里，也从不同的侧面提到了何为健康。比较简略提到的有：

坚强者死之徒，柔弱者生之徒。

这里从坚强与柔弱的角度加以阐述。柔弱，是生命力的特质。而坚强，反而是死亡的特质。这种观点似乎与常人的理解相反，有一种常见观点认为：坚强有力才是好的状态，柔弱则是消极的，需要避免的。为什么会存在这种反差？恰恰和中国文化中的健康观有关，因为道是不断运转变化、不可预测的，所以阴与阳平衡的那个点（假如有这样一个点的话）也是不断变化而非恒定的，那么为了保持通达，人就需要有一种随机应变的灵活性。从这个角度来看，坚强的东西总是固化的、僵硬的、不灵活的，而柔弱的东西反而是灵活的、可以随时调整的、充满生机的。

持而盈之不如其已；揣而锐之不可长保。

《道德经》的另一章句进一步阐述了这个观点：想要拿着一个东西保持它是满的，还不如放弃这种行为；把一个东西磨砺得很尖锐，就很难长期保持这种状态。越是想要保持坚强、锐利、富有、满足，就越会由于道的运转而遭受打击。这里可以再次回忆前文所说的“天之道，损有余而补不足”。

然而，“柔弱者生之徒”又不能单独拿出来理解。中国文化的重要特点之一，就是前文所说的“有无相生，难易相成”。柔弱是相对于坚强的，相对于坚强的僵硬和固化，柔弱的灵活与可变就更有生命能力。根据史记记载，孔子见老子之后说：“吾今日见老子，其犹龙邪！”龙是柔弱的吗？不，龙是有力量的，但它并非是那种坚固僵化的有力，而是充满了灵活与不可捉摸的特质。俗话说“神龙见首不见尾”。《道德经》里有一段把道描述为“迎之不见其首，随之不见其后”。为何龙是中国文化的图腾呢？中国文化起源于《易》，传承于“道”，而龙的形象，就是“道”的具体化显现之一。

回到心理健康的主题上，《道德经》中有一段相对完整地描述了道在更大的格局中是如何显化的，人应该以何种态度面对和顺应，也可以把这一段看作更高境界、更全局的关于“健康”的描述。

致虚极，守静笃；万物并作，吾以观复。夫物芸芸，各复归其根。归根曰静，静曰复命。复命曰常，知常曰明。不知常，妄作凶。知常容，容乃公，公乃全，全乃天，天乃道，道乃久，没身不殆。

这句话的意思是：使自己的心虚（不带先入之见，放空准备接受）到极致，牢牢守住静（没有起心动念）的状态，然后就可以看到万物的发展变化自有循环往复的规律。万物芸芸生长，但终究会死亡归根。万物生发、壮大、衰老、死亡，然后又重新生发，这个循环往复的运作是不变的常理，知晓这个常理的人就可以称得上是明。不知晓这个常理，妄图改变规律，使事物违逆常理而发展，就会带来消极负面的后果。知晓这个常理，就能够以更宽容的心态看待世间的一切现象，这种宽容使人没有偏私之心。没有偏私，就能够照应全局，这种照应全局的特质，是天所具有的，天又依从于道，而道是长久的。所以，如果一个人能够做到这样，那么他至死都不会遭受危难。

天道运行的规律，囊括了世间的一切现象，生发、壮大、衰老、死亡、重生。如果能够了知事物的规律，知道事物的发展趋势，不违逆，而是顺应，就能够得到好的结果。但如果不了知规律，或者逆着规律而行，就容易陷入危难。问题在于，具体到现实的问题上，怎么判断一个事物的发展在哪个阶段，发展趋势是什么呢？《道德经》提出了很具体的操作方法："致虚极，守静笃。"虚和静，是两个很重要的心理状态。虚和我们常说的虚心、谦虚有关。虚并不是自卑或者低人一等的姿态，而是不带先入之见，准备好观察、接收信息，这反而是一种比较自信的心态。唯有这样，才能够无遗漏地接受所有信息，而不是只听自己感兴趣或喜欢的部分。静是清净、安静，意味着不起心动念，没有自己的意图、欲望、偏好、立场，这样子接收来的信息才能真实纯粹，而不是扭曲的、被有色眼镜过滤的。虚到极致，牢守心静，才能够观察到这个循环往复的规律在具体事物中如何体现。所以，一个事物发展壮大是不是好呢？不一定，要看在哪个阶段。一个事物衰老死亡是不是坏呢？也不一定，也要看在哪个发展阶段。我们来看两个例子。

一位女性的梦：医院里，我的父亲躺在病床上，奄奄一息，我知道他快要死了。突然间我意识到，如果他死了，我对他的情感和怨恨该怎么办？不，他不能死。我带着这种感觉，一下子扑过去，拼命地来回摇晃他，摔打他的身体。看他没有反应，我似乎从背后找到了他的一根筋，用力一抽这个筋，他“啊！”地大叫一声，活了过来……

这个是一个在团体中汇报的梦。大家对这个梦发表了意见。有几位成员意见相近，认为是个好梦，因为死去代表着心理能量的压抑、固着或者丧失，而活过来则代表着生命力、心理能量的活跃。也有成员表示不知如何判断。我的第一印象，这不是一个“好”梦，于是我让梦者再多说说。她又提到之前的一系列梦，梦中她经常和父亲吵架、打架，发生矛盾，纠缠不清。这是她第一次梦到父亲要死了。再结合她提到的几句现实信息，梦的意义就比较清晰了：她的内心曾经与父亲有许多纠缠，把大量的心理能量和注意力都投入到与现实父亲或心理父亲的矛盾冲突中，甚至认为自己现实生活的不如意，也和早年父亲对待自己的方式有关。而现在，她的这一心理模式即将结束了，心中的那个父亲要“死”了。如果父亲死了，她就不得不把注意力拉回到自己身上，看到自己的生活状况，并且为自己的生命承担责任。父亲的死本是宿命的安排，是顺应“道”之发展的，心理上的父亲死了，那个独立的她才能够从中新生。可是她的“自我”不习惯，不能接受，如果父亲死了，我该埋怨谁？她心中的“人之道”还想继续和父亲纠缠下去，“损不足以奉有余”。于是，人之道暂时获胜了，她摇晃、摔打、抽筋，终于把垂死的父亲“救活”了。而这样的活，意味着她生命中的循环往复卡住了、停滞了，现实生活会继续，但她内心的这个部分将不再发展。直到有一天，她能够再次面对心中父亲的死去，接受自己不得不作为一个孤单的女人，来为自己的生命负责。当然，天道运行无私，会继续以不同方式给她各种机会。只看她是否能够识别、领悟和接受。

另一位女性的梦：我梦见我从床上醒来了，感觉到床下有一条小蛇。我很恐惧,觉得它可能有毒,可能会咬我。我悄悄下了床，看见它绿色的身体在床下扭动着，我心里难受极了，但又什么也做不了。我祈盼有人能来帮帮我。这时候，我老公出现了，他手里拿了一块石头，扔向小蛇，似乎是砸到它了。它可能死了，或者受伤了，不再扭动身体。我松了一口气，感到安全。梦醒了。

这个梦也出现在团体汇报里。这个团体女性成员居多，梦者在讲这个梦的时候，我注意到其他成员的反应：提到蛇的时候，不少人表现出厌恶、恶心、恐惧之类的表情。当说到蛇死了、不动了，似乎很多人都松了一口气。有个成员说：看来你老公关键时刻还是挺可靠的。有人表示赞同，梦者也并不反对这种说法。之后，我们开始对这个梦做工作，让梦自己说话。梦者根据自己的感觉选择了团体成员，分别代表蛇、老公、石头、房屋，再现梦中的场景。在进入角色后，他们说出了自己的感受。

老公："屋里有了蛇很麻烦，所以我要杀死它。"

石头："我冰冷、坚硬、结实，那条蛇柔软、脆弱，它当然敌不过我。"

小蛇："我第一次见她（梦者），有点兴奋，有点紧张，我扭动自己的身体，想让她看见我。我发现她似乎很害怕我、讨厌我，我就感到有些羞愧。当石头砸到我的时候，我很疼，我其实没有死，但是受了重伤，可能很久都不能动了。"

房屋："我是一个死气沉沉的屋子，里面住着夫妇俩，他们也都没有什么活力，彼此也没有交流互动。有一条小蛇出现了，翠绿的，那女人开始害怕躲闪，我才感觉稍微有了一些活力。可是后来它又被杀死了，我又恢复了沉寂，甚至比之前更沉寂了。"

在我的释梦团体中，引导梦的呈现，鼓励每一位成员表达的过程，就是一个"万物并作，吾以观复"的过程。这个过程中，我要尽量避免先入之见，避免我个人的偏私、评判、意图，只是单纯地辅助每一个部分呈现，这就是在践行"致虚极，守静笃"。坚持这样做，梦总是会呈现出它本身的整体趋势，一种无言的表达。在上述的这些表达里，你看到了什么？我看到，这是一个心理能量固结、缺乏爱与两性互动的心理世界，小蛇的出现弥补了这个世界的不足，也使梦者发现了自己心中有生命力（也包括性能量）的新生部分。但是她对此感到陌生和害怕，感到它“有毒”（意味着它包含一种梦中的我所不具有的、不熟悉的能量），于是她与“怕麻烦”的老公一起合谋杀死了小蛇。这时候，梦中的“我”的确感觉到了安全。但是这个世界里新生的部分，这个世界里最需要、最缺少的部分——小蛇——没有得到很好的呵护与接纳，几乎被杀死了，不知道何时才能恢复生机。

通过以上两个梦例，我们可以看到，梦中的生与死、好与坏都不是绝对的。顺应天道，死亡也可以是好的、积极的、带来新生的。以人道违逆天道，安全也可以是坏的、消极的、阻滞发展的，那个“导致”安全的行为就是“妄作”，必然带来“凶”的结果。而这一切的判断，便依赖于“致虚极，守静笃”的基本心态，以及在此心态下对复杂局面中的各个事物进行“玄览”式的觉察与感知。

中国人最本源的健康观念是宏大的、平衡的、流变的，而不仅是片面的有力或机械式的完整。保持中国式的健康，最重要的便是知常而不妄作，致虚守静，顺应自然规律，顺应天道运转，这才是最长久的健康。

知、守、为、归——道家回归四步法

为什么《道德经》道理深奥，却难以成为日常生活的指导呢？主要是因为《道德经》里的行为思路与现代人背道而驰。如前文提到“为学日益，为道日损”，大部分人习惯的行为指导方针，是找一个更有经验的权威来告诉自己：“你应该做这个！你应该做那个！你需要这么做！你需要那么做！”这就是为学的方式。而《道德经》对人的行为也有许多实际的指导，但指导的方式却是告诉人们：“不要做这个！不要做那个！当不该做的都能保持不做时，就是最好的行为状态。”在第二十八章，《道德经》给出了非常明确的行为指导步骤，就是“知、守、为、归”四步法则。

知其雄，守其雌，为天下溪。为天下溪，常德不离，复归于婴儿。知其荣，守其辱，为天下谷。为天下谷，常德乃足，复归于朴。知其白，守其黑，为天下式。为天下式，常德不忒，复归于无极。

了解雄强，却能安守于雌柔，甘愿成为天下的溪流，这样子不变的德行才能常在，最后就能回归到婴儿（无所谓雌雄）的状态。知晓了荣耀的存在，就要安守于耻辱，然后成为天下低洼的水道，这样子不变的德行才能充分发挥，最后就能回归到原始淳朴（无所谓荣耀、耻辱）的状态。知晓了白的存在，就要安守于黑，然后成为天下的法则规范，这样不变的德行才能正常运作，最后就能回归到没有黑白对立的无极状态。

雄与雌、荣与辱、白与黑，都是相对而言的，但通常人们会喜欢其中的一方而排斥另一方。当说到决一雌雄，人们都希望自己是雄。在荣耀与耻辱之间，大家都愿意荣耀而不是耻辱。在白与黑之间，大多数人对白色赋予了更积极的意义，而不喜欢黑。可是诚如《道德经》所言，“天下皆知美之为美，斯恶已，天下皆知善之为善，斯不善已”，相对的双方其实无所谓谁好谁坏，因为它们是互相定义、互相包含的，有一方就必然有另一方，反之如果一方消失，另一方也就同时消失了。当对立的双方消失之后，剩下什么？剩下的就是一种没有分化的，没有相对性的原始状态。所以雄雌的相对性消失，就回归到无所谓雄雌的婴儿状态；荣辱的相对性消失，就回归到如同原木（朴字的本意是原木）一般，无所谓荣与辱的状态；黑白的相对性消失，就回归到无所谓黑还是白的无极状态。

为什么要引导大家回归到没有相对性的状态呢？《道德经》第十八章讲：“大道废，有仁义；智慧出，有大伪；六亲不和，有孝慈；国家昏乱，有忠臣。”如果大道不废，所有人都按照自己本该做的行事，一切都不出问题，那就没有必要提倡“仁义”了；如果亲人之间自然和睦，就没有必要特意提倡“孝慈”……仁义与不仁不义，孝慈与不孝不慈，这些相对概念的出现，似乎原本是为了解决最初的问题——人、事、物的发展偏离了道而产生的各种问题。但是这些相对概念的出现，往往并没有真的解决问题，反而使得分化日益严重，提倡要做到“仁”和“义”的时候，自然也就包含了什么是不仁、什么是不义的概念，表面看起来在按照某个标准行事，可整体的发展却越发远离了道。老子是个伟大的预言家，这一问题在两千多年后的今天已经越发严重了。许多当代中国人提到“忠孝”，想到的就是机械的行为准则，对人性的压抑，从而对其产生排斥。这便是忠孝作为正面行为准则提出后带来的不良结果之一。在《道德经》看来，这种提出积极、正面概念试图解决问题的方法，都是对道的背离，只会使问题越发恶化，唯有回归到那个没有相对性的自然状态，人们才能够顺应天道而行，一切问题自然化解。

回归自然是最后希望达到的结果，而实现回归的途径，就是知、守、为。首先要知道自己已经偏向某一极端了，然后守住与此极端相对立的另一极端，但仅仅这样还不够，还要“为天下溪，为天下谷，为天下式”。这里说的溪，是“上善若水”，是“天下莫柔弱于水”，是“水善利万物而不争，处众人之所恶，故几于道”，指的是不主动的、接纳的、随形就势的态度；这里说的谷，是“谷神不死，是谓玄牝”，是“上德若谷”，如同低洼的水道一般，把自己放在低处而不是高处，不分好坏接受一切的到来又引导其流走；这里说的式，即是恒常不变的对于道的感知与顺应。坚持这样做，那些分化的就能够回到分化之前，那些偏离道的就能够回归其自然的状态，没有雄与雌，没有荣与辱，没有黑与白，一切只是顺其自然地运转，也就没有了冲突、纷争与困扰。

具体到操作层面，心理学工作者在面对各种心理困扰时，首先需要注意的便是各种关于价值、道德、好坏的评判与分别。我们在生活中总是有许多评判与分别，有的听起来更有道理，有的听起来更没道理。但不论听起来是否有道理，这些评判的背后往往隐藏着一个已经被扭曲了的“自然”。

曾经有一位来访者在心理咨询中向我倾诉，他觉得自己已经是成功人士了，可是过得并不开心，于是我问了他一个问题。

我：“你说的成功是指什么呢？”

他：“就是地位和认可，我在我们这个公司（一个实力很强的公司）已经是高层管理者，我的下属和领导也都很认可我的能力和人品。”

我：“那假如你没能获得地位和认可，或者在你还没有得到这些的时候，你是什么感觉？”

他（想了想）：“……我那时候觉得自己很失败，很可怜。”

我：“为什么没有别人认可，你就会觉得自己失败，觉得可怜呢？”

他：“我……我也不知道为什么，但我就是这么认为的。”

我：“你可以闭上眼睛回忆一下那时候的感觉，当没有人认可你的时候，你觉得自己的内心像是一个什么样的人？”

他：“……我看到了一个瘦弱的孩子，十四五岁，衣服有点旧，他看起来很落寞。”

我：“看看他怎么了，为什么会很落寞？”

他：“……好像他的老师和父母都不太喜欢他。只有他表现好的时候，才能赢得一点关注，心里才好受一点……”

（他开始哭泣）

后面围绕这个意象陆续进行了一些处理，有不同层次情绪的宣泄，直到这个意象中的少年的状态有所转化，恢复了自信，不再需要通过赢得关注来缓解痛苦。

（几次咨询之后）

我："可以回顾一下，你最开始来的时候，提到关于成功的困惑。现在是什么感觉？"

他："……我现在觉得成功不成功其实没有那么重要了。按照我自己的想法去生活，才是最重要的。"

我："我同意。"

在这个例子中，他带着一个困惑来到咨询室。当我问他"什么是成功"，而他给出他自己的定义时，这就是"知其荣"；当我问他，没有认可是什么感觉，他说这样就会觉得自己很失败，很可怜，这就是"守其辱"。我为什么会这样问呢？因为当一个人特意提到所谓的"成功"时，他的内心一定会有一个对应的"失败"。搞清楚他所说的失败指什么，是什么感受，就守住了"荣"的对立面，明白那个"辱"是什么。后续的意象工作、情绪宣泄，就是"为溪"或者"为谷"，营造一个容器，让他能够把和荣辱相关的各种情绪表达出来，释放出来。而最后的结果，则是"复归于朴"，他只是回归到了他本来的样子，做自己想做的事，过自己想过的生活，而不必太在意别人是否认可，也不再把获得他人认可作为自己生活的导向。对于这样的他来说，是被认可还是被否认，是荣还是辱已经不那么重要了，因为他已经回到了那个产生荣辱观念之前的"朴"的状态：一根原木，就只是其本来的样子，有什么荣辱可言呢？

从这个例子延伸开去，知、守、为、归的四步法可以扩展为不同的方法技巧。比如，你可以问问自己：我最讨厌哪类人？我讨厌这类人是因为他们的什么行为或者态度？那么既然我讨厌这类人，我觉得好的人是什么样子的？我为什么觉得这样的人好，而那样的人坏？我心中有什么样的声音在进行评判？经过这样一系列的追问，你可能会发现，自己的许多价值观并不如自己原本以为的那么“理所当然”，它们大多是更早期的经历甚至创伤所带来的偏见。如果这个追溯过程顺利，你应该会有许多情绪被激发和释放出来，最后你可能会发现这个原本的价值观或者判别方式消失了。随着这个价值观或判别方式的消失，你会发现自己变得更天然了，更自由了。顺应这种更加天然和自由的状态，就是更符合道的状态。不过对于大部分人来说，自己这么做是有一定困难的，如果有心理咨询师的帮助，会更加顺利。

总而言之，知、守、为、归，《道德经》所提出的这四个步骤，可以帮助我们看到很多问题，化解很多问题。

首先要“知”。要意识到、觉察到自己在某个方面的价值观或倾向性，或是雄，或是荣，或是白，或者崇尚善良，或者提倡公平,或者乐于助人。哪怕这个价值观看起来很“积极”或者“正向”，也不要把它当作理所当然，而是知道，它只是阴阳相对的其中一面，还有隐藏的另一面未被察觉。

其次要“守”。每一种价值倾向都有其对立面，每一个涉及价值评判的形容词，都可以去看看它的反义词是什么。自私的反面也许是无私，也许是没有自我；虚伪的反面也许是真实，也许是不懂人情世故的幼稚；淫荡的反面也许是贞洁，也许是性压抑；高尚的反面也许是平凡，也许是卑微或缺乏关爱。这个守的过程不是在思维层面找反义词，而是要深入内心，去理解每个词背后对于具体个人而言的内涵。同样是善良，有的人理解的是给乞丐施舍，有的人认为是不做坏事，有的人觉得是心中没有攻击他人的想法……知与守，一定要深入到个性化的、相对具体的层面，才有意义，不然就变成了在思维概念上打转。

接下来要“为”。为溪，为谷，为式。这一步难度比较大，即使是对于专业的心理学工作者而言，也需要经过多年的学习与实践，才能在有些时候比较好地做到。为溪，强调的是如水一般不抵抗，不主动追求，顺势而为；为谷，强调的是做一个容器，容纳发生的一切，做一个管道，允许一切能量流动，允许各种情绪释放；为式，强调的是稳定和坚持，总是感知着人、事、物的整体发展，以无为的方式顺应道的运转。在意象对话学派中，看意象，在意象中探索、体会、互动的过程，就是这个“为”的过程。

最后是“归”。归是知、守、为的自然结果，而不是一个刻意去完成的任务。所归之处，是“道生一，一生二”中的“一”，是那个没有好与坏、善与恶、美与丑、荣与辱的自然之所在，那里“惚兮恍兮，其中有象；恍兮惚兮，其中有物；窈兮冥兮，其中有精。其精甚真，其中有信”。当然，所归之处，各种心理困扰与心理疾病也都化为乌有。

结语

《道德经》契合中国文化的核心精神，不论历史如何变迁，绝对不会过时。然而，在每一个新的时代，社会结构、生活方式以及文明表层的变迁，都会让它蒙上一层古远而神秘的面纱，使这一时代的人无法将其与自身的生活直接结合。故而，领会《道德经》的精髓，在每一个新时代以恰当的新方式挖掘其价值，表达其内涵，并将其应用于当代的现实生活，是每一个文化传承者的重要使命。也是在此使命感的推动下，本篇《可操作的道德经》得以完成。愿本文能够对诸位读者有所启发，并唤起更多的有志者，在传承与发扬中国传统文化的道路上共同前行。

意象对话中的佛法

曹 昱

意象对话，是以“意象”这种原始语言为媒介，来进行心灵“对话”的一种中国本土心理咨询技术。这个集儒释道思想于一身的技术方法，正式诞生于20世纪90年代初，现在不过只是“人到中年”，却拥有着古老的灵魂。为了了解意象对话，我们就从佛法这位“血缘宗亲”之一说起。

两千多年来，佛法作为“出世间法”，给大众留下的印象是“不食人间烟火”，甚至在许多人心中，佛法是疯傻之人的可笑迷信，是避世者的安慰剂。然而，随着当代科学与心理学的发展，佛法在当代文明视角下被重新观察、审视，旧有的刻板印象渐渐被撼动。越来越多的人开始体会到，佛法一直就在我们实实在在的生活当中，无声无息地展示着那些亘古不变的规律。正如《六祖坛经》所说：“佛法在世间，不离世间觉。离世觅菩提，恰如求兔角。”

十几年前刚进心理学圈子的时候，我常常节衣缩食地去参加各种心理学工作坊，希望遇见一位能够把我从坍塌的生活中拯救出来的大英雄。一次，我偶然参加了意象对话工作坊，才发现，原来命苦的不止我一个人！顿时，一种一滴黑墨水滴进大海的释怀感油然而生。席间，同学们好奇地问老师，为什么她要放弃之前的体面工作来做意象对话？老师回答：“因为命苦，所以想离苦啊。”同学们又问，为什么有那么多主流疗法却非要选择意象对话？老师回答：“因为意象对话是让人看明白的，看明白了，就不作（读一声）了，命就转了。”那一刻电光石火，从此为我迷茫的心里开启了一扇通往光明的大门。我隐约知道了，原来苦命是可以转的。

就这样，不再游移，我一头扎进了意象对话。也由此渐渐知道，意象对话，作为现代中国人所拥有的一个本工心理学工具，目的是“知心”“调心”。对一些已经获得了世间成功却依然对“我是谁”保持好奇的人来说，它是一盏照见自心的灯；对一些正承受着“心结”之苦的人来说，它又是一味可以“通淤化结”的“心药”。可见，它是专门和“心”打交道的。心的“苦”，以及心的“离苦”，是意象对话对佛法的血缘传承之处；“我”的迷，心的“觉”，是意象对话对佛法的血缘传承之处。无论过去、现在、未来，无论男女老幼，无论贫富贵贱，无论对“佛法”“意象对话”是不是知道、是不是关心，只要一个人还有心结，并且正在承受着心结之苦，只要他还对“我是谁”感到迷惑，就有希望借助这个心理学工具实现觉醒，从心结或自我的缠缚里重获自由。

本书是意象对话团队的一次寻根之旅。每位作者以自己的心灵视角来与各位读者分享一隅，是一颗颗意象对话在个体生命中结出的鲜活果实。一颗小小的果实并不能代表整株大树，但每颗果实都带着根的基因，正如和一个人结婚，就必然与他的家族发生关系一样，如果你认识了意象对话，也必将开始与佛法结上一份或深或浅的善缘。

我将分享的是意象对话心理学中的一颗关于“知命、随命、改命”的果实。虽然，佛法的“无我”见地和我们世间人对“命”的执着看起来形同陌路，但对于世间的普通人来说，它也是一根指向月亮的手指。

杨俊的“命”

曾经，和许多人一样，我也一次次地思考过这个问题：一个人真的有“命”吗？如果有，“命”到底是什么？人可以改自己的“命”吗？

小时候，当医生的妈妈希望我成为一名医生，而做教育工作的爸爸又希望我成为一名教师，可我断然拒绝了——虽然我不知道我要做什么，但我决不会当医生和教师，因为我无法忍受天天看着自己的同类痛苦，也无法忍受天天要在很多人的注视下喋喋不休；更何况，还有个更简单的原因——我的命我要自己做主。然而，三十多年过去了，在尝试过不同的职业、不同的活法之后，我却最终发现，自己竟然鬼使神差地成了一名心理咨询师和心理咨询技术的讲师，不但每天和人们的痛苦打交道，而且还要经常面对着很多人喋喋不休。不仅如此，我还惊奇地发现，现在我所做的这一切，也正是我这一生中曾经苦苦寻觅的真正的心愿所向。甚至，如果有来生，我还愿意继续这样活完自己的一生……

这，就是我的“命”吗？

如果你也有和我一样的困惑，那么不妨“走进”我的“心理咨询室”，见证一个有关“命”的故事吧……

这位帅哥叫杨俊（化名），曾经因为家人无法接受他“双性恋”的生活方式，以及他对自己性别认同的长期困惑，而想要一死了之。但还好，他想要“死个明白”，于是就有了我们之间的相逢。然后，我们一起在咨询室里度过了近两年时间——这其中的酸甜苦辣一言难尽。

我为他提供的咨询也曾经陷入一筹莫展的困境。因为，最困扰杨俊的，并不是“双性恋”的行为本身，以及自己或别人对双性恋的不接纳所导致的痛苦和冲突，而是他总是感觉“双性恋”并不是自己想要的活法，却又身不由己地把自己活成“双性恋者”。“我总感觉我的灵魂是女的，但我又明明知道自己不真的是女的。这不是我不能接纳自己的问题，而是我根本就不知道自己是谁的问题！”——他总是苦恼地一再对我重申。

这当然也是最困扰我的，直到事情突然有了第一个转机——一个很荒诞怪异的“噩梦”。

其实，从童年时代开始，杨俊就总是做噩梦，还时不时地会遇到传说中的“鬼压床”。当然，他没有办法和亲友分享这个苦恼，因为别人都认为这是“迷信”或者是他“不正常”。

有一类的梦总会反复出现：有一天他正睡着，突然感觉有个男鬼正骑在自己下腹上强奸她（很奇怪，梦中的杨俊是个少女），他想动却动不了，想喊又喊不出，整个人被淹没在巨大的恐惧和性兴奋中……

当我们借助意象对话，壮起胆子和梦中的“鬼”意象交谈，他才发现，骑在他身上的并不是男鬼，而是带着假阳具的黑皮肤的女鬼，而且还不止一个——她们长得青面獠牙，一边用铁石阳具戳他，一边用一种歇斯底里的声音反复喊“还我女儿身来！”

隐约中还有另一个在暗处旁观的女鬼在嘻嘻笑，并小声地对那些骑他的女鬼说："干得好！父债子还！"

后来，这些面目可怖的"女鬼"自报家门说，她们其实是杨俊死去或不知所踪的那几个姑姑。在现实中，因为家里穷养不起孩子，所以她们不是被溺死就是被抛弃了——最后杨俊的爸爸成了家里的"第三代单传"，而杨俊又成了第四代单传。梦中的姑姑们变成了"鬼"，她们痛恨命运不公，所以要报复家里的男性，发誓要让整个家族断了"男根"。而她们之所以要带着"铁石阳具"，既因为她们不得不伪装成家族所期待的"男人"的样子，也因为她们想要用"铁石心肠"去让男人们自尝苦果。

想不到，家族中这些不被允许以女孩身份去活、去存在的生命，却偏偏以"不甘死去的灵魂"或"不甘离去的灵魂"的方式，活生生地驻扎在杨俊这条"家族男根"的心灵里了——在他表面上的男人躯壳里，暗中却住着这些女性的"灵魂"。

难怪，杨俊一直感觉自己像是被某种无可抵挡的命运给诅咒了。

杨俊突然开始理解了，为什么自己从小就毫无来头地怀有一种内疚感。因为父亲家族里对女婴的迫害——至少为了父亲的存活，他的姐妹们被斩尽杀绝了，不是被溺死，就是被遗弃。或许是这种生来就沾满了女性血泪的下意识感觉，成了杨俊抹不去的内疚感的重要来源，这自然而然导致他挥之不去的自杀冲动。在他的意识之下，他的良知需要替父辈偿还，于是他接受了诅咒——方式就是自己代表家族中"唯一的儿子"，被杀死，被变成一个

“女孩”。我们看到，在这个因果链上，在扭曲中有一种公正和平衡：上一环是女儿成为家族的祭品，下一环是儿子成为家族的祭品来偿还。

“我总感觉我的灵魂是女的，但我又明明知道自己不真的是女的。这不是我不能接纳自己的问题，而是我根本就不知道自己是谁的问题！”——难怪他总是这么说！我们终于开始理解了这份“不合理”背后的“合理”。

而之所以他自己这具男性躯壳，成了所有这些被排除者的“女儿国”，恰恰是因为，他本是家族中对女性最怀有同情和悲悯的那个人。杨俊泪流满面。“本是同根生，相煎何太急？！”为什么人与人之间要相爱相杀呢？他一遍一遍地追问着。突然，他内心中产生了一个心愿，要结束这场以恶制恶、以牙还牙的悲剧，主动与自己家族中被扼杀的女性力量和解，从而在家族中去创造一种新的“他”与“她”之间的互助关系……

“现在我的人生有目标了。我要用自己一生力所能及的力量去改变家族命运，成为家族情结的救赎者。再见。”有一天，他这么对我说。然后，头也不回地走出了我们工作了近两年的咨询室。

现在，杨俊已经在国外拿到了心理学博士学位，一边继续接受自我分析，一边带领着一个心理成长小组，帮助着那些曾经和自己有过相似困境的人们。他为自己的人生找到了一个非比寻常的意义……

意象为术：叫醒“梦”与“命”

现在回头看，似乎，从一个想死的、找不到自己是谁、找不到自己活着的意义的痛苦的人，到一个知道了自己是谁、知道了自己要怎么去活出一个有意义的人生的幸福的人，只是那么一个转身。

然而，这一个转身谈何容易！也许，这一步，就足以耗尽一个人短暂的一生，甚至一个家庭几代人……

杨俊是幸运的。能让这一步转身在自己的命运里发生，是因为他真的看明白了——一场悲剧为什么会没完没了地在不同人身上一代一代地重演；他看明白了——哪怕当事人自己并不知情，被上一代人深深掩埋掉的那些心灵创伤，也还是会以某种莫名其妙的方式，将尚未被了解的痛苦能量传递下去；他看明白了——一切的发生，暗中总有某些因果。在自己家族中，由于对女性性别不接纳而引发的溺婴、弃婴事件，在潜移默化之中，对这个家族中的后代也产生了某些深刻的创伤性的影响——不仅是被家族所排斥和虐待的女性，就连被家族所期待和宠爱的男性也不能幸免。在人类心灵中的良知天平上，没有人可以白白地享用他人的牺牲，命运女神总会以某种方式让他们做出补偿，以达成某种更大的“公平”。

是的，通过这个真实的案例，就连我们这些局外人也不难看到，作为重男轻女的“获益者”及其后代，他们也无可避免地付出了“偿还”的代价，而这个代价又让他们成为“受害者”。这种“犯罪—赎罪”的“公平”模式，的确是令人惋惜的——只要这场噩梦还没有被唤醒，所有这场噩梦中的演员都要一代一代在“犯罪”与“赎罪”中轮回下去。所幸，我们的主人公从这场被文化创伤所创作的悲剧故事中醒来了。于是，他以自己力所能及的方式改变了这个不幸的“命运脚本”，而他自己也从一个“赎罪者”变成了这场噩梦的“终结者”，作为一个“自我解脱”的人走向了一条帮助别人解脱的新旅程。

至今，想起这个曾经擦过我生命的人，我还会不由得心生感慨。虽然，他所经历的只是他一个人的人生，然而，他也帮助我打开了一扇窗，让我能从之前完全不能理解的一个新的视角看到——在命运的因果链条上，一切已经发生的都是合理的，丝丝入扣，没有偶然。

不只是杨俊，我们每一个人，或多或少，又何尝不是自认为自己清醒地活在现实中，而梦只是发生在我们睡眠的时候。但也许真相并非如此——反而是我们一直浑浑噩噩地活在一场被自己信以为真的大梦中，受其摆布，不自知而已。

这场在因果链条上自动运行着却不为人知的“梦”，就是我们平常所说的“命”，就是心理学上说的“强迫性重复”——它就像一种活法的程序，一旦被我们信了，认同了，就被安装在我们内心，于是面对这个世界，我们就会按照这个程序里的设计去感受、思考和行动，然后不知不觉中，“命”就在我们的生命中被真的实现了，这个虚拟的程序变成了我们活生生的现实。心理学上所说的“自动实现效应”，或许可以给我们提供一点洞见，让我们看到一个人的“命”是怎么被自己实现出来的。

我们日常人所说的“命”，在佛法中被称为“业”；而“命”被实现的过程，就是“业力轮回”的过程。

佛法中说“定业不可转”，又说修行可以转业、“心净则国土净”——这两者看似自相矛盾，实际上恰恰是为了从两面来向我们演说“业力”的“空性”。“空”，并不等于零，并不是什么都没有，而是说它可被我们心识所创造的不确定性。相信很多人都看过那张著名的“老太太还是少女”的双关图，它既可以被看成一个老巫婆一样的老太太，也可以被看成一个妙龄少女，但它本身其实只是一张纸上的一些预先画好的交错的线条。其实，我们现实的人生，也很像这幅双关图，它本来既不是老太太也不是少女，但是当我们采择了某种视角来看它，它就被“无中生有”地看成了一个老太太或一个少女。然后，看到了老太太的人就体验到“我看到了丑陋和衰老”的消极感受，而看到了妙龄少女的人就体验到“我看到了青春和优美”的积极感受。

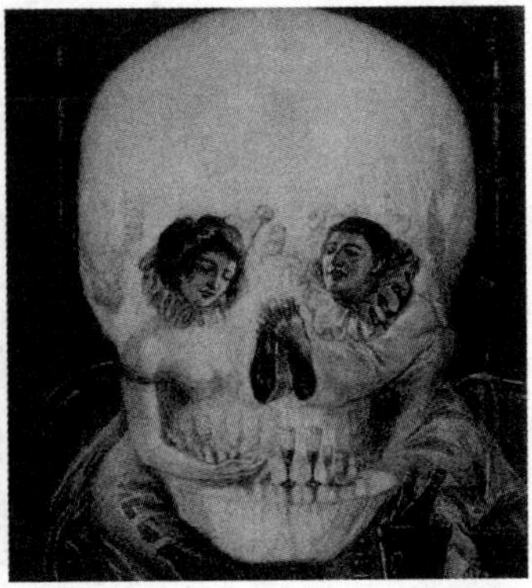

同样，同一个场景，既可能被我们亲眼看到“生”，也可能被我们亲眼看到“死”。

可见，眼见的未必为实，所谓的“真实”也许恰恰是我们自己所创作的产物。这正是“命”的神奇之处，而这也正是我们做心理成长的意义所在。

意象对话发展到今天，已经形成了一个较为庞大的技术体系，子技术众多，而且已经在临床实践中显现出来了它们各自独特的魅力。然而，无论有多少子技术，也无论它们的工作核心是情绪、身体、图画、声音、梦、人格、情结，还是原型等，它们都会把我们带向对三个问题的洞见：我是谁？我的“命运脚本”在如何操控着我？我想要活出一个怎样的人生？

在不断探寻这些问题答案的过程中，你会发现，意象对话体系中所有的“术”都始终朝向同一个方向——“觉”。只有觉醒，才能真正有可能做自己“命”的主。虽然这个时代几乎人人都宣称要“做自己”“活出我自己”，但其实想要活出自己是很奢侈的——当一个人浑浑噩噩地活在“命”中而不自知，终其一生他也不过是按照“剧本中的角色”去活出那个剧本，而“我要做自己”不过是一句自欺欺人的可笑的口号。

“命”是什么？说到底，“命”就是一串（或圈）因果链条，把一个活生生的人捆缚在其中不得解脱。

如何摆脱“命”的缠缚？看明白这条因果链条从哪里来、到哪里去，懂得“命”可被创造，就可被再创造的道理。然后，从当下开始，选择不再按照“命”里预设好的标准程序打出自己手中的这张牌。

那么，意象对话是如何帮助一个人从“命”的剧本中觉醒，又是如何去帮助一个人去活出他自己的呢?

知命：选择与承受

中国人从古代就很懂得“知其然，知其所以然”的意义。就连没受过教育的民间老百姓也知道“种瓜得瓜，种豆得豆”的朴素道理。在意象对话心理咨询与个人成长过程中，我们本质上其实也只做一件事，就是看自己人生经历中的因果规律，以此来发现，“好命”和“坏命”分别是什么原因导致的。

“命”是什么？仔细观察我们就会发现，所谓“命”，无非是一个人的一种活法，而这种活法会由一个从生到死、从小到大的一个完整的故事来体现。而这个故事要说明什么呢？在本质上，这个故事无非是想告诉世界，这个故事的主人公作为什么样的一个人在这个世界上活过一遭。

有一次有个朋友跟我开玩笑说：“快把你的痛苦告诉我嘛，让我好好高兴一下。”乍一听，这个朋友简直没心没肺到欠扁。但实际上，当我成为一个心理咨询师听到了各种各样的悲惨人生故事之后，我还真的越来越庆幸自己是个好命人。

曾经，与很多人一样，我也在自己的悲剧里自怨自艾，难以自拔，以为自己是这个世界上最倒霉的苦命人，以为要不是遇上这样的父母、家人、同事、伴侣、孩子、时代和社会，我的命就不至于这么惨。

直到遇上我的意象对话心理咨询师（那时候我还是一个来访者，无论如何也想不到自己以后会交换场地坐到咨询师的椅子上）——我开始贱嗖嗖地花着我小心翼翼省出来的钱，她一次一次温情脉脉地把我按在咨询室的肉案板上，开膛破肚地翻腾着一连串毫不留情的问题：

“当别人那样的时候我怎么了？”

“我为什么继续让别人这么对待我？”

“如果我不付出不讨好不优秀会怎样？”

……

然后有一天，突然，泪眼婆娑的我停止了没完没了的哭泣和呻吟，醒了一瞬间，意识到：竟然是我自己需要把自己塑造成一个苦命人，以便来控诉整个世界配不上我这么一个既完美又无辜的人。突然之间，我理解了悲剧的重要价值——悲剧的审美意义，就在于把一个看似最珍贵的东西当面毁给你看，让你在巨大的惋惜心碎中不知不觉地把对这件尤物的美好幻想永远封存在心中，这样它就不用去禁受事实的检验然后幻灭了。

而我，这个并不够美好也并不够被重视的普通人，太需要用这场悲剧人生的泡泡来包装自己，以便以作为那个幻想中的我来深深地被这个世界所珍视。竟然，是我自己故意放纵和促成了这场悲剧的发生，以便用持续不断地遭遇“坏人”的方式，来证明一个独一无二的“好我”，然后不知不觉中就把自己套牢在了一场“苦命”中做了主人公。天知道，这算我的成功还是失败呢？我极其不是滋味地哀悼着自己……

在心理成长的早期，我最恨的，就是意象对话咨询师永远在不近人情地要求我“反求诸己”[①]——那副嘴脸就好像在暗示，我之所以遭受了那么多的痛苦和不公，都是因为我自作自受导致的，所以我活该受罪！虽然，咨询师们也会非常共情地安抚到我内心的那些受害者的感受，但然后，他们总会画蛇添足地引诱我去“迫害者”那一方去“换位思考”！

现在，当我的屁股已经从苦命人的冷板凳上挪开，坐上了好命人的热椅子，我的想法自然就变了——我发自内心地理解了如实反省自身的意义：如果我活在天堂还是活在地狱都是别人做什么来决定的，那么除了去乞求别人去施舍给我一个天堂，我就没有任何其他能做的了。但如果我愿意如实地看到，这个自己身处的地狱，其实是自己和别人共谋的结果，我就会立即知道，自己的改变是足以改变处境的。为自己的命运负起自己这一部分的责任，虽然会让我失去怪罪别人的借口和理直气壮，却可以为自己获得实实在在的机会去改变厄运。

反求诸己，看明白自己为什么要去配合别人，去给自己制造一个自己并不喜欢的“命”——这就是“知命”的开始。

意象对话学派有一个“人生脚本（命运脚本）”理论，说的

---

① 反求诸己，来源于儒家思想，现在作为意象对话心理学派的术语使用，是指一种在任何情况下都如实反观自心的态度，也是一种在心理成长中有效避免投射的方法。简单地说，就是自省。

就是“命”从何来这个问题。这个理论把人生脚本的产生，大致地分成了四个早期的心理发展阶段。值得一提的是，这四个心理发展阶段并不是截然分开的。就好像我们说“未成年人”和“成年人”，并不是以那个人生日的那一天截然划分的一样。

这四个阶段分别是：基本心愿——人生脚本的初始设置；早期印刻——人生脚本的“基本境遇”氛围；婴幼儿的生存策略——人生脚本的“基本应对”；“三岁看大，七岁看老”——“命运脚本”的基本成形。

人生脚本的初始设置：基本心愿

意象对话学派的人生脚本理论认为：每个人来到这个世界上的时候，内心最深处都带着一个“我要为什么而活这一生”的基本心愿[①]。

这个基本心愿，就像一颗埋藏在土里的种子一样，埋在每个人心灵的深处，就连我们自己的意识也常常看不到它。

虽然我们往往意识不到，但这颗种子还是会努力活出它自己，在冥冥之中影响着我们的感受、行动和认知。就好像，一颗桃核虽然并没有“我是桃树”的意识，大地也没有意识到自己里面活着一颗桃树的种子，但是这颗种子还是会本能地把自己在大地上

---

① 这里说的“基本心愿”和佛法中说的“菩萨大愿”不同。“基本心愿”，是心理学意义上的说法，指的是个体潜意识中最初的“我欲”，它的核心是界定“我是谁，我这一生为什么而活”。因此，它是一个人个体化的萌芽。

活成一棵桃树，而不是李子树或什么别的不是自己的植物——无论遇到什么环境，它都会本能地去像一棵桃树那样，在该发芽的时候发芽，该开花的时候开花，该结果的时候结果……

换一个比喻来说，一个人的基本心愿，就像是一台手机的“出厂设置”。虽然以后你还可以继续安装不同的程序，但始终都是在这个出厂设置下运行的——除非你遇到极其重大的人生事件（例如濒死体验或修行进阶等）才能进行“系统重装”。

用一句话来概括，每个人最初的基本心愿就像一粒种子，在他出生的时候，就已经奠定了“我是谁，我为什么而活”的心理基础。

人生脚本的“基本境遇”氛围：早期印刻

意象对话学派的先行者们，在经过许多深入心灵的亲身体验之后，达成了一个共识——他们相信，一个人在胎儿期就有这个生命的基本心愿了。比如，有人是为了“爱”而来，有人是为了“知”而来，有人是为了“信”或其他的什么而来——这些“我为何而来”的基本心愿，就是每个人与生俱来的先天倾向。而这些已经预测的先天倾向，就像每颗种子都有自己是那种植物的先天潜质一样，一旦遇到环境的影响，就会依照各自的先天倾向去做出不同的反应。这个道理就好像说，同样是出太阳的环境条件，天性喜阴的植物就会本能地避开太阳，而天性喜阳的植物就会本能地迎向太阳。

幸运的是，现代科技与医学的发展，已经足以让今天的人们相信，一个已经四肢俱全的胎儿，有能力对妈妈的不同状态产生不同的反应。比如，当妈妈发怒的时候，胎儿会躁动不安或是焦虑地抓脐带、吮吸手指；而当妈妈用温柔的声音呼唤并且轻抚肚皮的时候，胎儿会快乐地舒展一下四肢，以柔和而欢快的胎动去回应妈妈。医学认为，母亲的不同情绪会影响到激素的分泌，因此浸泡于羊水中的胎儿可以直接感知到妈妈情绪的好坏。可见，我们在出生以前，就已经对胎内环境有了好坏的基本识别能力。

我们可以想象一下，如果你是一个为“爱”而来的孩子，而你的妈妈却长期处于消极情绪中，那么你对你所体验到的整个“存在（世界）”会有什么感觉？会不会是一种“没有爱”的氛围？你会不会依稀地有一种“世界（包括自己在内的）”是不好的、不可爱的感觉？这种模糊而遍及一切的“不好感”“不可爱感”，就是你对“世界（包括自己在内的）”的第一印象，而这个第一印象将像烙印一样，成为你出生以后的人生底色。而出生以后的你，将会本能地对这种似曾相识的“不好感”“不可爱感”具有敏感的再认能力。意象对话学派把这种胎内氛围给一个生命带来的“第一印象”叫作“胎内印刻”。

那如果你是一个为“信”而来的孩子会怎样呢？消极情绪的母亲带给你的胎内体验可能会在你心灵深处形成一种“不安全”的氛围，而这种模糊而遍及一切的“不祥感”，也将像烙印一样成为你以后人生的基本底色。而出生以后的你，也将会本能地对这种似曾相识的“不祥感”具有敏感的再认能力。

如果你是一个为“知”而来的孩子又会怎样呢？你的人生最早期的心灵体验，就会在你心灵深处形成一种“不舒适”的氛围，但是与此同时，因为你是为感知这个世界而来，因此你也会平等地感知到其他那些“舒适”的氛围，因此，在你的胎内生活以及刚出生的那段与母亲共生的早期生活中，你所体验到的一种模糊而遍及一切的“无常感”，也将像烙印一样成为你以后人生的基本底色。而以后，你也将会本能地对这种似曾相识的“无常感”具有敏感的类似于本能般的再认能力。

这种“氛围”所留下的心灵“烙印”功能，在一个生命活在胎内的时候就开始了，出生以后还会在母婴共生期里继续延续一段时间，一直到这个婴儿逐渐与“妈妈”区分开来而作为一个个体的“我”存在。我们把这整个的心灵“烙印”过程统称为“早期印刻”。

我们相信，即使遇到同一种早期环境，有着不同基本心愿的胎儿或婴儿也会基于自身的先天感知倾向，从而形成不同的“早期印刻”。这个带着一定倾向性的心理印刻，就会成为一个人的“命”的原始背景。

人生脚本的“基本应对”：婴幼儿的生存策略

试想，当一个人突然离开母体来到这个陌生的世界，他会本能地产生失和、惶惶然不知所措感——原来那种理所当然的类似

“衣食无忧感”的感受，突然被现实打破了，他发现他时不时会感到各种缺失和不舒适：饿、冷、泡在屎尿里的难受以及突如其来的噪声，等等。他想抗拒却无能为力，他只有声嘶力竭地啼哭、挥舞着自己的四肢，等待会有什么奇迹发生，把这个“糟糕的世界”一下子变好。

这种时候，如果母亲总是会及时地给予悉心照料，那么这个婴儿就会很快恢复安宁和满足，仿佛，只要自己一哭，所有的不舒服就会很快消失。时间一长，这个婴儿就会有一种模糊的“心想事成感”——虽然和胎内生活相比，从心想到事成之间会有一段时间的滞后，而不再是胎内的那种总体的、没有时间和空间局限的“全能感”，但是总体来说，他还是会有一种自己是“世界的宠儿”的感觉。他会模模糊糊地相信，自己是幸运的、被爱的。那么，他就会获得一种基本的安全感，会比较放心地继续按照自己本来的样子做自己。

然而，在我们普通人的现实生活中，母亲并不总是会像婴儿心想事成一般及时出现。那么，如果母亲出于某些原因对婴儿疏于照料，而婴儿的诉求难以得到及时回应会怎样呢？可以想象，在这种情况下，每隔一段时间，婴儿就会较长时间地暴露在身体和心理的双重痛苦中。

这时候，具有不同先天倾向的婴儿，就会本能地采取不同的应对方式——有的婴儿会更激烈地哭闹，以表示呐喊和抗争；有的婴儿则很快就放弃了，或者尽量让自己安静以减轻挣扎所带来的挫折感，或者吮吸自己的手指来一边安慰自己一边幻想着自己正在吮吸一只温暖、充盈的乳房，或者试图用东张西望或倾听周围的动静来转移自己的注意力让自己暂时忘却此刻的煎熬……千万不要小看婴儿，他们有着人类与生俱来的本能智慧，他们已经会在自己经受挫折的时候，依靠本能选择，以不同的策略来应对困境了——这个“策略”，与成人后天通过思维来运算的“策略”有所不同，婴儿的策略是一种发乎本能的生存策略，就像不同的小动物遇到危险，有的会战斗，有的会逃跑，有的会装死，有的会变色，有的会张开绚丽的羽毛恐吓敌人一样，这些可以选择和运用策略以求生存的本领，是所有动物都具有的本能智慧的一部分。

这就是一个人最早期的“基本应对”。或者说，这就是“原始的生存策略”。在人生的早期，根据环境的不同反馈结果，这种基本应对还有一定“微调”的余地。

如果一个婴儿通过自己的应对策略让自己成功地缓解了痛苦，甚至在之后得到了母亲的赞许和奖励，那么这种基本的应对策略就会受到强化而被沿袭下来，在日后的生活中成为他本能首选的应对策略。

比如一个婴儿因为更猛烈地哭闹而终于获得了母亲的注意和满足，那么这个孩子就尝到了哭闹的好处，以后在遇到挫折的时候就更容易用哭闹的方式来“要奶吃”；如果一个婴儿因为放弃哭闹而事后得到母亲的奖励以及母亲出于愧疚的补偿，那么这个孩子就尝到了放弃的好处，以后在遇到挫折的时候就更容易用放弃的方式来“减损”或是进行“内疚控制”从而“获益”；如果一个婴儿因为幻想或转移注意力而减少了自己的痛苦并且在事后得到了母亲的奖励和补偿，那么这个孩子就尝到了幻想或转移注意力的好处，以后在遇到挫折的时候就更容易用幻想或转移注意力的方式来逃避正在面临的痛苦，依靠“幻想奇迹将会出现”或是“兴趣爱好”“寻找代偿”“×× 成瘾”等来应对现实困境……

如果一个婴儿的应对策略虽然当时让自己成功地缓解了痛苦，之后却受到了母亲的惩罚，结果又会是怎样呢？——这个婴儿会本能地尝试修正应对策略，直到找到一种能够得到母亲鼓励的策略为止。然后，这种应对策略就会受到强化而被沿袭下来，在日后的生活中成为他首选的应对策略。

比如一个婴儿一开始尝试用越来越厉害的哭闹来获得母亲的安抚，但是等到母亲终于出现的时候母亲却狠狠地大声训斥了他——婴儿虽然听不明白字面意思，但是他本能地知道母亲是不高兴、不喜欢的。这样反复多次后，婴儿就会本能地试着做出不同的应对，比如吸吮自己的手指头。然而，母亲并没有出现，婴儿的需要没有得到满足。于是婴儿只好尝试另外的策略，比如用小嘴巴发出“巴巴巴巴”的声音。然后，母亲就出现了，露出了很开心的笑脸，还温柔地爱抚了他。于是婴儿满足了。这个满足感同时也把这个策略“粘在”一起，重复多次后就建立起一个“条件反射”——他发出悦耳的声音，然后妈妈就会给他带来快乐和满足。于是，“发出悦耳的声音来取悦妈妈”这个应对，就成了这个婴儿调整后的新策略。等这个婴儿再大点，他就会开始用甜言蜜语来取悦大人，并且获得自己需要的东西；甚至等他到了青春期，也会本能地去用甜言蜜语得到他所渴望的异性……

这就是“基本应对”对一个人以后适应现实挫折的行为模式的早期影响。

“命运脚本”的基本成形：“三岁看大，七岁看老”

虽然在一个不完美的养育环境中，“基本应对”给婴儿提供了更适合生存的条件，然而当一个婴儿为了适应养育者的偏好，而不得不用一些“策略”来应对大人，以便让自己获得足够好的资源生存下去时，这个婴儿已经偏离了自己本来的样子。也就是说，为了让自己有足够好的生存条件，婴儿不得不根据大人的喜好来扭曲天然的自己。

这就是“假我”的雏形。

“假我”的现实好处是，一个人开始有了适应外部世界的能力，这给当前的生存乃至日后的社会适应都打下了基础。

但是“假我”也有它必然的代价，就是会让一个人在内心深处产生一种根深蒂固的不安全感和不被接纳感——“我是不被允许以自己真实的样子去存活的，所以我必须假装成一个别人喜欢的样子才能活下去”（虽然婴幼儿不会使用文字来思考，但是他们会本能地懂得这种意味），并且伴随着这些挥之不去的焦虑感受，还会生成一个关于“我在一个怎样的世界里活着”的核心信念。这个核心信念就像一句被施了魔法的“命运咒语”，以后在这个人的一生中被慢慢地越来越具体化地实现。

比如一个“我为爱（被爱）而来（基本心愿）”的婴儿，当他遇到一个企图把他塑造成自己想要的样子的母亲（基本境遇）时，受到了挫折；然后，依赖母亲生存的他“小胳膊拧不过大腿”地屈服了，按照母亲心中的“模板”来修改自己的表现（基本应对），然后他成功了，母亲终于对他表达了爱意。这时候，这个孩子会觉得自己的基本心愿实现了吗？很遗憾,并没有。因为“假我”越成功,“真我”就越失败；母亲越爱那个“假我”，越让“真我”感到不被爱；“假我”表现得越爱母亲，“真我”就越没有机会去爱母亲。所以，悲剧是，一旦开始用“假我”去应对，那么成功也是失败，失败也是失败——这注定无可逃脱的“失败”就成就了他的“宿命”。

这种“注定的宿命”，就是“人生脚本”的雏形。自此，我们就戴上了一副很坚固的有色眼镜，以后的人生中，我们所经历的一切，都将透过这副有色眼镜的过滤和添加，然后经过有色眼镜扭曲过的世界，又反过来验证和强化了我们原来的有色眼镜。换句话说，如果没有出现重大的意外事件来击碎这副有色眼镜，我们将再也看不到事物的本来样貌——从这个意义上来看，也就意味着，我们此后的人生，无非是对这个“人生脚本”的循环验证与精细化的操作过程。这就是无形中的“画地为牢”。

“宿命”的剧本

总结人生脚本的产生过程，我们会意识到：每个人先天都带着一个“基本心愿”而来，然后通过子宫内环境和早期养育环境开始接触“基本境遇”——如果环境较好，就会形成一个积极的“基本信念”，于是他就愿意继续去做真实的自己；如果环境不好，就会形成一个消极的“基本信念”，于是当他可以采取一定程度的主动行动来回应世界的时候，他就会扭曲自己来试图适应外界，这时候就产生了“基本应对”。一旦开始“应对”，那么无论环境反馈是否积极，都会是对其真心的否定，也就意味着“应对”无法撼动原有的“基本信念”——这样，在这个人的内心深处就有了一种宿命感。之后，因为有了这个先入之见的“有色眼镜”，这个人就会透过它来看待自己、他人、世界以及后续发生的一切，然后基本上总会得到验证——即便不能完全符合脚本中的信念经验，也几乎都会被扭曲成符合这个信念的样子，因为他已经不相信世界可能是别的样子了。于是，这个人的余生就被用来演绎这个自心内部的“剧本”，最后在现实中按照剧本的预设，把自己的人生越来越清晰、具体、丰满地塑造成符合剧本中的那个主人公命运的样子。

从这个意义上来说，“我”之所以是这样的，“我的人生”之所以是这样的，既不仅仅取决于“环境”，也不仅仅取决于“种子”，而是二者互动的产物。更何况，人比植物更聪明，更有学习能力和创造力，所以一个人的人生并不只是“被环境选择和塑造”的结果，而是这个人自己面对环境选择了不同应对方式的结果。就像同样持续遭受了非人虐待的儿童，在他们长大成人以后，有的选择报复社会，于是成了系列杀人狂；有的选择沉溺在过往痛苦中，于是最终自杀或吸毒了；有的选择让自己成为永恒的受害者，于是成了活在被害妄想中的精神病人；有的选择永远不让自己的孩子受自己受过的罪，于是成了温柔对待自己孩子的父母；有的选择去帮助那些受虐儿童走出来，于是成了家庭虐待救助志愿者；有的选择去制止或惩罚那些儿童的加害者，于是成了警察或法官；有的选择让本该相爱的人放下相杀的心灵屠刀，于是成了心理咨询师；有的看到轮回皆苦产生了出离心选择出家自修，或是发愿要“苦海常作度人舟”，于是成了法师……

然而，我们人类“自我中心”的天然倾向，总会阻挠我们去看到这个事实。因为，如果是“我选择”让自己继续受苦甚至让苦越滚越大，那我的苦就是“自作自受”了！我就没有权力去要求别人改变了！可是，我还需要留着控诉亲人的把柄，以此来强迫他们变成我希望他们成为的那个样子呢！——这个潜意识中的“好处”,就是我们所说的“病态获益”。病态获益就好像饮鸩止渴，它为人生做出的选择，会让我们眼前的自恋感到很被维护，但是我们却往往贪小便宜吃大亏，因为如果我选择了“都是他们害了我一生”这样的人生脚本，“我一生都在受害”也会真实地变成我的“命”。想想看：即使一辈子都拥有控诉世界、要求世界应该改变的权力，那又怎样呢？这样的命好吗？我想，就算我自我中心到了完全不在乎别人死活的程度，但如果我眼光能够长远一些，在我临死时反思这样的一生，也一定会因为这辈子过得不值得而深感懊悔的。

事实上，在心理咨询工作中，咨询师有相当一部分时间和精力都是用来倾听来访者诉苦的——通常一开始，他们会认为自己的痛苦是别人造成的，所以如果别人不改变活法，他们自己是没有办法不受苦的。而意象对话心理咨询的第一步，就是带着真诚的同理心，在理解来访者“无辜受害”的主观感受的同时，邀约他“反求诸己”，为自己现在的人生负起率先改变自己命运的这份责任——这一步“回头是岸”，就是“知命”的开始。

给自己“算命”

许多原本不信命的人，一旦在生活中遭遇了重大挫折，都开始找人算命，以期待能够控制和改变命的走向。然而，这不是意象对话所提倡的做法。我们相信，一个人的“命运脚本”就在他自己的内心深处，无须外求。任何人只要愿意如实地观察自己的内心，都会有能力给自己“算命”。

基于这样的学术理念，在意象对话的心理咨询工作中，一旦来访者开始把注意力从外面的别人身上撤回到自心，如实观察自己的“命”，我们就可以借助现实中正在困扰我们的痛苦事件，顺藤摸瓜地回到我们自己内心的心理现实中。

这时候，我们就会亲眼看到，每一件让我们无法释怀的现实事件，都牵连着早已经埋在我们内心中的一颗“地雷”，不挖出这颗早已暗藏在自己心里的地雷，就算我们干掉了踩雷的张三，还有下一个踩雷的李四、王五、赵六……我们只要还和人打交道，就注定还会遇到类似的情景引爆我们心中的地雷——然后，不是把自己炸得血肉横飞、伤痕累累，就是连别人一块炸得血肉横飞、伤痕累累。

继续看下去，我们会发现，每一颗地雷，都来源于一个早年未解决的心结（心理学上叫“情结”）——当我们能够带着如实和包容的态度，来允许它以意象故事的方式来告诉我们它是怎么受伤的，我们就会有机会用当下所拥有的心理资源来为它疗伤了。这就是意象对话的做法：如实观察，了知因果，果处宣泄，因上转化。这个过程，就是“知命”和对“命”进行局部微调的过程。

在杨俊的人生故事中，我们可以看到，一旦当一个人开始为自己的“命”负责，开始面对和观察自己内心中编导的那部关于“我是谁”的自传体人生电影，他的人生就开始有了转折点，他就开始渐渐拥有了给自己“算命”的能力。

“命”为什么可以被“算出来”？因为它已经有了一个预先固定了的“剧本”，而一旦一个人对这个人生剧本产生了心理认同，就会按照这个故事中预设的角色去感受、去思考、去选择、去对选择的结果进行应对……就像被故事中的某个角色“附体”了一样，这个人会相信这个剧本角色的感受、欲望和想法就是自己的感受、欲望和想法，于是他自然而然地就会按照这个剧本角色所设定的行为方式去行动，于是在现实中就有了和这个剧本角色一致的结果。

就这样，在连续不断的重复累积中，剧本故事就被越来越清晰、具体、完整地实现，最终真的成为这个人的现实命运。就好像我们在生活中观察到的那些匪夷所思的现象一样——一个演员如果被某个自己演的角色所占据，把这个角色认同为他自己，那么，这个演员就会开始像是被催眠了一般，鬼使神差地把这个戏中角色的命运变成自己的人生命运，最后他就会以这个角色剧终的方式来给自己的人生剧终。

我们人类常常怀有一个错觉：只要我不信命，不认命，就没事了。遗憾的是，偏偏人类实际的心智能力远远大于人类自己能够意识到的自己拥有的心智能力。即便是"不信邪"的绝对科学主义者，也不得不认账——仅仅是人类的大脑这一个器官，即使到了科技如此发达的今天，它的绝大多数功用对我们还依旧是未知。也就是说，即便有人根本不承认"心"的存在，而认为人类的所有智能都仅仅存在于大脑的功能，他们也不得不承认，大脑究竟对人类的意识、情感和行为都干了些什么，他们的了解至今也不过是沧海一粟。

这样听起来就很可怕了——因为我们实际上对自己和世界做了什么，和我们能意识到的"我对自己和世界做了什么"，完全是两件事。就好像一个人本身和他自拍的自己完全是两件事一样。如果一个人误把一张自拍的照片当成了自己的话，那么他上厕所，他背地里传谣言黑别人或他做梦等那些他干过也往往会继续干下去的事，就只能被当成是"鬼使神差"的发生了，因为自拍照上永远找不到这些事的痕迹。但无论他们自己认账还是不认账，事实上，这些事还是一样发生了，并且一样不少地重复发生在他这短短的一生中。这就是命——无论一个人怎么断章取义地自欺欺人，命都依然是诚实而且完整的发生。

有人会好奇地问：那如果一个人勇敢地和命战斗，又会怎样呢？

我们来看一个现成的例子——神话中的俄狄浦斯王。

话说这娃还在他妈肚子里的时候，就被一个大嘴巴的先知告诉他老爹说，他以后长大了要杀父娶母。他爹贵为一国之君，偏偏不认这个邪，于是先下手为强，等俄狄浦斯刚一落地，就叫人把这小子给灭了。大家想想，如果你是那个被国王授命去杀一个无辜小婴儿的人，你会怎么做？没错，国王派的那个杀手也和你一样，他想：唉，这国王真是鬼迷心窍了，怎么会相信这种不科学的无稽之谈，去丧心病狂地杀死自己的宝宝呢——人家小东西干什么了？太可怜了，生在这个糊涂老爹家里。但是也不能违抗命令啊，怎么办呢？干脆，偷偷把小家伙送给边境的一家老百姓养着，自己就骗国王说已经办妥了吧！十几年过去了，有一天老国王去边境玩，碰上一个平民。一般有点见识的平民一看这势头早就怂了，可偏偏这个平民是个正值青春期肝火正旺的毛头小伙子，没受过教育的混不懔，于是竟然不知天高地厚地杠起来。小伙子偏偏干粗活惯了下手又利索，一来二去嘎嘣就把老国王给杀了。这下子全国六神无主，又正好赶上闹妖精，情商很高的王后就灵机一动，自我牺牲高风亮节地全国招募除妖英雄，许诺说，只要能为国除妖，连王后带王位全是他的，绝对言之有信！于是，毛头小子俄狄浦斯肝火一升，就去除妖了；没承想还真成了，于是这小子就一下子因祸得福，王后、王位都到手。这么着一来，冥冥之中，就完成了那个杀父娶母的荒唐预言。

唉，什么叫“在劫难逃”？命就是这么个东西。你以为你在抗命？实际上你只是在用“抗命”来完成“命”。

那我们该怎么办？难道，堂堂一个大活人就任凭“命”来摆布吗？

好消息是，也没必要那么悲观。

无数心理成长获益者的人生经历，已经向我们反复证明：当一个被我们深埋心底的过往创伤，通过储存在我们潜意识中的命运故事，在一个接纳的氛围中被允许呈现的时候，我们就会听到它一直没被允许说出的话，听到它告诉我们它发生了什么，它其实一直想要的只是什么——这个面对、接纳、理解和支持的过程，对它来说就是一份疗愈。经历过这个过程的人，总会亲眼看到：无须我们去做什么额外的干预，只要我们如实地看着，故事中那些受伤的角色们就会自发地康复，故事中你死我活冲突不完的敌手就会彼此和解，故事中那些被抛弃的人就会自发地被家庭接纳，被杀死的人就会自发地重生，阴魂不散的鬼就会重新做人……我们不用和谁战斗，看着看着，故事就会自己走向和平。

然后，随着内心中人生故事的转变，我们眼中的别人也在悄悄地随之转变，直到有一天，我们才突然发现，自己已经活在一个新的人生现实中。

这个像“时空隧道”或“吉普赛人的水晶球”一样给我们提供“看命”功能的咨询过程，就是意象对话存在的意义。

命的规律：因果不虚

是的，信不信由你。但每个人都可以成为给自己看“命”的先知。一点都不神秘——看自己心中的意象故事,就是看自己的“命”。

在看意象故事的过程中，我们有机会亲自看到，为什么一个善良的子人格却一直在受苦，饱受着“出力不讨好”的委屈和伤痛——那是因为，他的善良是愚痴的：当他自以为在做一件对别人好的事情时，他只是在自我中心、一厢情愿地把自己的意志强加于人，他太沉溺在自己善良的优越感中，而眼里根本看不见别人，他太需要让自己和世界看到自己的善良，以至于他完全地被这个需要所占据了，而拒绝看到或完全无视别人的需要……或许最终他会发自内心地明白，不是善有恶报，而是愚痴有恶报——当这一切被当事人自己看到的时候，他才能够真实地放下自己曾经的委屈和愤怒，真诚地理解到，自己过去看来是别人“忘恩负义”的那些行为，只不过是别人拒绝被强加好意、坚持做人家自己而已。这时候，他就会因为看到了别人真正的样子，而自然地与别人和解，从而选择一种与过去不同的人际互动方式，来与现实中的他人建立起一份真实的、彼此尊重的、更有建设性的关系。

在这个看意象故事的过程中，我们还会有机会亲自看到，为什么我们不能去害人，为什么害人就是害己——无论我们伤害别人是出于忍无可忍的报复还是出于难以启齿的嫉妒。因为，当我们想要去伤害一个现实中的人时，我们首先要做的就是：内化一个以这个“敌人”为形象的子人格，然后用我们心中那个想要害人的子人格去迫害它，以便来彩排一下害人计划，看看计划实施之后杀伤力的效果。在这个策划的过程中，不知不觉地，我们已经反复彩排了无数次、无数种害他的方法——我们需要身临其境地感同身受地体验那个“被害人”子人格的受伤感，然后我们才能依据那个“被害人”子人格的受伤程度，来判断这种害法是否有效，效果多大。而每一次彩排，实际上都是我们自己的一个子人格与另一个子人格的内部加害，每一丝每一毫的痛苦，连同这份痛苦所带来的身体毒素，都是我们自己心中的一个子人格和我们自己的身体在承受。而这时候，外面那个现实中的人还好好地活着呢。更糟糕的是，那个现实中的人还可能根本不是我们心中的那个“他”。所以，当我们终于在现实中行动，把自己意象中彩排出来的那个最优伤害方案实施出来的时候，现实中的那个人可能根本就是另外一种感受和反应——这时候，唯一真正被害的，只是我们自己心中创造的那个以别人样子为形象的自己而已。比如说，我很嫉妒一个漂亮女孩，于是，当我想让她受伤，而对她说出那句最让我自己感到受伤的话“你就是个狐狸精”时，她没准还会暗自得意地想：“哈哈，连女人都觉得我很妖娆迷人！”或者觉得:“哇，太好了，她这么说，一定是因为她老公迷上我了！”。退一万步说，就算她的反应和我想象的差不多——她果真受到了伤害，感觉受到了奇耻大辱，结果也无非是起到了激励她和我缠斗到底以报复雪耻罢了。长远看，对我自己还是有害的。很不幸的是，在我们这个时代，偏偏宫斗剧很流行，有的人看多了，会不知不觉地被洗脑，以为人活在世上不斗就没有出路，只有“赢家”才能幸存。但如果我们用一个更长远、更整体的视角来看，就算一个人宫斗了一生能够百战百胜又怎样呢？——她从花开到花落的整整一生，从没有得到过人间的真爱、信任与亲密，从没有片刻享受过无忧无虑的胜利果实，她把自己活得如此辛苦和惶恐不安，最终得到的，也无非只是一个“我在血雨腥风的世界里侥幸生存到老到死”的命运。

如果我们很关心财富，那么在这个看意象故事的过程中，我们还有机会去亲自看到，为什么富人能够成为富人，穷人却总难摆脱穷困，就仿佛真的有“富命”“穷命”一样；我们会发现，“布施得财富”并不是佛家的道德说教，而真的只是关于致富的命运诀窍——因为在这个世界上，没有人能够不依靠他人直接或间接的帮助而自给自足：我们赚钱，需要有人愿意付钱给我们；就连我们花钱买自己需要的东西，也需要有人能够生产、运输、销售这个东西……当斤斤计较、占小便宜成了一个人获得财富的方法时，他最多能够从别人手中榨取一次或少数几次的财富，而他付出的代价，却是把那些本可以互惠互利的“盟友”，一个一个训练成了必须和他斤斤计较、防备他占便宜的“对手”。何况，万一那个“别人”刚好和他一样也想占便宜呢，那就更糟糕啦，别人还要暗地里想办法把亏掉的给讨回来，没准还要加点利息呢。也有的人从来不想占便宜，但只是因为自己穷所以不得不尽量节省为什么也很难发财呢？因为他对自己会成为富人没有信心，所以眼光会盯着成本，因此该冒的险也不敢冒，一遇到一点危机就失去了平常心，无法做出恰当的操作；当别人需要他帮助的时候，他会很自然地想：“不是我不想帮你，是我自顾不暇呢”……相反，当一个人的心态很慷慨，对财富能够拿得起放得下，他就是财富的主人，财富就会为他所用。每当遇到需要帮助的人就顺手帮一把，无论是金钱还是别的什么资源，他的一生就是在广结善缘、积累情意的一生。以后如果他遇到困难，一定会有许多人明里暗里地帮助他；如果他没有遇到困难而是一如既往地富有，也一定有许多人表里如一地愿意锦上添花地成就他。很显然，设身处地地想，如果我们不得不付钱购买一个东西来满足需要，我们总会尽量以最小的付出来换取最大的收益；但如果是面对自己喜欢的朋友呢，哪怕他没有给我们什么好处，我们都会心甘情愿地去成就他们。所以，真正让我们获得财富的因，不是尽可能地“拿进来”，而是尽可能地“给出去”。当我们从自己人生的剧本中，看到我们内在的穷人子人格和富人子人格的心态以及命运，我们就自然而然地获得了关于获得财富的诀窍。

如果我们很在意爱情，那么在这个看意象故事的过程中，我们还有机会亲自看到，为什么真爱的奇迹总会发生在那些傻瓜身上，反而越努力经营、控制，真爱却离我们越来越远——因为首先，“人与人之间有真爱”这件事，只有“傻瓜”才真信。所以，一旦遇到真心爱他的人，他就会很幸福；万一遇人不淑呢，他也会换一个对象继续等待他的真爱到来。相反，很多“聪明人”，一旦经历过感情挫折，或是从父母朋友身上看到过感情挫折，就会“举一反三”地失去了对真爱的信。就算有一个真心爱他的人出现，他也得不到真爱，因为他总会怀疑别人的爱是假的、是有所企图的。就算那个爱他的人肯一直坚持把真爱给他，以至于他也渐渐开始相信自己遇上“真爱”的时候，他就会想要通过“考验”来验证爱的真假，但在考验时，他会在不知不觉中一点一点打破原来的底线，最后，当伤痕累累、忍无可忍的爱人终于放手而去的时候，他才会舒一口气说：“看，幸亏我没有相信真爱……”当今的心理学市场上，流行着很多“御夫术”“撩妹术”之类的东西，美其名曰“爱情保鲜术”“婚恋经营术”。这些不相信真爱可以免费获得的人们，就会被吸引去如饥似渴地学习，然后回到家就拿学到的这些技术来操作自己的另一半——比如一个学了些“御夫术”的女人，一会儿抓男人的钱包，一会儿抓他的胃，一会儿要用甜言蜜语的崇拜来喂养他的自恋，一会儿要扮演他心里渴望的“梦中情人”的样子来行住坐卧，一会儿偷偷监控他的手机和银行卡，一会儿又得制造出一些不安来激发他的占有欲……如果这个男人因此而对她兴致勃勃，她会安心享受这份得之不易的幸福吗？很遗憾，不会。因为他对她越神魂颠倒就越是令她深感不安——她会忍不住想：“如果有一天他真的遇到这样的女人怎么办？就算没有遇到，如果他这么容易被女人骗，那有一天有一个更年轻漂亮的女孩比我装得还像怎么办？……”所以，我们从这个常见的误区中可以理解到，为什么当今的真爱变得比飞碟出现还罕见。当我们带着所有这些对爱情的不安和迷惑，如实地观察自己的内心，观察爱情成败的因果规律，我们就会从这个诱人的圈套里面觉醒，我们会一眼看穿这种伪装成“成功”的失败，从而选择一种更有智慧的心态，来感召真爱的种子扎根。

即使有人不幸得了癌症，在他迷迷糊糊去世之前，如果他愿意去看自己内心的意象故事，他也还是会有机会看到，为什么癌症会发生在自己身上——他会从自己的意象中看到一个一直想要让他放弃生命的子人格和至少一个无论如何都要努力让他活下去的子人格。他会发现，之所以有一个子人格想要放弃生命，是因为过去的伤痛让它感到生不如死，或是强烈的内疚、羞耻让它想要赎罪或一死了之，或者它想死是为了忠诚地追随某一个挚爱的亡者而去，等等；而那个无论承受怎样的痛苦、付出怎样的代价都要活下去的子人格，同时也在一心坚持着，想要创造一切可能的机会活出自己，疗愈自己，向世界传达这个生命真正想要活出来的使命和意义……他可能还会发现，癌症的原发病灶和隐藏在他内心里最激烈的冲突有关——比如：乳腺癌常常和亲子关系、性别认同以及付出与接受的主题有关，子宫癌常常和堕胎、拒绝成为母亲以及生育恐惧有关，宫颈癌常常和性创伤以及伴侣关系有关，肝癌常常与长期积压无法宣泄的愤怒有关，肺癌常常与亲密关系中的失望与哀怨有关，胃癌常常与长期成为家人情绪容器的委屈、过度认同家族或社会强加的标准或被压抑的嫉妒有关，淋巴癌常常与一个人回避外部人际冲突而长期“内战”最终导致身体的“国防系统崩溃”有关……当一个人真正清晰地看到了癌症的心理意义，了解了癌症发生在自己身上的因果，他就不再怨天尤人，也不再需要用最残忍的被动攻击来惩罚家人，而会产生一个真诚的“我愿用余生活出意义”的心愿，真正以实际行动来从自己内心里“了恶缘”“结善缘”，以一个更广阔的视角来看待自己和他人，以一份更超越的胸怀来放过别人和自己的过错，以一双更有智慧的眼睛来重新选择什么对自己的人生是更有意义的……然后，可能不知不觉中，他的身体就开始康复，他的苦难人生就开始回头，他的生命在继续延长……就算他真的还是“壮志未酬身先死”，当死亡的时刻到来，他也至少能够以一份更加平和、勇敢的心态来给自己一个善终，给家人一份释怀。

……

这样以意象为线索一直看下去，看自己的命运故事，看别人的命运故事，到了某个阶段，我们会开始由衷地相信：我们的“命”，真的是我们自己选择的结果。而世界上最苦的人，其实是那些最愚痴的可怜人，不是因为他们想要作恶然后自食恶果，而是因为他们看不到自己在作恶然后必然自食恶果——他们更痛苦，不是因为他们比我们更邪恶，而是因为他们只是把人性中自我中心的“原罪”发挥到了极致而已。

这一切，不是杜撰出来的故事，而是许许多多过来人的活生生的命运轨迹。

总之，“命”只是一条善恶因果链。当我们“知命”了，我们就会为了自己的利益，而自觉自愿地“诸恶莫做，诸善奉行”了。真正的好命，来源于我们有智慧去“知好歹，择善恶”。

“人格”系统与“命”的蓝图

用意象对话认真地看过命运脚本（人生脚本）的人都会发现，这个被心理学称作“人格”的东西，其实很像一个复杂的“小生态系统”——遍布陆、海、空，囊括神仙、人、动物、妖魔鬼怪，可谓是众生百态。而在我们的“人格生态系统”中,这些组成“我”的各路子人格们，彼此之间又自发地构成了一个关系网——有的井水不犯河水各活各的，有的虽然相识但关系很疏远，有的彼此相爱，有的彼此相杀，有的彼此爱恨纠缠……这各路人马一起演绎出来的一部大戏，就是我们的“命运脚本”。

当这部剧本被演出到现实生活中兑现出来，就变成了我们现实的人生——这很像一个按图索骥的过程：我们心里的人生剧本中有哪些角色，我们在现实中遇到那些和剧中角色类似的人时，就会感到一种说不出的“有缘”。

年轻的时候，谁和谁有缘这种说法总会让我没来由地感到既神秘又浪漫。那时候的我，常常在私底下悄悄期盼着我的“有缘人”早日出现。现在时过境迁，猛一回首才发现，“有缘”这种事其实很难说，谁知道有的这个“缘”是“善缘”还是“恶缘”呢？！

一位认真玩了几年子人格图的朋友，有一次懊恼地跟我感慨道：“善缘恶缘，原来都在这张图上呢！我以前一直都自认为我是一个非常有主见的人，从来都是做自己活自己，现在才发现，原来那些我以为是我自己喜欢的、讨厌的人，都是这张图上不知道被谁给早已设计好的了情节！以前真是白活了，大好青壮年全让它们给做主了！”是啊，我也颇有同感。问题是，在发现这个秘密之前，谁又不是如此呢——一边努力挣扎着宣称着无论如何要“活出我自己”，一边却稀里糊涂地把自己变成了那些子人格们轮流驾驶的豪车，让它们由着它们的性子去找乐子、捅娄子，最后还要由我们自己的身心来收拾烂摊子！

人人都想自己做主，但在睁开眼睛之前，人人都做不得自己的主——这基本上已经成了绝大多数人的“公共命运脚本”。所以，以“解咒（看明白）”为目标的意象对话所教授的第一个基本技术，就是“子人格拆分”技术，它的最主要作用就是把看不见摸不着的“我”和“我的命”，绘制成一幅一目了然的“人格地图”和“命运地图”。而这幅地图可以用来发现“我是谁”“我的命运脚本是怎样的”。

“好命”和“苦命”：藏在心中的“六道众生”

好玩的是，佛教中讲到的“六道轮回”，刚好可以在我们的一幅较为完整的子人格图中，被清晰地呈现出来——不管这个人有没有信仰，也无论他在信仰什么宗教，在他的子人格图里都可以清晰地看到“六道（天道、阿修罗道、人道、动物道、饿鬼道、地狱道）众生”以及活在六道中的众生所各自对应的心态和命运。

比如，在一个人的子人格中，常常会有一些很有“大爱”或是很有艺术天分的子人格。每当它们“做主”的时候，这个人就开始某种真实而又无私的爱的能力，或是表现出惊人的艺术天分。这些子人格往往表现出“天道众生（欲界天）”的特征——它们很天真、很纯粹、很真实，从不需要刻意地张扬什么或压抑什么；它们天然地身怀美德，对世界怀有一份无须证明的信心，对生命怀有一份至死不渝的善意，对理想怀有一份无可动摇的忠诚，但同时也对一丝一毫的瑕疵与丑恶都无法容忍；它们对“钱”没什么感觉，对稍微粗重一点的感官刺激就无法耐受；它们一方面敏感、精微、冰雪聪明，一方面却傻乎乎地对人尽皆知的东西毫无常识；它们无论做什么都会很投入地享受这个过程，而且它们做事从不考虑“对我好不好”，因为反正命运总会替他们安排好运气的，即使它们从没想过要给自己捞到什么好处，命运也总归会把财富强塞到它们手里；它们看到别人的成就和才华，总会由衷地生起赞叹、欣赏和快乐；甚至它们所沉醉的爱情，也不会是“重口味”的“性感”，而只是清清淡淡、若有若无的在彼此心中的陡然一动，或是深深的、摄人心魄的相视一笑，或是心领神会默默无语的温柔相拥。然而，一旦这些天道的子人格“下凡落地”，那就真的是“落架的凤凰不如鸡”，威严尽失，容光扫地——它们可能看起来蓬头垢面、鼻青脸肿、跌跌撞撞的，而且常常表现出不可思议的幼稚、缺乏常识，甚至对柴米油盐、社会应酬的日常的生活都显得无能为力……

在一个人的子人格中，也常常会有一些具有阿修罗道特征的子人格——论它们的才华和天分，与天道的子人格真是有得一比，甚至论它们的美貌和机巧，还往往胜过了那些“天道子人格”，但是它们却不如天道的子人格那么有气量和心底单纯。它们最主要的特征是“不服气”，它们充满竞争心，随处争强好胜，总觉得老天或父母不公正，而偏爱那些“不如我”的兄弟姐妹们。或者，它们明明聪明绝顶、才华横溢、美貌非凡，然而它们的配偶却可能偏偏更喜欢那些天道的傻瓜——所以它们会嫉妒那些“老天或父母的宠儿”，或是“走运的情敌”，因为它们自诩才华和能力超过了那些“宠儿”和“情敌”，所以它们活着的动力就是通过不断历练自己的实力，去打败对手，力争上游，以便用辉煌的战绩来证明自己比别人更卓越、更值得被爱和欣赏，但它们却总是悲愤地发现，自己无论多么卓越，都得不到公平的对待，老天、父母和配偶还是偏爱那些天道的笨小孩……

在一个人的子人格中，也常常会有一些具有人道特征的子人格，它们虽然不如天道的子人格们那么有能力、有爱心、有天赋，却比天道的子人格们更有“人情味儿”——它们有情义，但是情义中同时也掺杂着自己的欲望和需要，并不那么单纯和无私；它们也不那么平等——在它们心中，总会有远近亲疏的差别，它们会“偏心眼”地对一些人更友善而对另一些人漠不关心；它们会追求爱，但是它们的爱有时候可能会在权力、金钱或其他现实因素面前低头；它们也会追求理想，但是它们的理想不一定敌得过本能需求或情感需求的考验；它们追求良知美德，但也可能会很没原则地放弃良心里面的坚持，而人云亦云地认同某些病态的社会标准，以便让自己在社会生活中活得更容易一些；它们很聪明，善于学习，但是它们的认知却常常受到先入之见和私人好恶的影响；它们平时相当追求公平，但是一旦利害得失开始和自身相关，公平的准星就应该偏向于它们自己；它们尊重道德，所以它们会因为自己做了错事而感到惭愧和内疚；它们很看重虚荣，所以一旦自己被别人看低，就会不可遏制地感到羞耻和仇恨；它们很会算账，哪怕它们真诚地在爱着，它们内心里面也总会藏着一个锱铢必较的小账本，记录着对方和自己的进出账目，以便以后找机会报答和讨回；必要的时候，它们也能一边恐惧着，一边勇敢地孤注一掷，前提是它们只要觉得值得；它们还有一个天道子人格所不具备的重要优点，就是一种对不完美的“接纳性”——或者说，它们具有一份天道众生所不具备的容忍瑕疵的能力，这使得它们能够对自己又脏又臭又傻又坏的眷属依然不离不弃、身怀同情和理解，从而彰显出一种平凡中的伟大和高贵……

在一个人的子人格中，也常常会有一些具有动物道特征，它们活得简单而单纯，一切都自然而然地基于本能——没有人道子人格那么多的想法，也没有人道子人格那么复杂的情感情绪或是道德标准，更没有人道子人格那些个七七八八的追求和造作的表演——它们只是照着大自然创造它们的模样，老老实实地为生存而生存着，平平常常、简简单单、浑浑噩噩地吃、睡、生殖、战斗、逃跑、死亡……

在一个人的子人格中，也常常会有一些具有饿鬼道特征的“人”们，它们永远处于强烈的求之而不得的痛苦与极度的缺失感中——无论缺的是爱、关注、认可、金钱、权力、性、尊重、接纳、理解、赞美、支持、保护、亲密、安全、自由、优越感、重要感、独特感，还是什么别的。它们总会感觉世界和别人亏欠了自己——是的，世界本该给它们那些满足，却偏偏没有，它们只能活得像乞丐一样，依赖于这个世界和他人给予它们一点点补偿；它们一方面拥有强烈的渴望和欲求，另一方面却如此匮乏一无所有，这又使得它们不得不委曲求全，通过讨好、示弱、展示可怜或性感等方式来向人索求——即使索求到了，它们也不会满足，因为它们缺乏看见、接受和消化那些好东西的能力，使得好东西一旦得到，就立马变成了劣质品；要不然，就会因为心里的“舍不得”，而把得来的好东西统统囤积起来，尽可能多地囤积起来，直到那些好东西统统变成过期的变质垃圾；由于强烈的缺失感和永不满足的占有欲，它们不愿意和别人分享，而这就使得它们变得更加贪婪和贫穷，时时处于极度匮乏的委屈哀怨之中……

在一个人的子人格中，也常常会有一些具有地狱道特征——它们总是以“受害者”自居，在它们眼中，周围所有的人都在极尽所能地欺压、凌辱、伤害它们，逼得它们一旦有机会，就不得不和“迫害者”们进行永不休止的战斗；它们的生存环境是一个残酷无情的沙场和刑场，没有爱，没有信任，没有救援，更没有自由，它们活在一个充满敌意的残酷地狱中，孤独地承受着永无休止的摧残，他们感到生不如死却又无法脱身……

亲爱的读者朋友们，在这些“六道众生”的“轮回”百态中，你是不是也和我一样，或多或少地看到了一点点自己身上的影子？

那么，“我”又是谁呢？

醒着做梦：心不随境转

一个“我”里面，活着众生百态。所以，同一个我，有时候是天使，有时候是魔鬼；有时候成人之美，有时候不惜夺人所爱；有时候为理想甘愿舍生忘死，有时候上赶着为五斗米折腰……

然而，即使我们清晰地看到自己的命运脚本无非是在这样的“六道”中沉浮翻覆，我们又能怎样呢？

这让我想到一个类似的问题：一个人活在一场百年的噩梦中，自始至终都不知道它只是一场虚幻的噩梦；另一个人也活在一场百年的噩梦中醒不过来，但他知道这只是一场虚幻的噩梦——那么，这两个人的百年人生，有没有不同？

亲爱的读者朋友们，很遗憾我无法听到你们的答案。我唯一能够分享的，也只是我自己的答案。在我看来，这两个人的百年还是有所不同的——即使梦中一切的发生还是一模一样，有没有“这是一场梦”的这一点点觉知，还是会给梦中人带来本质的不同——前者是噩梦中承受苦难的“受害者”，而后者则是在噩梦中演戏的“演员”和看戏的“观众”。

在意象对话心灵成长这条路上坚持走了一阵子之后，我们多半都会成为后者。这时候，虽然我们对这场噩梦还是有同样的感受、情绪、想法，但在我们内心深处的某个地方，已经有了一个似乎可以不再随境迁转的“根”，或是一个深海中的“锚”——仅仅拥有这一处的安稳，就可以让我们在经受狂风巨浪的时候，不再轻易地被扑面而来的潮水淹没和吞噬。虽然在这个阶段我们暂时还不能改命，但是不把这些命中的痛苦当真，也不认同命运故事给我们设置的“受害者”角色，我们就成了一个入戏的演员和观众，而不是那个悲剧中的苦命主人公。

如果我们一边投入地演戏，一边投入地看戏，坚持到了某一个拐点，我们就可能会突然从梦中醒来一瞬间——在电光石火的一刹那，我们会亲身体验到什么是“解脱”，什么是“自在”，什么是“梦幻泡影”。这时候，我们可能会开始自然而然地对佛法产生某种亲近感，我们可能会开始自发地翻读某一部佛经，试着去寻找一份在这个喧闹世界中无法企及的明了。这时候，当我们偶然再和别人说起“凡所有相，皆是虚妄。若见诸相非相，即见如来”的时候，我们的内心已经不再仅仅被满足自恋的炫耀所填满，而是开始有了一份似懂非懂的信心。

当我们开始能够清晰地看着我们的人生脚本如何在我们身上变成现实，就好像睁着眼睛在做一场梦的时候，我们从命运脚本中第一层级的“出离”就自然而然地发生了。意象对话不会帮助一个人去控制自己身外的这个世界，意象对话想做的所做的，只是帮助一个人从噩梦中越来越走向觉醒——这时候，一切命运中的外境都不用改变，但是自心的视角变了，一切都不变而变了。这时候，我们就开始依稀理解《金刚经》里那句耳熟能详的偈子了——“一切有为法，如梦幻泡影”。

总结：随命，并不是让我们在命运中自暴自弃地任其宰割，而是让我们睁着眼睛看着自己做梦。因为知道是梦，所以我们即使身处梦中，也不再轻易地被境遇所操控和吞噬了。这份在狂风巨浪中得以安住的觉察，会让我们面对生命中的无常时，获得一份由于清醒而带来的泰然自若。这就是“随遇而安”。

看到这里，有的读者朋友可能有些失望，难道就没有比这更彻底一点的改命吗？好消息是，的确是有的。比如，我们可以在命运大海上，借助觉知的渡船，让心愿带着我们在风浪中驶向更幸福的彼岸。但坏消息是，这条航线很长，而且很不好走。许多人可能宁可选择半途而废或到此为止，因为他们并不愿意真的舍弃“命”中的某些“好处”，或是付出“改命”所必需的代价。

此外，人性中还有一个致命弱点，就是惰性。对多数人来说，当他的日子还能赖好凑合着苦中作乐地混下去，他就懒得去费力冒险。所以对于多数人来说，仅仅能做到知命随命，也就足够我们苦中作乐地苟活下去了。

但万一你是少数人呢？那么下面这段文字也许还值得你浏览一眼。

改命：“心如工画师，能画诸世间”

好梦、噩梦，都是同一个心造的；好命、坏命，也是同一个心造的。佛教经典《大方广佛华严经》里有一个觉林菩萨偈，其中有一句话道尽了改命的秘籍——“心如工画师，能画诸世间”。这句话的意思，用我们大众化的语境大致是说：心才是命运的幕后导演，我们活在天堂还是地狱，并不取决于外界有什么，而是取决于我们在用什么样的心在活。

在命运之轮中，你我他都一样，都是挣扎在其中努力为自己谋求生存的众生——本质上，为欲望而活的人生注定充满艰辛和痛苦。

“欲”这个字很有意思——“谷欠”，缺谷子，饥饿感——它的本质就是一系列或大或小的缺失感，以及我们为了缓解缺失感的痛苦，而进行的那些苦苦索求。

遗憾的是，我们的欲求是无限的，而世界的资源却是有限的。更要命的是，每个人的欲求还都会时刻以他自己为中心。许多时候，如果我们的欲求被满足，就意味着别人必须要放弃他们的欲求。也就是说，我的欲求如果要被完全满足，那就仰赖于整个世界都必须以我为中心，无条件地来配合我，支持我，给予我。

然而，这样受控于外界条件才能被满足的心态，让我们注定活得像一个乞讨者，没有真正的自由、尊严和安全感——如果我们不能被满足，我们当然痛苦。即便我们幸运地被喂饱了上顿，也会无可避免地苦苦担忧着会不会没有下顿。

更可悲的是，就算全世界都围着我们转，我们的欲望能够时时刻刻被完全满足，我们就会满意吗？不，不会的，我们总怀有一种根深蒂固的幻觉，以为我们不满足，是因为我们没能得到无条件的满足。但是，拍拍良心想想看，当我们的牙不疼的时候，我们会因为它们无条件地帮我们吃饭、接吻、说话并维持我们的美貌而感到幸福吗？当地球无条件地承载着我们、消化我们所有垃圾的时候，当空气无条件地供给我们呼吸的时候，我们会因为大地无条件的承载或空气无条件的给予而感到幸福吗？所以，如果我们诚实地观察自己心中的欲望，就会发自内心地懂得什么是“欲壑难填”——我们会遗憾地发现，欲望注定无法被满足。因为，被欲望主宰的我们竟然会表现出这样一种天性：当一个小欲望被满足，只会接着勾起一个更大的欲望，因为我们一旦被什么满足过，就会期望着这个甜头更多更好，更时时处处，直到这个更大的欲望再也无法被满足；而一旦我们被无限地、时时处处地满足了，这个给予我们满足的对象就从我们的视野中消失了，就像我们不疼的牙、我们脚下的大地和身边的空气那样——欲望的核心特征是，它偏偏只会听凭饥渴的指引，去眼巴巴地盯着那些不能满足它的地方。

许多人一听到宋明理学说“存天理，灭人欲”，马上就像被踩了尾巴的猫一样号叫起来，仿佛仅仅听到这个观点，就已经导致了他们的惨痛损失。但真正有理性的人，一旦看透了“欲”的本质，他们即刻就会懂得，降低或舍弃了欲望，并不会让我们成为更不幸、更匮乏的人，因为舍弃欲望只是舍弃了我们内心的缺失感；而恰恰相反，越是执着于欲望，我们就越会被它所占据和奴役，理智全部丧失，变成一条蒙着眼睛推磨转圈的蠢驴而不得自主——一旦我们不去为它拼命工作来贿赂它，它就会用尽各种痛苦来惩罚和逼迫我们。

人生经验早已经无数次地告诉过我们：凡是有欲望牵引的地方，痛苦总会如影随形，虽然我们同时也无法抗拒地感觉到，至少在欲望被满足的那一刻，我们也曾体验到那短暂的快乐。这就好像说，一个在集中营每天受酷刑的囚徒突然获悉自己将被释放时候会真实地产生强烈的快乐一样。但如果有这么一个人发现，他买到一件漂亮衣服的快乐、吃一顿披萨的快乐，或被异性热辣辣地赞誉性感的快乐的强度，都远远比不上他知道自己将从集中营中获得释放的快乐更快乐，于是为了追求这种他所体验到的最大的快乐，他就重新把自己弄进集中营天天受酷刑——被狼狗撕咬、跪在尖锐的碎石上或是被用针刺入生殖器——经过很长时间以后他就可以体验到那份被通知获释的强烈快乐了。如果这个人做出这样的选择，大家会不会觉得他脑子彻底坏掉了？可是，反观自己，我们每个人，在某种程度上，又何尝不是做了这样的选择呢？

欲望的本质就是苦。所谓“满足”所带来的快乐，不过是建立在漫长的“不满足”中的一瞬间的“苦中作乐”而已。如果我们贪恋“满足欲望之乐”，我们就必然付出漫长的“苦”的代价。这个规律不以我们意志为转移，因为“欲望满足”这种快乐的本质，就是“痛苦的突然消除”而已。

佛法也这样教诲人们，有欲就有苦。无论贫富贵贱善恶美丑，世间人人都难逃八苦——生苦、老苦、病苦、死苦、爱别离苦（相爱的人注定不得善终，因为不是生离就是死别）、怨憎会苦（讨厌的人处处都能遇到，而且死甩活甩都甩不掉）、求不得苦、五阴炽盛苦（比如说，依赖物质才能继续存活的不安、各种顺境逆境带来的患得患失、各种感官接触给我们带来的刺激和干扰、努力应对世界带来的压力、试图分辨是非善恶带来的困扰烦恼，等等）。我们会发现，尽管我们已经把曾经敏感的心灵磨出了粗钝的茧子，但只要欲望还在驾驭着我们，那么所有这些苦，我们都还是在劫难逃。

当欲望的真面目被照见，我们从心态上就不再“认贼作父”了。虽然我们还是会去满足自己的欲望，但是一旦有了这种心态，当它不能被满足的时候，我们也会有一份接纳和从容；而当它们被侥幸满足的时候，我们也不会有意去刺激和放纵它——就好像，虽然我们还是会有每天想排便的欲望，而且这时候我们仍然会为了满足这个欲望而去上厕所，但我们并不会因为贪恋这份上厕所的满足，而巴不得自己占有更多的厕所或是时时刻刻地占着这个厕所。

其实，如果仅仅能做到自觉自愿地“适度满足欲望，但不放纵欲望”，我们就会少遭受很多本不必要的苦了，我们的命就已经会改善许多了。

改命：转“欲”为“愿”

如果我们这样坚持了一阵子，不再被自己的欲望随时占据，而能够在欲望中保持着一分清醒和自由，我们就可以腾出精力来尝试进一步的“改命”。这就是转“欲”为“愿”。

“欲”是“谷欠”，“愿”又是什么呢？“愿”是“原心”，也就是我们最初没有被欲望所污染的初心。

在意象对话体系中，我们会和有了一点心理成长基础的同伴们讲到“基本心愿”——这个与生俱来的“基本心愿”虽然并不是纯粹的“愿”，但它也是一个人的一生中最接近“愿”的最原初的“我欲”了。为了方便起见，也为了把它和后来继发的那些越来越浑浊、粗重的“欲望”区分开来，我们姑且把它称为“基本心愿”。

这个被叫作“基本心愿”的原发的“我欲”，和那些继发的“欲望”又有什么本质的不同呢?

简要地说，原发的“我欲”，就是我这一生原本为什么而来活一遭的“初心”。

它通常很简单，也不需要什么具体的条件，所以很容易就能被满足。本质上说，它只是一种先天的个人倾向，类似于一台电脑的出厂设置。比如我为爱（或被爱）而活这一生，我为信仰（或证明）而活这一生，我为体验而活这一生，我为成就而活这一生，等等。这些基本倾向，如果没有被后天境遇所扭曲，那么这个人就会把“爱（或被爱）”“信仰（或证明）”“体验”“成就”作为自己人生的最高价值，然后他就会把一生用来追求“爱（或被爱）”“信仰（或证明）”“体验”“成就”，并从这个追求过程本身获得自我存在的意义。这样，在他临死的时候，无论成败得失，他都会无憾，都会感到自己没有白活，因为他没有虚度人生，始终在为自己的初心而活。

而那些继发的“欲望”通常有两种情况：一种是，这个人在遭受境遇挫折之后，为了给满足初心创造条件，而把“条件”本身当成了追求的目标——这时候，这个新的目标就是继发的欲望；另一种是，当一个人的初心目标没有被满足，而产生的后续一系列的“代偿”——这时候，“代偿”的新目标就已经取代了初心所追求的目标。

比如一个人的初心本来是为了被爱而来，但是当他发现父母并没有让他感到无条件地被爱，于是，他就想要用一些策略来实现这个初心。于是，他开始扭曲自己真实的感受而去讨好家人，以便让家人爱自己。但是，他很快就发现，无论成败，他的人生意义都不能实现，因为即使他成功了，他得到的也只是一张爱的“假钞”，而他原本想要的是货真价实的“人民币”。于是，他不满足，想要继续努力，这样一来又产生了新的欲望，比如“挣大钱”给家人买他们喜欢的东西，或是“成名”让家人感到有面子。于是，他就为此而努力上学，给自己积累条件。于是，新的欲望又产生了——他要让自己考高分，他开始十几年如一日地为满足这个欲望而努力。等他好不容易以高分从名牌大学毕业，他还是发现自己并没有感到满足，如果这时候他已经忘失了初心，就会感到自己的人生没有意义，出现心理危机。我们听说过很多名校的高才生都得了“空心病”，有的甚至因为找不到自己活着的意义而自杀了，真是可惜可叹啊。

就算大学毕业了，他还幸运地没有忘失初心，而是继续向着“挣大钱”或“成名”而努力拼搏，又花掉十几二十年达到了欲望目标，他还是会发现，自己内心中并没有被满足的感觉，于是他还会继续努力，挣更多的钱，成更大的名……努力着努力着，他已经忘记了一开始真正想要的是什么，于是他就会把“挣大钱”或“成名”当成自己活着的价值寄托。

然而，随着财富和名望的继续增长，他还是发现，自己内心中那种莫名的空虚和失落并没有丝毫的减少。于是，他又开始产生一种无意义感，为了填补内心袭来的空虚和失落，他产生了想给自己找点刺激的欲望。于是，他又开始利用已经获得的金钱和名望来泡妞、赌博……

即便到了这时候，有一个人依然没有忘失自己的初心，而是还记得自己挣钱、成名是为了得到父母的爱，他也依然会继续向着目标攀登，因为他还妄想着，如果钱挣得足够多、名成的足够大了，他就可以得到父母的爱了。为了更快地到达终点，他会更加努力、争分夺秒地拼搏，以至于他忙得已经没有时间和精力去和父母见面、说话……突然，父母去世了，他发现自己一辈子也没能得到父母无条件的爱……

在以上这个例子中，“被爱”是“初心”、“基本心愿”、原发的“我欲”，而后续那些“讨好”“考高分”“挣大钱”“成名”“找乐子填补空虚”，都属于继发的“欲望”。

关于人怎样迷迷糊糊就迷失了初心，我曾经写过一个小故事《女皇的命运》。

从前，有一个非常非常美丽、可爱的小女孩，每次人们见到她都惊为天人。

渐渐地，她变成了一个少女，出落得亭亭玉立、纤尘不染。“这样的女孩子，只有当女皇才配得上她！”有一次，一位大婶这么赞叹道。

“对哦，像我这么美的女孩，真的至少应该当女皇。”小女孩暗暗地树立好了自己的理想。

于是，她开始为实现这个理想做准备。

“为了当女皇，首先我要先成为天子他妈。不过呢，我得要先当上王妃，才能生太子。为了当上王妃，我得先要去认识为选秀画像的画师太监。怎么才能接近这个画师太监呢？对了，他有个嗜好,就是对金首饰发狂,所以我得先弄到最好的金首饰。可是，怎么才能保证金匠给我打造的首饰才是最好呢？”

于是，她满怀着女皇之梦，欢天喜地地嫁给了金匠。

或许，我们从这些镜子中可以获得一些关于好命、苦命的启示——“欲”注定创造苦命，而“愿”注定创造好命。因为，被“欲”而转的人生，必然以“得不到”或“已失去”为剧终；而为“愿”而活的人生，无论得失成败，每一次呼吸都无怨无悔。

遗憾的是，行走在这个世界上的多数人，甚至可能包括我们自己在内，基本上都是活在这些继发的“欲望”中，而早已经忘失了“初心”。如果我们执迷不悟，而是继续这样任由自己迷失其中，那么我们完全可以预见到，无论我们最终能否成功地达到欲望目标，我们都不会获得一个满意的人生——因为这就是一个人迷失在“欲望”中的宿命。

好在，我们还可以重新选择。如果我们现在就能够发现，自己正活在欲望的脚本中，那么还为时不晚，我们还可以通过“找回初心”而“改命”。

亲爱的读者，如果你是至今还没有忘失初心的少数人，那么我由衷地恭喜和赞叹你！如果你愿意继续为初心而活，那么请接受我的敬意和祝福。如果你感到自己已经在有生之年实现了自己的初心所向，有心愿去选择另一种人生去实现你余生的意义，那么，当下站在初心的原点，你就可以重新发愿、选择了。你会基于你的新“心愿”，去创造一种新的活法、一个新的世界——可以预见的是，无论你的新心愿是什么，在这个新世界中，你都会活得无怨无悔。

“心如工画师，能画诸世间。”——对我们凡人来说，这就是传说中的“自由意志”。

总结：在物质世界中，科学家们以科研手段为眼睛，通过持续观察种种物质现象，越来越多地了知了物质世界运作的因果规律，然后他们就可以遵循这些规律，用自己的自由意志来创造出一些无知者们做不到的物质世界的“奇迹”——比如，让巨大的铁匣子在天上飞、在水里游，速度还超过了所有天上和水里的“土著居民”。他们用科学家的智慧为古老的世界改了“命”。

而在心灵世界中，意象对话是一双眼睛，意象是心灵的线索。我们用这双眼睛持续追踪这些线索，观察这些心象产生和转化的因果规律，到了某一刻，就会有一种自然而然的对命运如何运作的了知。然后，如果我们发现这并不是我们愿意继续活的人生，我们就可以遵循这些心理规律，用自己的心愿来重新选择、创造出另一种更值得我们去活余生的命来活。“欲”的命运脚本注定命苦，“愿”的命运脚本则是自由的。幸福人生的诀窍是：知命，随命，改命。而改命的诀窍是：舍欲发愿。就这么简单。

这些关于知命、随命、改命的原理，远在意象对话诞生之前，就早已存在于佛教的思想和实践中了。遗憾的是，对我们自诩为“高度进化”了的现代人来说，只要不假思索地扣上一片“迷信”的叶子，就足以蒙蔽我们与生俱来的心灵之眼。在很多人的想象中，佛教只是那些愚昧无知、不懂科学的旧时代人类所杜撰出来的鬼神传说，却不知道，我们自己正活在一场鬼神闹剧中不知不觉。所以，毫无新意的意象对话，只好披上心理学的外衣，以现代人所能够理解的词汇表中的语言，来重新讲述一点点两千多年前已经被诸多智者们所掌握了的命运法则。

命，本是一个虚拟的泡泡，与一场梦没有本质的不同。然而，它所表露出来的影响却可以如此真实地存在。就像一场梦，它本不存在，然而在梦中的我们却明明会为了这些虚幻不实的想象而投入自己的真情实感——这种身在其中而不知是幻的真实感，直到我们从这场梦中醒来才到此为止。

这是一个有关存在的悖论：当一个人越是身在梦中，把梦中的故事当真，他越不会承认梦的存在，越以为是自己在做主，同时却越被梦中的故事所操控着心随境转；而当这个身在梦中的人，开始意识到梦的存在，意识到梦中的自己并不能真的做主，他才会愿意暂时把和梦中怪兽厮杀的精力省下来，去观察一下这场梦会不会有什么规律，慢慢地，他会观察到好梦有好梦的规律，噩梦有噩梦的规律，然后他就有机会去在梦里做一点主。甚至，随着他越来越领悟到梦的虚幻不实和没完没了，他可能还会自然而然地产生从梦中醒来真正自己做主的愿望，然后到了某一刻，这个愿就可能像闹钟一样，突然把梦中人从梦中惊醒。

这些既不是迷信，也不是神话传说。这样一条转梦、醒梦之路，几千年来已经在一些愿意亲近智慧并且幸运地找对了方法的人们身上发生过，发生着……亲爱的读者朋友，只要你愿意，你也可以允许它发生。

结语

意象对话难学吗？难学，也不难学。说它难学，恰恰是因为大道至简，不用我们刻意地去做什么，而这让我们习惯了一定要去做点什么的心，反而会觉得“不知道该做什么好”。说它不难学，是因为和“意象”对话，在“意象”中对话，本来就是我们天天在做的、一直在做的事情，只不过之前我们对此一直没有觉知到而已。

“命”神秘吗？神秘，也不神秘。说它神秘，是因为人对此既无知又无力，仿佛冥冥之中无论人们怎么挣扎、对抗，最终都还是为了要让命运不知不觉地发生。说它不神秘，是因为无论它千变万化，也从未离开过最基本的因果规律——种瓜得瓜、种豆得豆而已。

因果不虚，自净其意——这就是佛法教育给我们活在娑婆世界上的人们脱离苦海的一艘实实在在的航船。自由与幸福的“彼岸”，远在天边，近在眼前。

古诗与原始的心境

周烁方

没发芽的种子，回不去的家园

现代中国人与古诗之间有一种若即若离的奇特关系。首先是从小学到高中12年的语文教育，学习、背诵和理解古诗必不可少。因为不再有应试的需求，高考过后便是长期的割裂与沉寂，乃至老死不相往来。然而，从一个人6岁到18岁的12年，足以把任何种子撒播在内心的深处，使人一生无法忘怀。这种子的生命力足够强大，一旦种下便不会消失，然而种子也仅仅是种子，没有水分和养料的滋润，没有精心培育，它便不能发芽，无法开出美丽的花朵，也结不出丰硕的果实。于绝大多数人而言，18岁后便再与古诗无缘，然而在生命中的某些时刻，或逢佳节，或遇故交，或人生失意，或看透世俗，心中所怀所感难以言表，唯有一句半句古诗涌上心头，或许还未吟诵出口便已消散无踪，或许诵出了上句想不起下句。在这些短暂的瞬间，人们或许会意识到，古诗不仅是故事，它还蕴含着中国人的精神家园，许许多多中国人特有的心境、感受、情怀唯有在此才能得以安放、有所归属。然而这一精神家园并非由我们手持钥匙，想回就回。它更像是陶渊明笔下的桃花源，只是偶尔被我们闯入，停不多时便被迫离去，再想主动寻觅却已不知何处可得。

没有发芽的种子，找不到入口的家园，这就是古诗之于现代中国人的状况。然而每一个困境在形成时，破解之道便已蕴含其中。种子没有发芽，我们就应该去培育它。家园的入口已经失却，我们便应该锲而不舍，重新寻找与开辟道路。本文所讲述的方法，所解析的案例，便是这样的一种努力。

古诗的精神价值

古诗中蕴含着巨大的精神价值。众多古诗在以千年为单位的历史冲刷之下还能够流传至今，它们的存活本身便是其价值的证据。古诗中有韵律，有美，有抒情，有对历史的记录，有不同时代的文化价值及其深层结构。从意象对话学派的视角来看，古诗的精神价值中有两个非常重要但又常被忽略的方面：其一是古诗作为中国人情绪感受的容器与标定工具，其二是古诗中蕴含的古代诗人的原始心境。

人的情绪感受原本是没有名字的。婴儿在母亲的怀抱中感到安全，他不必知道“安全”这个词，却可以拥有“安全”二字所指代的体验；同样他不必知道“恐惧”这个词，但当他处在黑暗中无人照顾时，他也会感受到“恐惧”一词所指代的情绪感受。然而，当一个无名的感受降临，人通常会感到漫无边际的弥散、被淹没以及失控。所以语言的学习是重要的，语言使人们有能力对自身的各种感受加以“命名”，当一个原本无名的感受有了名字，人会因此而感觉到一种确定。虽然情绪还在，但“我把握住了它”的感觉，会带给情绪感受“标定”。在日常生活的体验中，我们也会知道，最令人难以忍受的不是那些强烈的确定感受，比如强烈的愤怒或悲伤，而是某些弥漫在心中，无法描述、难以名状的痛苦。我们的某些最常见的情绪感受有了通用的名字，开心、悲伤、恐惧、愤怒等。但对于内在感受细腻的中国人而言，仍然有许多重要的心理体验无法被现代汉语中的常见情绪词所标定。比如热恋之人即将分隔两地，情绪复杂心中涌动时，没有合适的词语表达，但一句“两情若是久长时，又岂在朝朝暮暮”却会使人安下心来。当一个人体会到生而为人的存在性孤独时,唯有“前不见古人，后不见来者”能够安放其内心的感受。有许多中国人所特有的情绪感受，在现代汉语中找不到合适的词语，却能够在古诗中找到合适的表达。对于当代中国人而言，归属感、基本安全感的缺失是重要而又常见的困境。在文化和心理的层面，唯有内心的各种情绪体验都能有所标定，有处安放，人的内心才会获得巨大的稳定感，如同植物的根深深扎入最合适的土壤，才能够更加健康茁壮地生长。

诗歌可以被看作一种个人作品，由诗人所创作。然而那些最优秀的诗歌，又往往不是通过个人创作就能得来的。陆游在《文章》中写道：“文章本天成，妙手偶得之，粹然无瑕疵，岂复须人为。”那些最好的诗歌作品并不是诗人的刻意创作，而是一种“天人合作”的产物。而这里的“天”并不是天空，而是指那广大的超然于个人之外的存在，现代深度心理学则将其描述为“心灵整体”或“无意识”。可以说诗人创作了诗歌，反过来也可以说诗歌通过诗人显现于人间。这一刻，诗人的心境与天共鸣、由诗显现。由此，诗歌便不仅仅是供人欣赏的美物，也不仅仅是个人抒情的工具，它还是一条通向诗人心境，通向“天”的道路。

从这一角度出发，读懂一首诗，便能够彻底领略诗人在作诗时的心境，与天相通。这一首首的古诗，对于当代中国人而言，便是古代著名文人在他们的生命中所领略的一个个至高精神境界。这些精神境界如果能够被理解，被传承，那无疑便是古诗中所蕴含的一大笔精神财富。另外，有些诗歌并非全然“天成”，而是蕴含着诗人的无意识信息，如果能够解读这些信息，我们也能够更加深入全面地理解这些古人。

然而，诗歌中的原始心境并不是摆在桌面上可供我们随意拿取的，这些精神财富蕴藏在诗歌的字里行间，在文字的背后，如同一张大额支票，需要得当的途径才能将其“变现”。绝大多数人对诗歌的赏析方法来自中小学语文教育。中小学课本里对古诗的赏析有时候包含了对诗人心境的理解，然而这种理解方式有一定的局限性。如果各位读者还能略微回忆起中小学的语文课，会大致记得诗歌赏析中往往会介绍时代背景和诗人的个人经历，然后再结合诗歌本身的某些遣词造句，以此来“揣测”诗人在作诗时的心境。然而人并不是机器，人具有主观能动性和性格的差异性，哪怕是在同样的时代背景下经历同样的现实事件，不同的人也有可能会产生各种不同的感受、想法和行动。在心理学领域，有经验的心理咨询师最关心的并不是来访者现实中发生了什么事件，而是在现实事件发生的同时，来访者内心的体验是怎样的。如果咨询师过于关心现实事件，反而会被现实的细节带跑，忽略来访者内心的真实感受。赏析诗歌也是同样的道理，要想理解诗人的原始心境，就不能被时代背景和诗人的人生经历所迷惑，应该把重点放在诗歌本身，诗的每一句、每一词、每一字都发自诗人的心，它们的出现并不是随意的，也不是理所当然的，而是值得字斟句酌地分析解读。因此，我们需要一种有别于传统语文教育的诗歌赏析方法，才能够达到以往不曾达到的目的。

诗歌的意象整体分析

诗歌的意象整体分析脱胎于意象对话心理学派中的子人格技术。为了让大家能够更好地理解这个方法，我先对意象对话子人格技术进行简要的介绍。

一个人的人格并不是单一的，而是许多不同部分的复合体，成熟的、幼稚的、内向的、开朗的、勇敢的、怯懦的……这些不同的部分及其相互关系共同构成了复杂的人格总体。在意象对话子人格技术中，通过引导，每一个人格侧面都会呈现为一个独立的人（或动物等）的形象。譬如某人成熟的人格部分是一个村中老者，幼稚的部分则是大城市的一个小学生，勇敢的部分是一头草原上的雄狮，而怯懦的部分则是藏在下水道里的一只小老鼠。这些不同的人格部分之间还有错综复杂的关系，比如雄狮可能会瞧不起小老鼠，而小学生则敬重于老者的知识渊博。当一个人不同的人格部分（一般有几十个到上百个）及其相互关系通过意象对话得以呈现，它们可以被记录在一张大图上，被称为子人格图。如果有人能够读懂这张子人格图，他就能彻底理解这个人的人格状态。

我个人既是意象对话子人格技术的学习者和受益者，也是这一技术的讲授者、传播者。当我对这一技术的运用越来越纯熟，我开始把它扩展到释梦领域，用它来理解人的梦境，以了解做梦者的心理状态。后来我能够熟练地运用这一技术解析梦境，并发现效果上佳，于是我又用它来解读电影、小说等文化作品，从而对某些电影、小说产生了更深入的理解。再后来，我开始用它理解古诗——经由这一方法的解读，古诗中显现出了许多有趣的、意想不到的深层含义。开始时，我对这些成果抱有一定的怀疑，因为许多著名的古诗经过解读所显现出的含义是非常新颖的，从未见有其他人得出类似的结论。于是我开始进行小心求证，查阅各类相关史料，比照所得结论，看结论是否与史料相悖，或者显现出不合理之处。然而几乎每一次查证，都让我更强倾向于确证我所得出的结论，反过来借由这些结论，我对历史记载中人物的某些行为、事迹有了更加深入的理解。而在这个过程中，我也对原本的子人格图解读方法逐步进行了修改与发展，以使其更加适合诗歌这一类型的材料。现在我可以确信，这是一个行之有效的诗歌赏析方法，我将其命名为意象整体分析——简称整体分析。

整体分析有三个主要特点，使其有别于其他的诗歌赏析方法乃至心理学方法。其一是“无知”。在赏析诗歌时，不考虑任何的时代背景、诗人经历，同时也要放下以前曾经学习过的含义，带着“完全不知道”的心态去探索。其二是从整体到局部。首先从整体上把握诗歌的含义，然后再去看细节。其三是平等重视。

诗中的每一个细节都会得到同等的重视，并不会先入为主地把某些细节看作另一些细节的附庸，而且没有哪个细节会被认为是无意义的，或理所当然的。比如“白毛浮绿水”，不应该以“鹅本来就是白色”的理由来忽略“白”在其中所表达的特有象征意义。接下来我会对这一方法的步骤加以介绍——也许有些读者对方法并不感兴趣，那么也可以选择跳过这个部分，直接看后面对诗歌的赏析。

诗歌的意象整体分析：提炼主线

为了从整体上把握一首诗的意义，我们首先要知道这首诗字面上在表达什么。对诗歌的字面意义进行总结概括，而不对其进行延伸或解释，就能够获得一个“故事梗概”，或者也可以叫作主线。比如《咏鹅》：“鹅鹅鹅，曲项向天歌，白毛浮绿水，红掌拨清波。”如果总结概括的话，这首诗字面上表达的是：鹅发出叫声，并且游动。比如《江雪》：“千山鸟飞绝，万径人踪灭，孤舟蓑笠翁，独钓寒江雪。”这首诗的主线则可以总结为：山里没有鸟，路上没有人，一个渔翁在下雪的江中钓鱼。诗歌的主线几乎不包含任何的情感与修饰，只是单纯说明诗歌在写些什么。诗歌的主线就如同人体的骨骼，把握骨骼的走向，就能看清一个人的动作，把握诗歌的主线，就能够理解其中最核心的含义，并且不会被细节过度吸引而偏离。

诗歌的意象整体分析：主线转译

既然目的是了解诗人的“原始心境”，那我们就需要从“内心世界”的角度来看待这首诗。诗中的一词一句都从作者的内心生发出来，那么反过来，我们就可以把每一个词句都作为进入作者内心的入口。也就是说，在这种方法里，我们不考虑诗中词句的现实意义层面，而仅仅将其作为诗人的心理表达。因此，诗歌中的一切内容都需要经过一番“转译”。比如“两个黄鹂鸣翠柳”，黄鹂与翠柳是现实世界中的动植物，然而将其转译到心理层面，黄鹂则表达了诗人的某一人格侧面灵巧而善于表达，而翠柳则表达了诗人的人格气质，是一种略偏阴柔但又生机勃勃的气质。这种转译方式对于有心理象征学基础的人而言并不陌生，但为了大多数读者，我还是简要介绍一下通常的转译规则：人和动物转译为人格侧面，植物转译为人格气质，空间、场景、建筑转译为心理空间，天气转译为心情，人或物的行为转译为心理动作，器物转译为心理功能。需要注意的是，以上只是一个相对通用的规则，并不是绝对不变的，如果只是僵化的套用，有时也未必能够理解诗中的真意。以《咏鹅》的主线为例：“鹅发出叫声，并且游动”，对其转译后就可以得到：诗人的某个人格侧面进行了一种心理表达，发起了一些心理动作。这样，整首诗所蕴含的原始心境便定下了调子，以此为基础，后续不论如何理解和延伸，都不会脱开这一框架：诗人的这一人格侧面到底是怎样的，他心中想表达的是什么，心理正在进行怎样的活动。

诗歌的意象整体分析：象征解读

有了主线及其转译，诗歌中蕴含的诗人的原始心境便大致确定了方向和框架，以此为基础，接下来便可以理解诗歌中一个个细节以及具体象征。原本心理象征的理解中有一个最大的难点，就是象征的多意性。一个象征可以同时有多个不同的含义，甚至有时会蕴含着彼此相反的含义。比如“白”的象征意义就有：纯洁、空白、明白、普通、无生命力、营养等。那么具体到诗歌中，“白毛浮绿水”的“白”和“白日依山尽”的“白”，其意义有何区别，如何辨别？有了主线，我们就可以把主线作为上下文，找到该象征的多个意义中最与主线贴合的那一个。在后面的例子中大家会看到，“白毛浮绿水”的“白”主要是表达纯洁之意，而“白日依山尽”的白则是在表达“生命力低下”的苍白。另外，象征与主线的关系，象征与象征之间的关系也是重要的，因为同一首诗中的情绪感受具有同一性，所以当一个象征的意义不能确定时，也可以参照诗中其他意义较明确的象征，以进行理解。基于主线与象征的关系，以及象征之间的关系，诗中的各个细节都得到了理解，整首诗的含义和其中所蕴含的诗人的原始心境，便明明白白地浮出水面了。

诗歌的意象整体分析：验证结论

使用这一方法解读自己原本熟悉的诗歌，会得到许多令人意外的结果。然而这些结果是否真的是诗人当时的原始心境？或者这仅仅是解读者自说自话的异想天开？根据我的经验，如果一个人能够相对熟练无误地使用这一方法，其所得结果大多是与已知的其他材料能够彼此印证的。当然，也许有时候方法的使用有误，也许有时候这个方法真的不适合某一首作品，那么得出的结论有可能就不那么真实。结论真实与否，真实程度如何，可以通过两种方式验证。其一是结论与总体氛围相印证。每首诗都有它自己独特的情绪情感氛围，只是读，不思考，这种氛围就会显现出来。所得结论如果真实，那么这一结论应当与诗歌的总体氛围是彼此一致、互相呼应的。比如我在对《春晓》进行解读时，结论是诗人内心封闭，沉睡未醒，而《春晓》一诗读起来的确有一种梦幻般的感觉，这二者就相互呼应了，也从侧面印证了结论是偏向于真实的。如果所得结论与读诗时的整体氛围相悖，那么其真实性就值得怀疑了。这一验证方法比较适合于那些情绪感受能力较强且又能保持客观的人。其二是结论与其他史料相印证。笔者在前文提到，不应该把历史背景及诗人的人生经历用来推测诗人当时的心境，这是因为人格的复杂性及主观能动性。而当我们已经得到了一个结论，则可以将其放入史料，看看这一结论是否合理。这样史料就成为验证的工具，而不会给人以先入之见。一个真实的结论，通常能够与史料合得上，至少也不会明显地与史料相悖。比如我在对《江雪》一诗进行赏析时发现，诗人的心境是“心怀天下无可施展，但又在等待”，随后我查阅史料，发现这首诗的创作时间恰好是柳宗元参与了政治改革，改革失败后被贬为永州司马的那一段时间。这样二者就彼此印证了。心怀天下才会参与政治改革，失败被贬，所以心中纵有格局却无法施展，但他也并不放弃，还在等待着下一次机会。这说明结论的真实性是较高的。

需要说明的是，要理解一首诗中包含的原始心境，这一方法并不是必须的。如果一个人内心清明又通晓人性，也可以通过直接阅读诗歌来理解。但对于大多数人来说，哪怕并非专家或天赋异禀之人，按照意象整体分析法的步骤一步一步做，也可以获得一定的成果。随后我将展现一些诗歌赏析的案例，有的严格按照意象整体分析法一步步操作，有的则省略了某些步骤，侧重于传达诗歌本身的精神内涵。

骆宾王：我就是那只无人能懂的鹅

咏鹅

鹅，鹅，鹅，

曲项向天歌。

白毛浮绿水，

红掌拨清波。

对于许多人来说，这是人生中学到的第一首古诗。它用词简单易懂，画面生动形象，适合用于古诗的启蒙。然而最熟悉的又往往最陌生。因为熟悉了就不会多加思考，就容易错漏一些重要的细节，正如我们有时会发现身边最熟悉的人却有着不为自己所知的一面。我所看到过的对这首诗的赏析中，大多认为这首诗描写了鹅在水中自由欢快地游泳、歌唱的情景。但是人又何尝真的关心鹅，看到它们在叫，便以为它们无忧无虑。鹅说不定也有它自己的忧愁呢。

应用整体分析法来赏析这首诗。首先是提炼主线，这首诗写的是“鹅发出叫声，并且游动”。第一次体会此法的使用，你或许会有些特别的感受：一首诗不论情感多丰富、格调多浪漫，一旦提炼出主线，就完全变了样子。这就好比给一个绝世美女用X光机透视骨骼，从骨骼上非但看不出她的美貌，反而也许还会发现她的某些身体缺陷。从文字上看，此诗当然不是只有“叫”和“游动”，然而“向天歌”是对叫的具体描写，“白毛浮绿水，红掌拨清波”是对游动的具体描写，提炼出来，此诗便是如此的单纯。

接下来对主线进行转译，便于大家从心理层面理解诗人。鹅是一种动物，是这首诗的主角，可以理解为诗人的某个人格侧面。叫和游都是动作。叫是表达，诗人在表达内心的某些情感。游是运动，诗人的内心有某种心理活动。主线转译之后，我们就知道，这首诗在讲述诗人的某个人格侧面，这一人格侧面有一些情感要表达，并且还有一些心理活动。接下来我们就可以进入对象征的解读，看看诗人心中有一个怎样的人格侧面，具体要表达什么，以及有哪些心理活动。

“曲项向天歌”，这一句中的象征有“曲项”“向天”和“歌”。经过提炼主线和转译后，我们知道这一句写的是诗人的心理表达。项是脖子的后面，从这里开始就显现出象征的趣味了。见过鹅的人都知道，鹅的脖子的确不是笔直的，有一些曲线。但心理学象征分析的特点，就在于不把任何一个细节当作是理所当然的。固然鹅的脖子有曲线，但诗人把这个细节写进了诗里，字数占了全诗的九分之一，这就有意义了。为何诗人注意的不是黄嘴，不是鹅头上的突起？脖子是弯曲的，但为何不写曲颈，而是曲项？（颈是脖子前面，项是脖子后面）大家可以尝试一下，把脖子后面的部分向前弯曲，然后再试着发出叫声。有什么感觉？对，憋屈。这是表达不能通畅，而是有所压抑的体现。这只鹅心中压抑了什么？接下来是“向天”，这个象征也很有趣，鹅是群居动物，和人一样活在关系中。为什么要向天表达？人在什么情况下，内心的感受不向周围的人表达，而是向天表达？也许这时你会联想起“哭天抢地”“问苍天”“老天爷呀”之类的情境，这是天对于中国人的主要心理功能之一，那些周围人无法理解的心理感受，人才会向天表达。这只鹅心中有什么东西周围的人无法理解？然后是“歌”，歌是一种有韵律的情感表达，并且是一种曲折的表达，如果表达得直接，那就“说”或者“叫”，某些少数民族在寻找爱人时采用对唱的形式，正是把性与情感带着韵律曲折地表达出来，而不适宜太直接。三个象征解析下来，我们会发现其中的一致性和关联性。总结起来，这只鹅心中有一些情绪感受不能被周围的同类所理解，也无法直接表达，只能带着压抑，向天曲折委婉地宣泄和释放内心的感受。

“白毛浮绿水，红掌拨清波”。这两句需要放在一起看，因为它们之间有关联。前一句写的是水上，后一句写的是水下。这里的象征有“白毛”“绿水”“红掌”“清波”，以及隐含着的以水面为分隔的上下。

白在象征层面有多层含义，空白、单纯、普通、纯洁、明了、无力，等等。在这首诗里，要结合上下文，去掉那些无关的或冲突的含义，保留下与其他内容相应和的部分。这里的“白”是在形容毛，那么首先“空白”和“明了”这两个相对抽象的含义就不适用了。剩下“单纯”“普通”“纯洁”“无力”几个含义。在对前一句的理解中，我们意识到这只鹅内心有一些压抑的情绪，不能为同类所理解，只好向天表达，这样看来它显然也不是一只“单纯”或“普通”的鹅。还剩下“无力”和“纯洁”这两个含义，白色象征无力时，主要是缘于失去血色之后的那种苍白，而这里的白描写的是羽毛，并且未见其他明显和无力有关的内容。另外，白毛描述的主体是鹅，鹅这种禽类本身具有爱干净的习性，会自己梳洗羽毛。由此可知，这里的“白”的含义是一种纯洁或者纯净。以上的过程一定程度地应用了推理和排除法，适合于有清晰逻辑思维的人。如果一个人的感受性、直觉性比较好，那么也不必经过这样的思辨，可以直接感受到“白”在这首诗中所指的含义。上述解析过程是一个示范，试图给读者展示当一个象征具有多重含义时，如何在具体的语境中找到其准确的含义。而在之后的文章中，限于篇幅，对大多数象征的理解不会再描写如此细致的过程，毕竟心理象征本就是一门单独的学问。毛是羽毛，象征着外表，所谓皮之不存，毛将焉附。毛有时也象征着亲密感，但是这一含义与诗歌的其他部分没有明显呼应。绿水，绿是生机，水是情感。白毛浮绿水，在水面之上白与绿相应，画面很美，纯洁、生机、情感、闲适交相辉映。水上与水下，是这首诗中的一个隐含象征。弗洛伊德曾经用水上和水下的比喻形容意识和无意识，水上的部分能看见，水下的部分看不见。这首诗里的水是“绿水”而不是“清水”，可知水面之下的确是更看不清楚的。故而，水面之上的鹅，是那个大家都能看到的部分，而水面之下，则有一些大家看不到的部分。前一句的解析中，知道这只鹅“有一些心事不能向同类表达”，这也是在心理层面分了内外，与水的上下结构是同一的。那接下来我们再看看水下——“红掌拨清波”。

红也有许多象征含义：生命力、伤害、急切、愤怒、热情等，总体上来讲是偏动的而不是偏静的。掌的含义则相对单一：能力或控制。比如一个门派的首领可以叫作掌门，因为他执掌这一门派，控制和领导各种事物。孙悟空逃不出如来佛的手掌心，也是指如来佛的控制力或者影响力。说到掌，就一定是和行为能力及控制有关的。拨的含义是推动。清波，这次不是绿了，而是清，是指水的洁净无污染，波的象征含义是水的动荡，比如一件事情有了影响力，我们就会说“起了风波”。看一看水下的世界与水面上多么不同。这只鹅表面上从容自然地游，在无人可见之处却想要控制，想要推动，试图掀起一些变化或者波澜。

鹅是一种群居性亲水家禽。在意象对话心理学派中，动物的象征意义是极其重要的一部分内容，因为动物是人格中某些偏本能的侧面的象征。禽类与其他类别的动物相比更有精神追求，因为它们有翅膀，会飞上天空。鹅是被人驯化了的家禽，又有群居属性，故而这一人格侧面是和他人亲近的，是有社交需求的。水是情感的象征，亲水的特性意味着情感丰富。鹅还特有两个重要习性：一个是忠诚，有些农家会养鹅用于看家护院，作用和养狗类似，有人侵入时，鹅也会非常凶猛地扑上去攻击；另一个是爱干净，鹅会像人一样给自己洗澡，当然重点是梳理洗净它洁白的羽毛。经过这一番介绍，各位读者大致可以理解鹅是怎样的一种人格特点了。诗人为什么要写鹅，而不写鸡、鸭、猪、狗，并且写的鹅还能流传千古？因为鹅是诗人人格中的主要部分之一。这一人格部分有精神追求，亲近他人，情感丰富，对于自己认可的人非常忠诚，并且稍微有点精神洁癖（爱干净这一特点在心理层面的表现）。

经过对诗中象征的详细解读，我们再回到主线及其转译上。这首诗讲的是“鹅发出叫声，并且游动”，其内涵在于表达诗人的某一人格侧面，这一人格侧面进行了一些心理表达，并且做出了某些心理动作。以主线为中心，把各个象征的含义组织起来，就像基于骨架填充血肉。这首诗中的原始心境如下。

诗人有这样一种人格侧面：有精神追求，亲近他人，情感丰富，忠诚，略有精神洁癖。在别人的眼中，诗人是纯洁的、闲适的、有生命力的和情感丰富的，然而在别人看不到的地方，诗人的内心深处有一些情绪感受是压抑的，他认为周围的人无法理解他，唯有期望老天能理解自己。他想要控制一些什么、抓住一些什么，他试图在当前看似宁静的生活状态中掀起一些波澜，但这一切别人都不知道。

这一结论是不是很令人惊讶？一个七岁的孩子，心中却有如此复杂的活动，甚至有些小小的阴暗。接下来，我们可以通过史料来进行一些验证，看看此结论是否与其他历史记载相一致。由于印证本身也比较花费篇幅，只在这第一个案例中做得细致一点，随后的诗歌赏析，验证的部分将大大缩减甚至省略。

验证之一。《补唐书骆侍御传》中记载："宾王坐七岁，能诗，尝嬉戏池上，客指鹅群令赋焉……客叹诧，呼神童。"这一段是在说：骆宾王七岁的时候就能作诗，有一天他在池塘边玩耍，一位来家里作客的人指着一群鹅让他作诗，他当场作出了《咏鹅》，客人非常惊奇，直呼他为神童。从这个故事可以看出，骆宾王童年的状态有点像《伤仲永》里面那个神童仲永。他天赋异禀，在当地颇有才名，客人竟然会直接要求他作诗，这种事情就像今天一个外人来家里，得知某个小朋友跳舞跳得好，要求他或她现场表演一段。从心理学角度来看，这样的情形未必对孩子有什么好处，只是更多地满足了父母的虚荣心。仲永的才华就是被这样的环境毁掉的。然而由这段记载看来，陌生人来家里看他表演作诗，这件事恐怕并非偶尔为之，而是颇为常见，以至于他已经习惯了。表面上看，他表现很好，很听话，让表演就表演，客人也开心，父母也高兴，皆大欢喜，这是“鹅”的忠诚及亲近人的特点。然而作为一个七岁的儿童，他内心的真实感受是怎样的呢？他个人最本源的心理需求是否得到了满足呢？这样的苦，即使有他也不敢说，不能说，因为说了就会破坏表面上的皆大欢喜。为了父母的需要而自我牺牲，是儿童的本性之一。所以，这只鹅内心有许多感受，不能直抒胸臆，只能曲项而歌，并且不能对周围的人表达，就只好“向天歌”了。而那红掌拨清波的水下挣扎，是在所有其他人看不到的地方所进行的挣扎。

验证之二。《新唐书》中记载：“初为道王府属，尝使自言所能，宾王不答。”作为职场新人，骆宾王很有个性，顶头上司“道王”让他说说自己有什么特长，换了别人有这个机会恐怕要尽量把自己的优点说出来，骆宾王却完全不搭理。虽然是上司，但还没有熟络，自然也就不会有感情上的忠诚，这时候起作用的主要是鹅的“白”。其实白羽的禽类大多象征着类似的性格特点，如鹅、天鹅、鹤、鹭等。这种白是心理上对纯洁、干净的要求，有时看起来会像是一种自傲。因为这时候他没有做任何事情，如果直接说自己的特长，未免有些巴结上司和自夸的嫌疑，精神洁癖者接受不了这种“肮脏”的官场习气，所以他选择不说。后来有一个官员欣赏他，想提拔他，也被拒绝了。武则天尚未篡权执政之前，骆宾王说话太直接触怒了她，结果被诬陷贪污，以此罪名被关进监狱。在监狱里，骆宾王写出了著名的《在狱咏蝉》，其中有“无人信高洁，谁为表予心”两句。关在监狱里，最关心的不是什么时候出来，而是关心自己被诬陷，“污”了高洁，他要向别人说明他是无辜的，可是有谁听呢？这也是鹅的“洁净”特点的直接表现，而且无人可听的这感受，和当年那只鹅只能向天而歌，何其相似！

验证之三。《新唐书》与《旧唐书》共同记载，武则天篡位时，徐敬业在扬州起兵，史书记载是“作乱”，其实也是一种对武则天篡位的反抗和不赞同。骆宾王当时就投入了徐敬业的反叛军中，写出了著名的《代李敬业讨武曌檄》（李敬业就是徐敬业）。全文过长不再引用，大家可以自行查阅。檄文的主要情感基调和思想，就是说武则天是假皇帝，做了不该做的事情，为天地所不容，大家都应该一起去讨伐她。武则天本人看了这篇檄文也颇为震动。后来徐敬业兵败身死，骆宾王下落不明。《代李敬业讨武曌檄》之所以能够写得如此出彩，传扬天下，也是因为其中的情感基调恰好与骆宾王的核心人格特质“忠诚”和“洁净”都有关系。因为忠诚，所以誓死不能认同篡位者；因为洁净，所以对不符合伦理法律的事情深恶痛绝。当然这也和他本身的才华有很大关系，鹅的“精神追求”特质在其中应有着重大影响。

经过三个验证，再回来看《咏鹅》，何尝不让人叹息。骆宾王七岁时的诗作，其中已蕴含了自己最核心的人格特质，这些特质在他成年之后乃至一生之中，每每到关键时刻便大放异彩，左右了他最重大的一些抉择，乃至形成了他个人独特的命运。《咏鹅》就是“咏我”，是骆宾王对于自己内心的最核心特质所进行的万众瞩目而又无人能够读懂的表白。

苏轼：在无常中安住，与无常共舞

现代人最大的心理困境之一就是缺少精神寄托。不知道该信什么，不知道什么是好，什么是坏。在这样的条件下，一个特殊的“职业”诞生了——偶像。这些偶像可能是演员，可能是歌手，也可能是舞者。但演戏、唱歌、跳舞并不是他们的职业，从心理学的角度来看，他们的本职工作只有一个，就是成为大众精神寄托的对象。偶像的作用对于青少年的心理发展意义非凡，然而从长远来讲，其并没有解决缺少精神寄托或精神信仰的难题。

在古代没有偶像这一职业，而承担着众人精神寄托的，就是那些著名的文人和武将。然而上阵杀敌终归是少数人的选择，于是那些著名的文人——在世的，已故的——往往成为人们寄托精神价值的对象。如果把古代的著名诗人比作偶像，那么苏轼无疑是偶像中的超级巨星。苏轼之名从古到今几乎达到了无人不知、无人不晓的地步，几乎每个受过教育的中国人都能背上一两句苏轼的诗词。“明月几时有，把酒问青天”“小轩窗，正梳妆。相顾无言，惟有泪千行”“乱石穿空，惊涛拍岸，卷起千堆雪”……然而苏轼之所以成名，其中的精神价值何在？当我心中带着这个问题进行探索时，那些大家最常挂在嘴边的诗词反而在我心中黯淡了下来，又有几首不那么起眼，颇有些朴实无华的诗作从蒙昧中升起，发出夺目的光芒。以下诗作便是其中之一。

饮湖上初晴后雨二首·其二

水光潋滟晴方好，
山色空蒙雨亦奇。
欲把西湖比西子，
淡妆浓抹总相宜。

在苏轼的众多传世之作中，这首诗只有后两句显眼，但这首诗的韵味以及诗人写作时的原始心境，却值得我们细细品读。现在我们使用意象整体分析法来对这首诗进行赏析。

提炼主线。用大白话讲，这首诗写的是：西湖晴天挺好，雨天也挺好，就像西施，怎么打扮都合适。

主线转译。西湖是一个地点，山和水也都是现实中的空间，可以转译为心理空间。晴和雨都是天气，转译为心情。转译之后，诗歌所表达的心境是：诗人有这样一个心理空间，什么心情都合适。需要注意的是，这首诗里的“西子”只是用来形容西湖的对象，不是真的在写西施，所以不能将其作为“人格侧面”来转译。

理解象征。“水光潋滟晴方好”，水是流动的，象征情感和生命力，具体的水体比如湖、河则是一个人内心的情感空间或生命状态。晴象征心情开朗明快。潋滟是指水波荡漾，反射出阳光的样子。第一句是在说，当我心情开朗，我心中的情感（或生命状态）微微荡漾而明快，这样的状态挺好。“山色空蒙雨亦奇”，山是固定的，象征着人心中的稳定性，我们常说谁谁是“靠山”，就代表对方能给我们以安全稳定感。雨作为心情的象征就不一定那么好了，也许是滋润，也许有悲伤，总之不是那么明快。空蒙是指下着小雨、有些看不清楚景色。奇是特别的意思。第二句是说，当我心情有时候不明快，甚至有悲伤，我心中的稳定感也受到了干扰，这也是一种挺特别的体验（并没有什么不好）。“欲把西湖比西子，淡妆浓抹总相宜”。西子是对西湖的比喻和形容，淡妆浓抹，都是对容貌的修饰。相宜是合适、恰当的意思。第三、四句是说，我的这一片心理空间（西湖）啊，就像西施的容貌一样，不论怎样修饰，怎样对待——强烈的或是平淡的——都是恰当的，合适的。

这首诗中所蕴含的原始心境，实际上是一种非常不凡的心理状态。趋乐避苦是动物的本能，人通常也无法摆脱这一本能的影响。我们都想要快乐，不想要悲伤，都想要稳定，不想要动摇，都想要清晰，不想要模糊……我们追求一切积极的体验，回避一切消极的体验。然而生命的本质并不是积极也不是消极,而是“无常”，是“易”，万事万物都不可能持久，一切都处在变化之中。“祸兮福之所倚，福兮祸之所伏”，得到的会失去，失去了旧的还会得到新的。想要在无常中追求某一种永恒的稳定状态，却又无法实现，这是人类最本质的痛苦之一。而苏轼却学会安住在这无常的本质中。心情好的时候挺好，心情不好也是一种特别的体验啊！接受了无常，没有什么体验是“不相宜”的，套用一句现代的鸡汤，“一切都是最好的安排”。这个好可不是积极与消极的好，而是接受一切发生，接受事情与心情如其所是所带来的一种体验。

猪肉颂

净洗铛，少著水，
柴头罨烟焰不起。
待他自熟莫催他，
火候足时他自美。
黄州好猪肉，
价贱如泥土。
贵者不肯吃，
贫者不解煮。
早晨起来打两碗，
饱得自家君莫管。

惠州一绝

罗浮山下四时春，
卢橘杨梅次第新。
日啖荔枝三百颗，
不辞长作岭南人。

对苏轼稍有了解，你会知道他是一个大文豪。对苏轼加深一些了解，你会知道他不止诗词写得好，还是一个引领潮流的现象级“吃货”，流传至今的东坡肉、东坡鱼、东坡羹等相传都是他的发明。黄州猪肉好吃又便宜，我自己一个人吃，别人谁也管不着我。惠州的橘子和杨梅也很好吃，更别说荔枝了，要是每天能吃三百颗荔枝，那我就宁愿一辈子住在这里不走了……每人都有一两个吃货朋友，我自己每到一个新地方旅游也会化身吃货，不吝时间和金钱去体验当地的美食。然而却少有吃货能达到苏轼的级别。其一是苏轼有很多“创造”，面对一些不起眼的食材，他经常能找到合适的烹饪方法，将其烹制得美味无比。其二，你会发现读苏轼的“吃货诗”，其中充斥着一种食品以外的味道，那就是“自在”。这种自在感是哪里来的呢？这些诗看起来都是在写吃，可其中蕴含的原始心境又是什么呢？

把锅洗净，少放点水，柴火不要烧得太旺，别心急，等火候到了味道自然好。黄州这地方的猪肉很好，价格又低，有钱人不屑吃它，穷人不知道怎么烹饪，唯有我自己，早上起来煮两碗猪肉吃，饱足自在，谁也管不着我。

《猪肉颂》中充满了“适当”，锅要干净，水要适量，火要不大不小，还要耐心等待，该好的时候自然会好。吃象征着摄入和满足，吃自己烹饪的东西，则象征着一种自我满足的方式。这首烹饪诗，是在说苏轼是如何对待自己、满足自己的。烹饪态度就是人生态度：一切适当就好，不要过分，不要着急，要懂得识别和欣赏，人生有它自己的节奏，该来的自然会来。诗人对“猪肉”这一主食材的描述非常经典：“黄州好猪肉，价贱如泥土，贵者不肯吃，贫者不解煮。”从象征角度来看，这猪肉指代的是苏轼眼中的日常生活体验。日常生活的体验原本就挺好，而且不必付出过高的代价就能获得。富人享受不了日常生活，因为他们太刻意，太追求，瞧不起日常生活的平凡。穷人也享受不了日常生活，因为他们“不解煮”，他们缺少恰当的生活态度，也许太操心琐事，也许太想脱离穷困，无法享受当下。这样的“好猪肉”就摆在那里，有合适的烹饪方法就能每天吃到，在其中获得的满足感不依赖于任何他人，谁也干涉不了。然而也是这样的“好猪肉”，其中的美味穷人吃不到，富人也吃不到，唯有像苏轼这样带着“适当”的态度，去慢慢品味，看似平凡的日常生活本身便成了只供少数觉悟者享受的佳肴。

《惠州一绝》中的精神核心也是如此。黄州好，惠州也不错啊。来到这里的话，四季如春，每个季节都有应季的美味，刚吃完芦橘，杨梅又熟了，然后还有荔枝。在苏轼那个时代，岭南是“南蛮之地”，许多北方人去了都不能活着回来，而他却在这样的地方发现了美味，并且还说：既然每天都可以享受这样的美味，我就一辈子待在这里又有何不可呢？《记游松风亭》云：“此间有甚么歇不得处？”这一诗一文可以互相印证。由此我们可以知道，苏轼不是真的想为了每天吃荔枝而常驻惠州，而是在表达他的一种心境，只要能学会发现美好，享受美好，任何境遇都不是困境，而是可以安住的心灵家园。

苏轼所达到的心理境界，不仅是接受了生命无常的本质，还能够在无常中安住，与无常共舞出一种无人能及的美之享受。而如此宝贵的原始心境就藏在这一首首不起眼的诗歌中。学会品读这些诗歌，古代人的精神宝藏就会穿越千年来到我们心中，让我们在人生的大起大落之中，或是小灾小幸之余，不做“执着”的奴隶，不为“求不得”所苦，活出中国人特有的“自在”人生。

王之涣：鹳雀楼上的生死迷思

登鹳雀楼

白日依山尽，

黄河入海流。

欲穷千里目，

更上一层楼。

《登鹳雀楼》也是一首小学生必学的古诗，作者王之涣。诗歌对字词的使用越简单，写出好诗的难度就越大。《登鹳雀楼》无疑突破了这样的魔咒。然而一首诗之所以能够流传千古，绝不可能仅仅是因为它用词简单易懂，必定是因为其中的内涵。正如同每一个现存的神话、经典童话及民间传说，它们之所以能在各民族流传，往往是因为其精神内涵触动到了大多数人的心，与人类的集体无意识或至少是某个民族的无意识深深相连。

白色的太阳依山而落，黄河奔流汇入大海。想要看到千里之外的尽头，就要上到更高一层楼。诗歌的字面意义简单明了，但读起来总有一种宏阔的气概。诗人作此诗时怀有一种怎样的心境，且让我们慢慢来看。

提炼主线。太阳落山了，河流汇入大海。如果想看得更远，就要上更高一层楼。

主线转译。太阳、山、河流、大海都是自然物，代表着诗人的生命能量及状态。而后两句就比较有趣了，因为这两句没有描写实景，而仅仅是在设想，所以就不能进行普通的转译了。在心理象征的层面，思考和假设往往被认为是不实的，要回到内心实际的发生和体验中才行。所以在转译时，我也秉承这一原则。后两句简单转译为：诗人有一些设想。总体而言，这首诗讲的是：诗人的内心有一些生命能量的状态，诗人感知到了这些状态，并且产生了一些设想。

象征解读。“白日依山尽”，太阳是生命能量的基本来源之一，象征着人的本源生命力。这里的太阳是“白”的，对比之前解析过白毛浮绿水之“白”，显然这句诗中的“白”就不能理解为纯洁干净了。这是一个要落山的太阳，不但要“尽”了，还“依”着山，这与日在中天的强有力状态截然不同。因此，在“白”的诸多含义中，与此情景最相关的是“无力”之义。这里的白日，是一个运行了一整天，能量已经不足的、苍白的、即将落下的太阳。一天是一个循环，一天之中的不同时刻经常被人用来形容人一生的不同阶段。即将落山是生命的哪个阶段？是怎样的一种状态？没错，是生命即将结束，走向死亡。山在这里是那心中不动的部分，太阳即将没入其中，是永恒不变的死亡本身。第一句是在说：生命即将走向尽头，生命力即将耗尽。

“黄河入海流”，黄河也同样是生命力的象征，片刻不停，奔流不息。这种生命力状态是强而有力的，不平淡的。然而诗人看到的却是黄河奔流的终点。大海是更大范围的水体，大不可知，深不可测。黄河的结束即汇入大海。这同样是在说生命的终结。但是与“白日依山尽”不同，这一次的结束不仅仅是消失了，没入了，还多了一层“入”的含义，有了回归、归属之意。死亡在这一句里的意义有些变化了，不仅仅是衰弱和结束，还是一种回归，从小的个体回归到更大的个体。诗人心中对死亡的感受在这一句有了递进。

“欲穷千里目，更上一层楼”，看到了太阳落山，看到了黄河入海，可诗人对此还不满足，他还想要了解更多，“穷尽”一切。现在我们知道他想要看的是什么了。他想要超越死亡，看到生与死之外还有什么。然而如何超越呢，这实在是一个千古难题。故而诗中也并没有真正的超越，否则诗人一定会把更高一层的风景写出来。然而从生到死的过程就像是一面向四面八方无穷延伸的墙壁,挡住了诗人的一切视线,所以他只好靠假设了。欲穷千里目，更上一层楼。这诗中最脍炙人口的两句，却仅仅是诗人的假设而已，并没有任何真实的行动或结果。

综合来看，《登鹳雀楼》的精神内涵是对死亡这一人生重大问题的思考与体会，从虚无的结束到个体回归整体，再到无法前行一步的困境。为什么此诗如此脍炙人口，流传千年呢？现在我们找到原因了：如何认识死亡，是所有人都无法忽略的重大问题，而这一问题对于绝大多数人来说都是想要超越，但又无法超越的。再延伸开去，人生中总有一些问题在某些阶段无法解决，但那些积极的人们在心中总存有积极的愿望想要超越，故而后两句的流传度比前两句更广。回到诗歌的原始心境本身。能够把死亡看作是一种汇入，一种个体回到整体的回归，这实在是一个比较高明的看法了。如果能够了解得更多，是不是就有更广博的真相呈现出来呢？王之涣只是设想，没有真的“更上一层楼”，那么对于读诗的我们呢？那更高的一层楼存在吗？能上去得了吗？如果有一天你找到了那更高一层楼的所在，上去了，看见了，请你告诉我，以及大家。

孟浩然：外面风太大，不如睡觉吧

春晓

春眠不觉晓，
处处闻啼鸟。
夜来风雨声，
花落知多少。

春天是万物复苏的季节，冬天的休养生息已经结束，是时候出来活动，一展抱负了。可在这骚动的季节里的，却有一个人蒙头大睡，还把自己的睡眠体验写成了诗，流传千古。这就是孟浩然和他的《春晓》。整首诗朗朗上口，读起来却总有一种说不清道不明的感受，就像是蒙了一层什么，影影绰绰，看不清。诗人除了拥有出众的才华，还有一种很独特的心理状态，让我们一起来领略。

春天睡觉，天亮了都还不知道。听到外面到处都有鸟叫，又想起昨夜的风雨声，不知道花朵掉落了多少。

许多年来，我都没有读懂这首诗，只是认为它有一种朦胧美，直到我在它身上使用了意象整体分析法。这首诗主线很清晰，但是在对主线进行转译的时候，我发现了一个关键的问题：这首诗除了“眠”这个动作，其他一切内容都不是直接而实在的，而是间接收到声音刺激而想象出来的。如果想要理解这首诗的原始心境，最容易进入的误区就是这里——不能把啼鸟、风雨声、花落看作实际发生的实景来进行分析，因为它们只是屋中的“眠者”听到声音后进行的想象。所以，这首诗的主线经过转译，一个奇特的结果出现了：这首诗在心理层面说的是，有一个人春天睡觉，听到一些声音，产生了一些想象。至于诗中的各个具体细节，都只是想象的内容而已。

对主线的心理意义有了整体把握，理解起来就容易了。“春眠不觉晓”，这是诗中最实在的一句。一年之计在于春，一天之计在于晨。“春”和“晓”表达的都是一个意思，在一个应该起来、走出去、计划、开始行动的时间里，诗人的心中却处于“眠”的状态，内心是沉睡的，尚未醒来，所以对这个时间的到来“不觉”。但诗人又能够写出春和晓，这意味着，诗人在某一个层面是知道的，是时候出去走走了，可心中的另一个层面却在封闭的屋中睡着。后三句都是诗人听到声音后，想象出来的情境。让我们看看都有哪些情境。“啼鸟”，鸟在叫，鸟是精神活动的象征，有时也象征男性气质，处处都有鸟在啼叫，这是一种生命力的表达。诗人感受到，自己这个封闭的屋子外面，有许多生命力在发生，在呼唤，在自我表达。“夜来风雨声”，风象征着动荡的力量，雨象征着情感的宣泄，风雨放在一起，通常象征着一定程度的挫折和困难。“不经历风雨怎能见彩虹”，而且这些挫折和困难无法避免，来自天，所以通常是指那些来自社会、世界乃至命运的挫折或困难。诗人听到了一些声音，他认为屋外的这个世界是动荡的，是会带给人挫折或苦难的，而相较之下在屋中沉睡则是安全的，确定的。“花落知多少”，花是生命的美丽和绽放，可诗人想的却是，在这动荡的风雨之下，花落了多少啊！诗人担心生命的美丽和绽放，会在风雨的摧残之下凋落、消失。而这虽然只字未提，却始终存在的“屋”，则象征着诗人的自我人格。从诗中可以推测，这屋子没开门，窗户也闭着，外面看不见里面，里面也看不见外面。与外界仅有的联系，就是通过听到的一些声音来进行想象。外面的世界太复杂，外面的世界有点可怕，不如还是留在屋里睡大觉吧。

赏析所得的结果是非常有趣的。这首诗中的原始心境是一种自我封闭的，明知道自己应该觉醒，应该走出自我，与外面的世界发生真实的接触，可就是有些抗拒，有些怕，有些担心，所以还是不要睁眼了，不要出去了，继续沉睡吧。

也许有人会问，古代著名诗人孟浩然，可能会是这样的一种心境吗？从《新唐书》中的记载来看，他还真就是这样一种心境。这是一个颇有趣味的故事。

孟浩然四十多岁的时候，在京城官办的最高学府里吟诗作赋，学府中没有人认为自己的才华能和他相比——放在今天可能类似于清华、北大共同承认的才子。而且他和著名诗人兼高官王维，以及后来的宰相张九龄，关系都很好。有一天，他受王维的邀请来到皇宫，大概是王维私人休息的地方。突然唐玄宗来了。换了其他人，也许高兴还来不及，有机会见到皇帝，如果能给皇帝留下个好印象，说不定就平步青云了。可是孟浩然的反应非常奇葩。他赶快趴下身躲到了床底下，希望能够避免被皇帝知道自己在这里。而王维很诚实地（也许也不敢说谎）告诉玄宗，孟浩然在这里。玄宗听了很开心：“我早就听说过他的才名，一直没机会见，不用藏起来啊，赶快出来吧！”孟浩然只好从床下爬出来，面见了玄宗。玄宗想听听他的诗，他就吟诵了一首自己写的诗，诵到其中一句“不才明主弃”（意思是自己才华不足，被英明的君主所抛弃），被玄宗打断了。玄宗说：“你从来没有为自己做过争取，而我也没有抛弃你，为什么要诬陷我呢？”随后玄宗就让孟浩然回去了。

从这个故事可以看出，孟浩然才华横溢，以玩耍的心态吟诗作赋，也能力压群雄。然而一旦认真起来，现实起来，就有些“尿”了——看起来才华并没有带给他足够的自信。一个知名文人，知道皇帝要来，竟然躲在床下，实在有失尊严和礼节。不过读一读《春晓》，你会发现这一幕又并不意外。皇帝“天威浩荡”，会带给他许多未知的动荡，就像是在屋外的风雨，他害怕凋落，于是把自己藏在狭小的床下空间里，这个空间，是不是也和多年前那个“春眠不觉”的小屋很相似呢？把自己封闭起来，看不见外界，外界也看不见自己，对他来说大概是最安全的状况了。在吟诵诗作时，“不才明主弃”一句引起了唐玄宗的不满，这个互动细节也同样可以反映，孟浩然是有些自我封闭的：他总是活在自己想象的世界里，认为自己“不才”而会被“明主”抛弃，可是即使现实中的唐玄宗就站在他面前，表现出对他的欣赏时，他仍然把这一诗作吟诵给玄宗——这正是一个只活在自己的世界里的人才会做的事情。从心理学的角度来看，这是内心过于自我封闭，活在自己的世界里，而造成现实感偏弱，对现实世界的认识受内心影响太大而有所歪曲。毫无疑问，这样的心理特点对他一生的仕途都会造成负面影响。

不过人的心理特点并非一成不变，也会基于时间、经历等要素有所发展。在《春晓》一诗的多年之后，孟浩然创作了《宿建德江》，从中可以看到些许的变化。

宿建德江

移舟泊烟渚，
日暮客愁新。
野旷天低树，
江清月近人。

轻移小舟，停靠在水中雾气笼罩的一小块陆地。太阳落山了，旅人心中却升起了新愁。空旷的原野上，夜空降下来，快要比树还低。江水清澈，水中的月影向我靠近。

吟诵这首诗，可以感受到与《春晓》一脉相承的气息，内向、静止、朦胧。两相比较，门窗封闭的房屋已经演化成了雾气笼罩的小岛，风雨落花之忧已不再，取而代之的是旅人思乡之愁（也许是离开了心中的小屋之后的不习惯）。头上不再是屋顶，而是天空，不过这天空是低垂的，而非高远辽阔的。清澈的江水流动，水中月影摇移，这一次看到的终于是实景而非想象了，不过也是在一个周围没有人的，如梦的夜晚。从《春晓》到《宿建德江》，孟浩然的本来性格没有发生重大变化，如果是现代，做一个才华横溢的技术宅男恐怕是最适合他的吧。然而在他本来的那个时代，生活还是迫使他改变了。哪怕不情愿，哪怕带着担忧与不安，他还是醒来了，他还是走出了那个安全的小屋，来到了充满不可测的“他人”的真实世界。只是每当危险降临，每当心中有所不安，他还是习惯于找一个狭小封闭的，不受他人打扰的空间，躲在里面慢慢消化这不可控的现实世界带给他的苦恼。

柳宗元：我钓的不是鱼，是寂寞

江雪

千山鸟飞绝，
万径人踪灭。
孤舟蓑笠翁，
独钓寒江雪。

有千重山，山中的鸟已飞走不见，有万条路，路上已无行人的影踪。唯有一艘小船，船上一个穿蓑衣戴斗笠的渔翁，在寒冷的江上，冒着雪，独自垂钓。

从诗人心境的角度来看，千山、万径都是其心理空间，鸟飞绝和人踪灭是对心理空间的描述。孤舟是交通工具，是指心理的趋向性。蓑笠翁是人格侧面。独钓是心理动作。寒江雪是一种心情。

“千山鸟飞绝”，山在这里既是自然物，也是空间和场所。作为自然物，山象征着人内心的稳定、踏实、信心。作为空间，山中可能会有鸟有兽，说不定还有仙人。作为空间的山，象征着远离俗世。然而“千山”，哪怕不是真有一千座，至少也多得数不清。这是何等强大的稳定，何等广阔的胸怀。然而在这样的山里，“鸟”已经飞绝了，“鸟”象征着人的精神活动。“鸟飞绝”，原本丰富的精神活动，现在都已经没有了。

“万径人踪灭”，道路也是心理空间，意味着从一个地方去往另一个地方，意味着方向性。这里有万条路，有许多的地方可以出发，有许多的地方可以到达，各种不同的方向性。而在这万条道路上，“人”的踪迹也不见了。人在这里是行人，路是给行人走的，是出发与到达的动作主体。“人踪灭”，虽然诗人的心中有万条道路，但是这些路却只是存在于那里，并没有任何一个心理部分正在其中活动，并没有谁正在去往哪里。赏析到这里，一个诡异的情境摆在眼前了：千山无鸟，万径无人。不禁会使人发问：到底发生了什么？

“孤舟蓑笠翁，独钓寒江雪”，舟是一种交通工具，象征着心理上的过渡，从此岸出发到彼岸，诗人的内心正在一个过渡阶段。这是一叶孤舟，而不是多人同乘的大船，标明这种心理上的过渡阶段是他人所没有，而诗人所特有的。蓑笠翁，穿蓑衣、戴斗笠，是为了遮风挡雨、防寒，是一种心理上的自我保护状态——从后文可知道，这个渔翁要抵御严寒。另一方面，一个人穿蓑戴笠，几乎把自己完全包裹起来了，别人看不到他，这多少也有些自我封闭、不显露自己内心的真实想法。寒江雪，这是一条江，其中本有巨大的能量，然而这条江正处在天寒地冻之中，下着雪，这些心理能量目前有些凝滞，流动不畅。寒冷与雪，也意味着情感上的冷，缺少温暖和关怀。独钓，这是诗中唯一真实发生的心理动作，非常重要。钓鱼是中国文化中非常有特色的象征。首先，钓鱼意味着有期待，而非无欲无求，哪怕姜太公直钩钓鱼，也是在期待那“愿者”能够上钩。其次，钓鱼还意味着等待与耐心，钓鱼不是捕鱼，不是主动进取，而是静坐等待，直到那个关键的时刻到来。在严酷的环境下，在孤独之中，这渔翁“全副武装”，做好了打“持久战”的准备，只为等待一个时机。

综合来看，这首诗的原始心境是：内心有很大的格局和空间，曾经有精神追求，有切实的行动，有方向性，然而这一切目前都处于止息的状态。虽然心理活动已经止息，内在的格局与信心并没有消失。这只是一个过渡阶段，所以会有些孤独，有些寒冷，但是没关系，我已经给了自己应有的保护，接下来就是耐心的等待，等待着有一天……

诗人身上发生了什么事？他在等什么？《新唐书》中的记载给了我们答案。

柳宗元前半生仕途平坦，30 岁就当上了监察御史里行，权力较大。做官期间，他看到了官场的腐败，由此产生了改革的愿望。随后，他和朝中的一些志同道合之人发起了一场政治改革，类似于今天的反贪运动，然而这一改革只维持了半年就失败了。改革失败也意味着政治斗争的失败，所有发动改革的人都被贬了官职。柳宗元则被贬为永州司马——永州是一个非常偏远的地区，司马是没什么实际功能和权力的闲职。而《江雪》一诗就是他在永州时写的。

柳宗元是一个心怀天下的人，具有做一个好官的潜质。然而在中央的政治斗争中失败，使得他无计可施，纵然心中有广阔的格局，却无从施展。但他并没有灰心气馁，而是成了一个“蓑笠翁”,在逆境中耐心地等待。可惜柳宗元最终也没有等到那个机会。47 岁时，柳宗元改贬柳州刺史期间因病去世。

飞鸟绝而千山不动，人踪灭而万径可通，寒江之上，大雪之中，柳宗元披着蓑衣戴着斗笠，他静默地握着手中的鱼竿，钓的不是鱼，是寂寞。

马致远：走不尽天涯路

天净沙·秋思

枯藤老树昏鸦，
小桥流水人家，
古道西风瘦马。
夕阳西下，
断肠人在天涯。

元曲入选中学课本非常少，而《天净沙·秋思》给人留下了深刻的印象。整首曲看似只单纯地罗列了一些意象，却营造出极其强烈的画面感，给人以深度的内心体验。此曲主线清晰，不需提炼，原始文字就可以作为主线来使用了。不过需要注意的是，这首曲几乎是每一句营造一个独立的场景，表征一个独立的心理空间，而这些场景和空间之间存在着某种关系，并不是单纯地并列。枯藤老树昏鸦是一个场景，小桥流水人家是一个场景，古道西风瘦马又是一个场景。切不可认为枯藤旁边是流水，小桥上刮着西风。分出几个场景之后，我们就可以一句一句来品读。

“枯藤老树昏鸦”，藤是一种独特的植物，生命力强，但是需要攀附其他植物或是物体才能生长，植物象征人格气质，藤所象征的正是一种缺少独立性，对依靠、依恋有强烈需要，甚至会有些纠缠的人格气质。枯藤，这藤已经枯萎了，曾经有过的依恋关系或是纠缠已经不能再继续，这种关系即将死去。老树，树经常被用来比喻人，树象征着人的整体生命状态，这棵树已老，不再是年轻强壮有力，而是一种有些衰老的生命状态。昏鸦，黄昏时分的乌鸦。中国人大多不喜欢乌鸦，认为乌鸦叫不吉利，这种想法是有道理的——乌鸦是食腐动物，喜欢在有尸体开始腐烂的地方聚集。人们循着乌鸦的聚集和鸣叫，往往找到的都是尸体。不吉利的乌鸦象征着死亡即将到来。这乌鸦在一天即将结束的黄昏出现，也暗示着生命即将走向尽头。这是一个充斥着死亡、结束、断裂、衰老的心理空间。

“小桥流水人家”，桥连接两岸，恰好是不同部分之间彼此达成连接的象征。小桥可以说和枯藤有着相反的意义。流水，鲜活的、流动的情感与生命力。人家，生活气息、家庭、天伦之乐。这是一个与前句截然不同的场景，也是诗人心中的另一个心理空间。在这里，人与人、人与物之间有坚实的连接，有夫妻、亲子、兄弟姐妹，还有生生不息的情感与生命在流动。

“古道西风瘦马”，道路象征着人生的方向性，这不是一条新开辟的道路，而是自古以来就存在着的道路，这条路从哪里来，到哪里去？西风，中国大部分地区会在秋冬季节刮西北风。西风总是和寒冷、萧索相关联。风象征着动荡的力量，西风中的动荡则是秋之于万物的肃杀。瘦马，这是诗人的人格侧面了，马通常象征一种爱自由、善于奔跑、有情感的人格状态。这匹马看起来并没有得到很好的照顾，或者说并不常有丰茂的水草可以滋养它。这是一匹带着艰辛长途跋涉的马。有了这匹马，第三句的整个场景动了起来，我们仿佛可以看到它在西风之中，行走在一条不知通往何处去的古道上。这时候前三句之间的关系逐渐浮现出来了。第一句是衰与死，第二句是乐和生，前两者截然相反并且彼此对等，因此这条“古道”既不是通向死，也不是通向生，反而死与生都只是这条古道两旁的风景。不被死亡的衰败所掩埋，也不沉醉在生活的喜乐之中，有一条中间的道路，超越了生与死，它没有尽头，没人知道它通向哪里。而自古以来，人们所能够做到的最好的，或者说那些情形的人唯一能够做到的事，就是在这条路上走下去。

这条路是人的存在本身，走这条路，就是人对自身存在意义的终极探索。然而这是一条无比艰难的道路，马致远走得如何？

“夕阳西下，断肠人在天涯”，夕阳西下，象征着生命即将走向尽头。肠象征着我们内心最深处、最本能的连接与关切，唯有至亲至爱之人才会让我们“牵肠挂肚”，与他们失去了连接，就唯有“料得年年肠断处，明月夜，短松冈”。断肠人，诗人心中那些最重要的东西都已经失去了，自然也已经没有了所谓的心灵家园。人在天涯，没有人知道天涯在哪里，只知道那一定是个很远很远的地方，远离现实生活，远离喜怒哀乐，在天涯的人没有家。

如果说苏轼能够与无常共舞，乐观地享受存在本身，那么马致远则相反，他把自己化作古道上的那匹瘦马，艰辛愁苦地走在存在之路上。他经历过生活的喜悦，品尝过人与人之间的温情，他也体验过失去至亲至爱的痛苦，也曾消沉于死亡必将到来的衰败与无望，然而这一切都只是路上的风景。他的肠已断，心已远，夕阳之下，古道之中，他艰辛地、愁苦地，但也坚持地、不停步地，走向那生与死之外的地方。这是一条从古到今无数人走过的、寻找人生终极意义的探索之路，一条走不尽的天涯路。

结语：授人以鱼再授人以渔

之所以写出这篇文章，是因为我认为这些内容很有价值，想分享给大家。这九首古诗的赏析结果，是我打好的鱼献给大家，希望对各位读者有所滋养，有所裨益。但我的目的不仅于此。古诗中蕴含着诗人的原始心境，如果我们有适当的方法，就可以跨越千年与古人心相通，领略他们在写作时各种独特的心理境界，有时也可以理解他们不为人知的痛苦与无奈。献鱼的同时，我更想告诉大家的是：这里有鱼，这里的鱼可以这样打到！希望各位读者得鱼而勿忘渔，从我的分享中学到打鱼的方法，或是有所启发，发展自己行之有效的打鱼方法。独乐乐不如众乐乐，我一个人吃鱼不如大家一起吃鱼，大家一起吃鱼不如大家一起打鱼。期待着有众多伙伴一起打鱼，彼此分享的那一天。最后还有一个小秘密分享给大家：自己打上来的鱼，永远比别人给的鱼更好吃。

卷轴密语：中国画的气韵与心理

易　滨

论述中国美术的发展是一个很大的课题，涉及文化、宗教、政治、经济等各方面。本文试图以心理视角为脉络，去透视中国美术背后中国人心灵结构的一些特点。

这种心灵结构从古代发展到现代，分出了不同的层次。最上面表层的部分，就是现代人最常用的逻辑思维。在这一层看世界会很客观。比如看到天上挂着个金色的圆球，就会命名它为太阳。而如果从表层往下挖掘，会有一些个人儿童时期遗留下来的心理印迹，留存在了无意识之中。再往下一层，还会有许多人类共通的心理印迹的遗存。这个层面看世界的万物就不是一个没有生命情感的客体，而是分别有着自己情感与意志的存在。在一个原始人眼中，太阳不是一个像核反应堆一样的物质客体，而是一个神，他带给人希望，将爱心洒满大地。有文章记载，非洲有些原始部落直到现在还会认为太阳升起的时刻是神的降临驱走了黑暗，在这一时刻进行一些相关仪式来祭神。对于一个原始人来说，太阳的初升就是一个有着重要意义的时刻。因为这一刻光明驱散了一夜黑暗绕在心头的恐惧，带来了新的希望。这种内心的感动也会驱动着他们把这一刻记录下来。在中国就形成了甲骨文。现在的汉字“旦”字就和最早的甲骨文样子差不多，描绘了太阳从地平线升起时的状态。类似甲骨文的象形文字，像一张图画一样记录下有心理意义的事情，也是书画最早的起源了。

这种早期的原始思维常常用意象的方式表达心理活动，而不是用语词。意象与一般意义的形象不同，它具有象征意义并可通过这种象征的方式反映潜意识的心理活动。比如意象中出现一个老师，他就可能象征了权威、智慧、引领等心理上的象征含义，而和现实这个老师没太大关系了，特别是在梦中的王国，都是由意象构成的世界。原始人也许并不明白什么象征什么，但在无意识中会大量地使用意象的方式表达自己的本能和情感。比如原始部落的各种动物图腾，就是通过这些动物代表了这个部落所认同的心理品质，诸如勇敢、无畏、智慧等。

在这种原始思维下诞生的早期的彩陶艺术，笔触像小孩涂鸦一样质朴，这是因为早期原始人做事多是受情感与本能的驱动，不太可能很理性地去精确刻画。而具体到陶器上刻画的不同纹样，则代表了不同的心理能量。

比如早期的几何纹样，就曾出现过倒三角的形状。这个形状和原始人的生殖崇拜有关。在原始人眼里，生殖充满了伟大而神奇的力量，这种力量可以孕育出新的生命。基于对这种力量的崇拜，就以倒三角的形式来象征女性生殖器。除此以外，还有大量其他几何图形，比如有稳定的三角形，也有充满动感的螺纹形。这种几何图形具体到彩陶之上时，会以一定的方式排列，形成类似音乐一样的节奏感，让这一种形式的心理能量流动起来。

中国纹样在后期发展越来越丰富，除了上面说的几何纹样外，也产生了诸如动物类的鸟纹、鱼纹，等等。这些动物被做成纹样并不是偶然事件，也具有相应的心理象征意义，比如有一种蛙形纹样。那么青蛙有什么样的心理意义呢？青蛙一次产卵成千上万，象征了多子多孙，这对原始部落来说就是一个积极的象征，只有这样的一个部落才可以生生不息繁衍下去。更有文章指出，女娲中的娲与蛙是同音的，很可能女娲也是以青蛙为图腾的这个部落的祖先。作为一种图腾方式出现的动物纹样，象征了人内心的动物性格侧面。这种符号化的结果会使蛙纹和实际青蛙相去甚远。比如有的蛙纹只是强调青蛙的腿并进行几何化创作。三角一样的几何形状，就有了不断向上生长、连绵不断的积极心理暗示。还有的蛙纹完全没有蛙头，而是换成了圆形，好似人形蛙一样。这样人蛙一体的纹样，象征了人在心理上认同了青蛙，希望像蛙一样繁衍，使部落兴旺。

这些早期在彩陶上、在砖石上、在布上留下的画虽然没有署名是哪个画家所绘，却在无意识中对中国美术的发展产生了深远的影响。

色本有心

现代意义上的“颜色”说起来多指客观世界的颜色，在中国古代还指脸色。这种脸色不是客观的皮肤色，更多地是指一种气色。比如成语中有和颜悦色、闻之色变，指的都是一种心理感觉发生变化对应的脸色。所以中国人最初的色的概念，就建立在心理感受为基础的意象上，每一个颜色都是一个心理意象，表达了一定的精神含义。

同样，中国传统色彩体系也是建立在哲学观念基础之上的色彩。按照道家的思想，最初世界混沌一片，可以看成只有未分化的一色（此时无法称为具体某个色彩，处于未分化的状态）。而后混沌初分阴阳，开始有了黑白两色，黑为实，白为虚，虚实相生中构成一幅作品。这和道家认为阴阳是这个世界的本质一样，黑与白也是中国水墨画中最为本质的两种颜色，在画面中二者互为依存，黑中有白，白中有黑。

再后来，中国哲学进一步发展分化，认为世界由最基本的五种元素构成。这五种元素即阴阳五行中的金、木、水、火、土，每一种元素同时也有一种颜色与之对应，分别是白、青、黑、赤、黄。更重要的是，通过具体五行中的相生相克，可以揭示宇宙万物的变化。这里的五行元素也是一种象征。比如金指的不是实际金光闪闪的金子，而是象征了变革的特点。五行中的其他元素也是象征，“水曰润下，火曰炎上，木曰曲直，金曰从革，土爰稼穑”。这里水代表了滋润；火代表了向上；木代表了生发；金代表了收敛与变革；土代表了生长万物的特点。而五行中这五种元素相生相克的哲学思想，也成了古人选色配色的一个依据。比如宫殿的墙用红色，瓦为黄色，就是以火生土为基础搭配的。

这种从道家哲学出发的色彩观所认为的色彩已不只是一种视觉上的刺激。古人的感官不像现代人分化得那么清晰，而是和情感、文化一体的，看到一个色彩如看到一个人一样，会激发相应的情绪情感以及行为。例如：黄色就不是单纯眼睛视觉上的刺激，对古人而言，看到黄色如同看到皇帝一般，同时内心升起了对权威的崇敬感，在认知上知道这代表了皇权，进而可能行三拜九叩的大礼。

白、青、黑、赤、黄这五种颜色在古代被视为正色，也是构成中国颜色最基本的五色，其余由正色发展出的颜色为间色。在儒家看来，正色为尊，间色为卑，色彩的使用必须符合“礼”的规范。这样色彩就不是一种感官印象，而是一种“礼”的象征。在朝堂或者祭祀之时，要有符合当时情况的色彩服饰以达到整体的和谐。所以孔子会说“君子不以绀緅饰，红紫不以为亵服”。而当违反了这种“礼”，就会产生位置的混乱，同时带来一系列问题。“恶紫之夺朱也”，就是因为紫色在“礼”上所象征的仆从位置抢夺了朱色的正位。这种色彩在“礼”上的象征，反映在生活中最常见的就是不同地位的人穿不同颜色衣服的识别体系。有些颜色，如黄色，在古代就是皇家的专用颜色。

这种位置的关系是儒家所重视的，也是因为“位置”在心理层面有着重要的意义。《论语》中记载：“齐景公问政于孔子。孔子对曰：君君，臣臣，父父，子子。公曰：善哉！信如君不君，臣不臣，父不父，子不子，虽有粟，吾得而食诸？”从社会角度来说，每个人在自己的本位上负起责任，这个社会就会更好地运转。从家庭角度来说，一个家庭中父亲在父亲的位置，给孩子以心理上的引导与支持；母亲在母亲的位置，给孩子以心理上的承载与滋养。各自行使着各自角色的心理功能，这个家庭就可以良性运转。而糟糕的情况是，有时候一个孩子却要代替缺位的父亲，行使父亲这个角色的心理功能。这里的错位并不是说现实中没有这个父亲，而是他虽然名义上是个父亲，心理上可能任性胡来，心理意义不在其本来应该在的父亲位置上。这种错位就会对家庭带来各种各样的问题。

东西方文化中的色彩认知

中国先哲在早期认识理解这个世界的时候，利用色彩建立起一套符号化的体系，以此直观地表达一种哲学上的观念。在此文化影响下，人们会更容易对某些颜色有意识和分辨，而忽略其他一些颜色。古人以白、青、黑、赤、黄为五正色，现代人将可见光分解为红、橙、黄、绿、青、蓝、紫，两者不仅是色值上的差别，还有文化背景上的差别，身在其中的人从日常生活到行为习惯，甚至于性格等方面都会受其影响。

比如现代人看到竹子时，一般不太会有色彩的意识，即使有也更多认为是绿色。而古人则更容易对竹子及它的色彩有意识，把它归为青色一类，还有专门的“竹青色”命名。从文化深层影响来说，古人容易意识到竹子的色彩，又是因为受梅、兰、竹、菊作为四君子这种儒家精神的影响。总体而言，在中国文化语境下，人们更容易看到并识别出某些颜色，而不在这种语境下的色彩就会被忽视，或者被视为是之前认知下的某类。

总而言之，东方色彩体系更加淡泊宁静，这与中庸思想是密切相关的。中庸的意义并不是指绝对的中间，而是一种相对的中间位置，平衡了对立的两级，不会让心理上过度往某一级发展。这样的心理追求，表现在现象层面就是不会有过于刺激的颜色。而西方色彩体系以饱和度高、色彩鲜明为主要特点。这种颜色的特点更多受到基督教的影响。根据视觉经验，人眼在有光亮的情况下会观察到颜色，光越亮，同一物品的颜色也越鲜亮。而在基督教中认为光是上帝意志的体现，所以在鲜亮的色彩中才能显示出上帝的存在，让人与上帝相遇。画家能够还原鲜艳明亮的色彩就是对这个世界的造物主——上帝——最好的崇信。

中国色彩意象

一个民族对颜色的命名方式，体现了这个民族看待世界的方式。有什么样的心理结构，就会关注什么样的外在色彩，并赋予其相应的心理意义，内心与外境是一种对应统一的关系。内心消极的人所看到的世界更多的是阴霾与破碎，也会遇上更多不幸的事。因而许多抑郁者的心理世界灰色或黑色居多。从古人的色彩命名方式也可以看出古人当时的心境。人和自然是一体的，保持着最原初的赤子之心。在这样的心态下，心就容易和自然本初的样子链接上，并以色彩意象的方式表达了这种内心的纯洁和美好，所以许多色彩命名的方式也是自然色，有月白、天青、暮黑、霭色、霜色、黛色、曙红、晴红、湖蓝、烟色，等等。这些自然色并不是人眼去客观地观察天的颜色变化，再根据这种观察而记下的名字。比如记录一种颜色叫太阳十二点时天空的颜色，它就不会带来心理上的触动与激发。

古人所命名的自然色更多地是在一种心境下所看到的色彩，是一种色彩意象。就像诗歌一样，虽然写的是风景，却是通过景来表达自己情感和志向。比如《诗经》中的《桃夭》，就不是单纯地在写桃花，而是描写一个女性活跃绽放的生命力——这种生命力的状态在意象中以桃花呈现，而相应的桃红色彩也就带有了一种生机和爱情的味道。文人更容易留意梅、兰、竹、菊，通过这些植物，使自己内心的品质在现实中有了寄托。“未出土时先有节，便凌云去也无心”，这里就是借竹子的意象表达内心的君子品质。这种品质古人会以色彩意象的方式去表达，并将其命名为竹青色。所以中国的色彩与知、情、意密切相关，反映了一种心境或精神品质。

传说天青色是周世宗梦中出现的颜色。梦见了一场大雨之后，天空如洗，醒来以后周世宗便写下了“雨过天青云破处，这般颜色做将来”，并让人根据此烧制瓷器。这个梦可以作为一个意象，从心理学角度分析理解：一种消极情绪刚经过了宣泄，心中的阴霾褪去，内心开始显露一丝通透感的状态。这种通透感在色彩意象里就是大雨过后，云破处那一瞬间，天空所呈现出的颜色。所以天青色不是轻易能看到的颜色，更不只是天空平时的颜色，而一定是要经过了雨水洗涤以后，天空开始由暗转明的过程中其间的一刻呈现出来的颜色。整个梦表达了经历一些痛苦之后，人在这一过程中获得的一种精神上的洗练。而象征它的天青色作为一个心境很通透的意象色彩，以汝窑瓷器固定下来，也成为一个文化符号传承了下来。

玄色出自《千字文》第一句“天玄地黄”。古书记载，玄色是北极星附近的一个颜色，近似黑，黑中有深蓝，给人一种幽远而神秘的印象。这句话好像就是在说天地的颜色，那么为什么这么重要的一个文章却要说一个看似很简单的事情？其实这里的天地都是意象，天地在二分为阴阳之前是混沌状态，也就是一。而一生二的时候，分化为阴阳，地为阴，天为阳。这里的天已经不是一般意义的蓝天白云，而是一种很深幽的宇宙意识，一种不可言说的天道。天道高远，玄之又玄，深不可测，所以叫天玄。玄色也代表了一种天道的颜色，所以周朝的天子作为天道的代言人，穿的服饰的配色就是玄衣纁裳——纁色其实是代表了地的颜色，红中带黄。而之所以玄色如此神秘，也是因为天空象征了一种深层的无意识，是一种和命运相关、无形中左右一个人一生的力量。也因为天道是一种本然的状态，所以古人认为人和天道和谐是最好的状态，比如常说的“尽人事，听天命”“天命在此”等。也有逆天道而行，认为自己可以主宰自己命运的人会说“我命由我不由天”。信也好，不信也好，都从心理层面说明了天空这个无意识中有着不为人知的命运密码，玄冥中主宰着人一生。

月白是一种白色中带着一些蓝色的颜色。这个颜色曾经在《史记·封禅书》的出现过，记载曰：“祭日以牛，祭月以羊彘特。太一祝宰则衣紫及绣。五帝各如其色，日赤，月白。”从这个记载中可以看出，很早以前日和月是被同等对待的：日为阳，月为阴，相辅相成，不断变化。对于阴的接纳，让月亮充满了女性的阴柔的特质。月的阴晴圆缺与女性起伏不定的情绪与生理相关。而嫦娥的丈夫后羿，就是一个代表了太阳的人，阴与阳就是这样相互依存着。而这里月亮代表的女性特质，也是心理学家荣格所说的阿尼玛这个层面，体现出神秘、空灵、阴柔的一面。因为这种文化的积淀，月白这个色彩意象会相应存在，月白这种颜色也为许多女性所喜欢。

在西方人眼里，满月常常与精神错乱、灾难相关，更是人变身为狼人的时刻。月亮之所以在西方有这些消极印象，与阴性部分不被接纳有关。这种不接纳会把阴的有些侧面视为阴暗、阴险的。比如西欧历史上曾经出现的猎杀女巫运动，就把阴暗、邪恶等心理内容投射到有女巫特质的人身上。而心理学的规律是，任何想要消灭、压抑的东西都不可能被完全消灭掉，在适当的时候，比如月圆之时，那些平时在阳光底下无法被接纳的阴的部分，就会以疯狂、暴力的形式对人反扑。也是因为在西方文化视角，月亮与许多消极含义相连，因而在内心中会排斥把月亮的颜色上升到意识层面，比如像中国一样有月白这个颜色。

酡色给人最直接的印象，往往是人们醉酒时脸色微红的样子，是一种微醺时的颜色，而不是酩酊大醉时满脸通红的颜色。两种状态的区别为：前者是在品酒，是喝酒喝到一种恰到好处的状态；后者是对酒的一种贪恋，或者说是通过买醉，进入一种醉生梦死的状态。一个人在品酒的时候，他是借助酒精，品味体会自身内在的状态，并让这种内在生命状态自发流淌，升华到一种境界。在这种境界中，他看上去是醉了，可真的醉了吗？亦醉亦醒，无法清晰界定。酒的酿造是提取谷物的精华，然后发酵，正如人内在精神部分显现升华的过程。酒仿佛一种媒介，接通了人与神的通道，以灵感的形式呈现于作品之上。像王羲之写《兰亭集序》、贵妃醉酒都是在这样一种状态中。大量的诗词中也提到美人醉酡颜这个意境——恰到好处地醉卧于百花之中，娇艳欲滴的芬芳弥漫在整个环境中。由此，可以看到这个酡色的意象色彩也饱含了一种中国式的审美。

西方酒文化许多时候体现的是酒神精神。人们的日常生活中多是以太阳神阿波罗为主导的日神精神，代表了精确的秩序与理性。而人为了从这种束缚中解放出来，重新返回到自然之中，则有了与之相反的酒神精神。通过酒精的作用，之前压抑的本能倾泻而出，进入到一种迷狂状态，人又重新回到了自然本能的状态之中。在这样的状态下，人被本能的力量所驱动，常常处于一种酩酊大醉、发泄的状态。比如西方的狂欢节，就起到相似的心理作用。虽然葡萄酒在圣经中象征了耶稣的血，也有转化与升华的含义，但在西方的生活与节日中，酒很多时候起到的是一种狂欢、刺激兴奋的作用。所以西方提到和酒有关的颜色时，往往是醉醺醺、沉醉其中的红颜色。

中国色彩的心理应用

色彩无时无刻不对人发生着影响，却像空气一样很容易被忽视。在中国，色彩早已构成了社会体系中必要的一环。古人就以色彩来标识地位等级，现代人也会以色彩来构成一套社会识别系统，如地铁不同线路的颜色划分。除了社会功能需要外，也有美学的需要：什么样的色彩穿起来更引人注目，搭配起来更让人舒服？另外，色彩还可以影响人的生理：红色可以刺激人的血压；

绿色可以舒缓人的紧张，对人的视力也有保健作用。这样的原理应用在环境装饰之中可以调节氛围。色彩在养生食疗上也有应用。基于相似律，人们认为外观上色彩近似的事物具有相似的性质，所以在食疗上，也会选择同类颜色的食物进补。比如血液是红色的，人们就认为大枣、枸杞等带有红色的食物具有补血的功能。

综上所述，色彩本身的应用十分广泛，本章重点讨论色彩在心理层面的应用。

中国色彩冥想

中国古人整体上是更偏内省的性格，因而在这种文化下发展出的色彩体系，也会是更偏向内心的，更适合用中国色彩回到自己内在去冥想。具体到冥想的方式，可以从一系列中国颜色的色卡中，选出一种自己有感觉的颜色。然后体会一下选这个颜色时的心境是什么？可以用一些词，或者用一句话、一首诗、一个故事表达记录下。接下来以意象的方式想象，想象自己慢慢变小，最后走入到这个颜色之中。走入其中之后，开始可能还是这个颜色，后来这个颜色慢慢像烟雾一样散去，这时眼前出现了一个环境。可以看看是什么样的一个环境，这里会出现什么样的人，有什么样的一个故事展开。

某来访者最近心情比较焦躁。主诉是看着自己的事业迟迟不前，想了很多办法依然没有出路。本人对自己也十分理想化。所以内心的功成名就的理想与事业迟滞不前的现实产生了很大冲突。

为此整日焦虑，茶不思饭不想，睡眠质量也很糟糕，经常做噩梦。很明显，一个过度追求理想的人，其头脑中的理想跟身体和情绪是脱节的，或者说已经不在自然的道之中，而处于很失序的一个状态。除了常规咨询外，也可以使用中国色彩来进行冥想调心，回到内在。在咨询师的引导下，来访者从中国色彩体系中选择了秋香色和湖色。他这样描述选择这两个颜色时的心境："秋香色带给我一种秋天的诗意和安宁。湖色也像秋天的湖水一样，湖面很平静，清澈，映照出万物。"

在描述完选择颜色时的心境后，按照之前的意象指导步骤，他在想象中进入了秋香色。进入这个色彩之后，烟雾慢慢散去，浮现出这样一个意象场景：眼前有一大片湖，湖周围环绕着山，此时山上已覆满了金黄色的叶子，也有红色的枫叶。天很高，太阳光很强，有些刺眼，又有些暖和。来访者在湖岸边走的时候，闻到了草的香味，感受到了微风的抚摸。走着走着，看到不远处有小鹿和兔子在活动。他走到它们面前，试图和它们打个招呼。意象中的鹿此时也望向他。这时来访者看到鹿的清澈如水的眼睛时鼻子一酸，控制不住地滚下泪来。长期奔波在外在的世界，已经太久没有触摸到自己的内心了。鹿的眼神仿佛是在对他内心的一种抚慰，让他可以放下许多包袱，踏实地和自己的本心自然地在一起，不用那么着急地奔向下一站。之后来访者在这个意象中进一步接触，抚摸到这个鹿。体会了片刻内在的情绪后就从这个意象里面出来，回到了现实的身体之中了。

来访者回到现实以后，再回观自身，发现以前焦虑的那些事是因为自己有着很强的执念，觉得非要办成不可，在这过程中反而迷失了自己，为此焦虑不安。诚然，现实的事件并不会因为这个意象马上有什么改变，但他面对这件事的心态却变化了很多，顺境时有顺境时的活法，逆境时有逆境时的活法，不会像之前一样用太多自己的执念去干预，损精耗神了。在这里来访者正是借由中国色彩意象，重新找回了内心自然之道。

中国画的意韵

不论是原始彩陶，还是现代抽象艺术，不论是东方美术，还是西方美术，它们所蕴含的一个共同点就是节奏和韵律（节奏偏向外在，韵律偏向内在）。受文化背景的影响，这个节奏和韵律会呈现出带有特定文化特点的规律，体现在画面之上，就是不同的美术流派与风格。以下就中国美术中常见的几个特点和议题讨论其背后的文化及心理内涵。

意象美的中国画

中国美术根植于中国文化，而中国文化一大特点就是以象表意。画中所描绘的景物不是实际景色的呈现，而是一个象征，表达了内在的心理活动。就像诗人在不同心境下写到的月亮都有不同的意境。月有阴晴圆缺，反映的是人世的无常。举头望明月，表达的是内心的孤寂与思乡。月上柳梢头，这里的月又有着情爱纠缠的色彩。而从花好月圆中的满月中又可以看到团圆与美满。从这个意义上说，古人眼中的月亮已经不是挂在天上客观的月亮，而是反映人心理情感的一个意象了。这种不同心境下的月亮意象，充满了一种美感与韵律。以下将从中国美术的不同风格上，讨论其背后的文化心理。

工笔：格物致知的理学风范

中国工笔画法讲究的是对外在物象细致入微的观察，在遵循其客观形式规律的基础上表现出内在的神韵。这种绘画风格的兴盛时期为宋朝。宋朝是理学发达的一个时期，强调对事物要格物致知，格物穷理。这个时期中国的造型艺术更多强调写实。从心理学角度说，原始彩陶艺术源于人的本能创作。而到了这个时期人是依照天理去思考行事。绘画的过程，就是去了解物象背后天道运行的根本规律，最终反映于画面之上。这种工笔画法延续了道家天人合一、物我为一的精神，在写实的背后充满了对生命细致的体悟与感动。而不是像科学家一样站在人与物分开的视角，把对象当作一个客体去解剖、分析。

以锦鸡为例，可以看出中西方对同一物象呈现出的不同绘画风格。以西方绘画方式来表现锦鸡这个主题，会侧重在光影明暗变化之中进行逼真的绘制。郎世宁通过画面的明暗表现了锦鸡的空间体积感以及纵深空间感，栩栩如生。这种光影明暗画法背后体现了西方基督教文化。光是上帝意志的体现，有了光，也就有了生命之源，才有了日月和后面的世间万物。同时有光就有对立的影，有上帝就有魔鬼。内心中有上帝之光，也就会在现实中观察到物体的光影变化。

以中国工笔画法去描绘锦鸡时，没有了光影，而是侧重于锦鸡华丽富贵，又有些骄傲的神韵表现。锦鸡此时就是富贵的象征，这种象征只要具备神韵，不需要现实的光影表现。同时在中国，光和影二者不是对立分明的，而是相辅相成的存在。在这样的不断变化流动之中，最终呈现出具备气韵的象。

写意：心灵世界的显现

相比于工笔，中国画的另一种画法就是写意。我们生活的世界一方面是由客观现实所构成，这个世界遵循着物理规律、逻辑法则。另一方面，除了客观现实世界以外还有一个心理世界，这个世界由意象所构成，遵循着心理的法则。这种意象直接反映了人内心中潜意识的活动，所以写意也可以理解为写内心之意，以象的形式表现。

同样以表现花鸟为例，《写生珍禽图》中工笔的方式刻画物象精细到极致，每一根羽毛都纤毫毕现，每一笔都精雕细琢，精细呈现出物象之理。相比而言，明朝晚期八大山人所画的花鸟，则是以一种写意的风格寥寥几笔表现出内在的心境。画面中尖尖的鸟嘴，如尖刀一般的尾巴，黑压压好似石块一样的羽毛，以及向上翻的眼神，厚重的墨色等，可以反映出作者愤懑的情绪。这个过程需要用心的眼睛去看，才能找到那个“意”是什么，并以合适的笔法呈现“象”的韵律。

这种写意画看似简单，却可以直接透视一个人的内心。中国的文人画，更注重内心心性的表现，以笔墨抒发内心情感，画品即人品。透过寥寥几笔的画，观者就可以直接感受到他们的心理品质。相比而言,早期西方的写实画法,则是以像为美的评价标准,是有技法可以传承下来的。这种画技的高低，对于画家个人的心理品质没有太大的要求。

写意禅画：觉照之心观万物

唐代画家张璪曾提出“外师造化，中得心源”。有什么样的内心，决定了感受到的外境是什么样子。“天地为室”，是以赤子之心观外境。“见山是山，见水是水”，是以开悟之心观外境。在这种禅宗思想的影响下，写意画中又有专门修心的禅画。

禅画未必是画神佛，其题材反而多是些生活中常见之物，比如蔬果之类。这也与禅宗的精神相契合。禅宗认为，佛法不在于高玄妙谈之中，而是在平日的点滴生活里去修行。这样心才可以不为外在的五光十色所迷惑，不为杂念所扰，从而看到当下一蔬一果的真实。

牧溪的《六柿图》看上去极为粗简，只是寥寥几笔画出几个大小、形状、颜色不一的柿子，连周边的环境也没表现，只是空空如也的“白”。这样的处理方式却反而让人注意力停留在当下，甚至有一瞬间都不会思考，直截了当地面对当下那个物象。

许多写意禅画中都有这样的留白方式，与西方静物写生的油画要把后面布景精细描绘出来的方式截然不同。这种画风也是禅宗精神的体现。“你未看此花时，此花与汝心同归于寂。你来看此花时，则此花颜色一时明白起来。便知此花不在你的心外。”当心没有触动时，即便美丽的鲜花在眼前，花也是归于寂的状态。而心有触动之时，才会看到、闻到花。以这种心外无物的精神作画，自然不会去刻意画背景，而只会以留白的方式，直接表达心不受杂念影响，而只关注当下所注意的物象。

如果从图形角度去理解，柿子的笔触是由空心圆和实心圆构成。而圆这个最基本的符号在佛教中象征稳定、圆满、约束、保护等。一个完整的圆也是一个稳定的自我的象征。这幅画里的圆的上端口是由一些简易、充满生活趣味的笔触所构成，使画有一种生活中修行，生活中处处是佛的意境在其中。

老子曾说过“大音希声，大象无形”，这种境界也是心源的本来状态。中国画所探索的终极就是无形的“大象”，那个最原初的“道”。在这个“无形”到“有形”的过程中，领悟未分化前的“太初有道”。不过这种境界很高，在达到之前多少需要一些方法来修炼。意象对话心理疗法就是借助意象这个手段去借象修心，在真达到明心见性之后，这个意象也都不重要了。意象对话与写意画的这种天然的文化渊源，使得在领悟了心的本性以后，很容易去画写意画，特别是禅画。

画技中的哲学：留白

以西方写实的视角观万物和以道的视角观万物，看到的是两种截然不同的世界，有着不同的画面特点。在中国文化视角下，会有留白、透视与线造型等诸多特点反应在画面之上。

中国画的构图强调留白。在实际作画中虽不着一墨，却在不同的场景中可以是云，可以是天，可以是水。留白这种形式背后的精神是佛家的“空”或者道家的“无”。东方哲学侧重内省，会领悟到产生意识之前那个不可言说的道。在这“无”之中看上去好像什么都没有，却具有无限的可能性，可以生出任何的形式与内容。而当有了意识的内容之后，就有了具体的形式，限定了可能性的发生。这也是中国画中天空这个象征空无的区域，很多时候都不上色的文化原因。

中国画讲究虚实相生，虚往往是无画之处。虽无笔墨，却关系到一幅画整体的心境和氛围。也因此，“无”具有的气韵让画面中的“有”更具有生命力。比如齐白石笔下的虾，虽没有画一滴水，却可以感受到虾在水中的游动，让整个空间充满了灵气。具体在一个画面之上，画面中的“有”可以是山石，可以是草木，为墨色所填满。而它们背后的气韵，又是由“无”所决定。“无”虽然不像山石那样实在，却让物象的“有”产生了一种韵味，笔墨虽尽而意无穷。如果这些留白被具象所填满，也就封闭了变化的可能性，成为某一时刻具体的样子。正是中国画中这种虚实相生的方式，让画面超越了时空的限制，达到了一种精神上的意境。

留白手法的巧妙运用，有时能把许多无法言说的精神氛围表现出来。马远的《寒江独钓图》的中心是一个渔人坐在船上全神贯注地垂钓，而船周围除了几笔水波纹以外全部是空白。这里大量的留白所营造出的空间感打破了现实的空间限制，营造出一种空寂的氛围。渔人尽管冻僵了身子，依然全神贯注于垂钓之中，垂钓的终点并没有在画面中明示，而是进入了一个无限的“无”中，似乎在等着从这个“无”中生出有来。虽周围无一墨画江，却把寒江中寒冷、孤寂的氛围体现得淋漓尽致。这种感受又是一些中国古代哲人在思索宇宙和人生时，内心到一定境界以后会遇到的存在性孤独。我是谁？我从哪里来？要到哪里去？这些问题的提出等待着无意识的回响。画面中渔人侧背的视角，也把远离尘嚣，独自进入内心世界冥思的状态体现了出来。

西方绘画在对待这种场景时，则会通过眼睛充分挖掘现实所能看到的“有”：哪怕是天空、水都要通过光影明暗、色彩层次来表现出来。这种空间中的实在与满，在文化中也有所体现。比如西方哲学家说“我思故我在”，以不断地思考体现存在意义。在现代以西方文化为主的社会当中，受这种文化影响的人，也会把自己的生活安排得很满，如同没有留白的生活，感觉这样才充实，而无法理解看似什么都没有的“无”，背后却具有无限的可能性。

画技中的哲学：透视

现代人最常接触的透视就是焦点透视。它符合人眼看物体的特点，科学地还原了现实物体的成像规律，可以说是视觉领域的公理。了解了这个公理以后，就可以把物体从现实“搬到”二维平面之上。这种情况下，绘画就和照相机一样，精确地记录了在某一时刻、某一角度下的物体。

焦点透视是人站在某一时刻某一具体的角度，去看上帝创造的万物，并将其模仿出来的过程。对现实物体客观再绘的这一过程，也是在模仿上帝创造这个世界的过程。这里画的“像”就是对上帝最好的赞美，否则就是不虔诚。

中国画，特别是山水画的呈现方式就不是焦点透视，而是散点透视。这种透视的特点在于观察点不是固定不变的，而是随着人的移动不断变化。作者看到了一个风景中不同的侧面，这些不同的侧面又构成了一个整体的印象。也正因为画家是按照移步换景的方式去观察并组织整个画面，所以在观看时，也会有视线游走于画中之感，好像整幅画是动态一般。

山水画中这种参天地之变化的大视角与天人合一思想有密切的关系。老子曰：“人法地，地法天，天法道，道法自然。”具体到中国画，人感应天地自然之道时，和天地万物是合为一体的，自然视角也是整个天地。那么这时所感应到的天地之势，只有以全景的形式呈现出来才是“道”的最好表现方式，才能表现出一种人在天地中，顺应自然之势的意境。人与天地合一这种精神在画面中的另一种体现，就是人或者建筑往往以很小的方式很简单的笔触呈现在最合适的位置，与自然恰到好处地融为一体。

这种天人合一在心理学的体现则是共时性原理。像“心想事成”“说曹操曹操到”，梦到的事情在现实发生等外在事件与内心状态的一致对应并同时发生的这种巧合，都是共时性现象。所有的巧合并不是无意义地发生，而是无意识地呈现，有人所不知道的意义。这个无意识对应着太极中的阴，而一个人的意识对应着太极中的阳。二者在内心如果是和谐并存的，则会经常发生共时性现象，人也可以感应到天地之势，并作出预测。

画技中的哲学：线条

气在中国文化中是一个很重要的概念，在许多领域都有体现，比如气功、气血、风气、气质，等等。如果观察气字的早期形式，可以发现其像云一样缥缈虚无，象征着精神。气这个概念本身是抽象而无形的，但又无时不在且每时都是富于变化流动的。这种无形之气具象化的最好方式就是线条了。比起相对固定的块面，线条更能呈现出气的流动。这也是中国画以线造型的深层文化根源，即“易”这种不断变化的精神。

中国画通过线条的方式表达了生命力的变化，以此描绘物象的精神特质。这种内在的精神特质也是一种情绪或者说心理能量的体现。从这点上说，中国画的线条是一种动态的线，表现着时刻变化的心理能量。如果心理健康，反应在线条上也往往是流畅无阻。反之，如果心理上有太多的压抑，这种生命力固结反映在画面中则常常是僵硬的线条或者静止的体块。

根据不同的心理能量表现出不同质感的线条，古人总结出了十八描，如琴弦描、高古游丝描等。不同的名字象征了不同的心理意象感觉，最终体现在线条之上，形成了不同的形式。早期类似顾恺之绘画的线条被称为“春蚕吐丝描”，这种线条就像蚕吐丝一样，节奏缓慢且均匀，线条中透露着从容不迫的节奏。在他的《洛神赋图》中，可以看到线条如涓涓细流一般把女性情感的流动表现了出来。这种线的变化一方面基于现实的人的样貌，另一方面又超出现实，让画面中的人物看起来如仙女一般存在。

稍后的时期，类似吴道子所画的线条被称为“兰叶描”。兰叶描的线条富于节奏，充满仙风道骨的气质。比如在《送子天王图》中，画中人物的衣服、丝带等上面会明显地看出线的粗细变化。虽然看不见风，通过这种线条却可以感受到风势，体现了神仙行云流水一样的心理能量。这种线条适合于画“衣带”，因而会有吴带当风的说法，其韵律也正符合画关于神仙的主题。

中国画的线条和西方客观描绘物体的轮廓线不一样：西方的轮廓线是对物体与其周围环境的分界，以线的方式做出了客观标定。这种分化区分了“外”和“内”，“我”和“你”，有了明确的边界。这种边界具有重要的心理意义。边界区分了哪些是“我”，哪些不是“我”，让人有一种明确的自我感。中国式的线条表达的是一种生命的节奏变化，具体到形式上是根据“象”的势的不同，用线的方式也随之变化。在“变”这一点上，和意象对话心理疗法中体会某一意象时，心理能量发生变化，有着类似的原理。线是“象”的一种表现方式，也会随着心理能量的发展而流动变化。

西方绘画，特别是油画，更多地是用面来表现物体。有了这些面以后，就可以构成一个实实在在的立体造型，很扎实地立于纸上，稳定地刻画了物体某一时刻某一角度某一光影下的实际的状态，不会产生变动之感。这种写实方式背后的精神同样是在模仿上帝创造这个世界的过程。特别是在早期的宗教画中，经常可以看到基于真实物体的客观比例，在画面中创造出近似真人一样的耶稣。中国画虽然也有大量的佛教题材，但这些画上的人物有些并不符合客观现实人物的比例，有的甚至连五官也没有。这些作品不追求“像”，却通过飘逸的线条表达精神上的超越。

在意象对话心理疗法中，有一种训练咨询师觉察与敏感的方式就是看来访者的人格状态是什么样子。现实中来访者的样貌可能几年不变，而心理上的人格状态则会有很多种并以不同的子人格方式表现出来：可以是动物，可以是植物，甚至是鬼神。一方面，不同人格状态下画的画、写的字也完全不同，因此可以作为了解这些人格的一种方式。另一方面，子人格的状态，在中国画中又有丰富的线条呈现其心理特点。笔者曾经观察过一对夫妻当时的人格状态：男的一方如山一样稳重坚实，如果用线造型，就要用画山石的那种比较粗犷厚重的笔触来表现出外形，而女的一方如水一般阴柔，如果落于笔触，就会是很细腻，起伏如水般的线条。

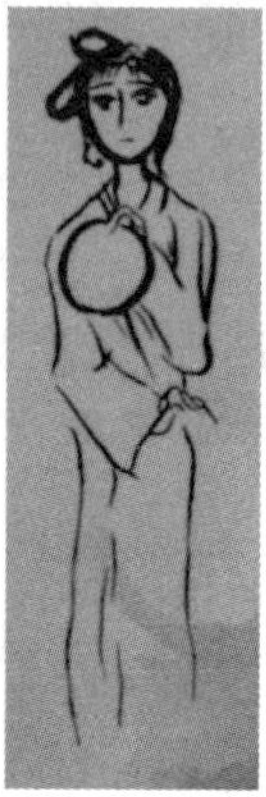

画技中的哲学：经营位置

有章法的经营位置，可以使画面有一种生动的气韵。比如风景画中山、水、树木、亭子等，如果以一种合理的方式去经营，每个物象就不是分裂的个体，而是像一个有机的整体，和谐运转。郭熙《山水训》语：“山以水为血脉，以草木为毛发，以烟云为神采，故山得水而活，得草木而华，得烟云而秀媚。水以山为面，以亭榭为眉目，以渔钓为精神，故水得山而媚，得亭榭而明快，得鱼钓而旷落，此山水之布置也。”在这种和谐运转的基础上，观者的视线也自然从甲处流动到乙处、丙处，有着轻重缓急的韵律，其气韵也是顺畅的。试想，如果单独出现一个亭子，就很难有灵气秀美之感，只有出现在自然之中，在合适的位置之上，才有了点睛的意境。这也是中国注重整体与“和”的精神的一种体现。

相对于东方运动变化的气，西方更认为这个世界的本质是数字，或者说是数字象征的一些不变的规律统治着这个世界。具体到画面布局上，西方人对位置布局最经典的方式就是黄金比例。这种方式通过数字精确定义了美，这种美是一种带有秩序的不变的美。因而西方绘画整体是静态的，呈现的是某一时刻的完美状态。

中国画的主题

中国画可以分为山水画、花鸟画、人物画等几个大类，整体上是自然心态的意象呈现，每一类又有着不同的心理象征意义：山水象征着整体心理环境，鸟类象征着人内在的精神侧面，梅、兰、竹、菊等植物象征着人的气质，人物画则直接体现了情绪、人格层面，等等。

在中国画的类别中，为何会有山水画而不是虹霜画，为何会有花鸟画而不是草犬画？并不是说中国画中没有犬类，而是这类对象不居于主导，特别是文人画更不会以此为主题。从心理层面来说，“心无外物”——内心有什么则会在外在关注什么。比如内心情感丰沛，在现实中就会容易留意到水。文人这个群体受到儒家思想的深远影响，与儒家精神相契合的意象，也就更容易得到他们的关注和认同。

绘画本身也是儒家修养自身的方式之一，《论语·述而》中曾写道：“志于道，据于德，依于仁，游于艺。”而绘画便属于“游于艺”。这里的“游”不是指游戏，《说文解字》中有“游，旌旗之流也”，这里的“游”描述了一个意象，表达了一种随风飘荡、无所拘束自然流动的精神境界。而孔子所说的“艺”，也是依托于“道、德、仁”这几种精神品格之上的艺，它不拘于物质技能层面，而是包含了儒家理想的君子人格要素，比如良知、仁爱、品德等。虽然落脚点是行，却和前面几种品格内在相关，是一个人内在修养的外化。这种“君子人格”会关注天地宏阔，也会关注梅、兰、竹、菊；这些美好意象所蕴含的积极心理品质也更容易被激活，从而修炼品性，以“道”之心观世间万物，甚至通过山水意象体悟天人合一的境界。以下以一些具体意象为例，讨论儒道文化下中国画的心理象征和文化意义。

山水意象

似乎没有哪个民族像我们这样关注山水意象。“仁者乐山，智者乐水”“上善若水”等,都将山水意象视为重要的精神品质。“山”稳定、承载，亘古不变，很难动摇，象征着人格中的“信”。这种巍峨不动的品质正是儒家所推崇的。“水”象征变化和情感，代表了“爱”的品质。在道家看来，水利万物而不争，又易变通，每时每刻都在变化，诠释了“易”的精神。

在中国文化中，山水意象经常作为整体同时出现。“山得水而活，水得山而媚”，此时山水则有了人格化的精神，也是道家一阳一阴的体现。通过山的象表达人内在的稳定与坚毅，通过水的象表达内在的情感与滋养；二者相辅相成，互为依存。

东晋顾恺之的名作《女史箴图》中第一次出现了山水。画中题注：“道罔隆而不杀，物无盛而不衰。日中则昃，月满则微。崇犹积雪，替若骇机。”画面中心是山，在山两边分别出现了日月，且日中还有象征太阳的三足金乌，月中有象征月亮的蟾蜍。表达了日月交替不断流转，而这个交替变化的过程又是永恒不变的。画面中的山峰看上去和日月一样高，不合视觉常理，表达着事物盛至极点的状态。画面中山的左边有个高达山腰的人，拿着机弩准备射山，意味着盛至极点而衰，这个颓势像箭一样快。整幅画是以意象的方式诠释了道的精神。不过，也不能一味认为只要是山水画就是表达道，有的山水画表达的就是江山，表达帝王心中江山永固的愿景。

山水画以山水这两个意象的描绘居多，也会有树林、湖泊等自然意象，共同象征着一个人的心理环境。这种心理环境的质量，自母胎之中就塑造着胎儿的心理状态。好的心理环境就像好的地基一样，在这里建起的自我会更健康稳定，比如房屋建立在依山傍水之地，其内心资源往往是丰富的，既有山的稳定依托，又有水的滋养，象征自我的房屋在其中也会很安全自在。而差的心理环境中建造起的自我，就容易出现一些心理问题。比如房屋周围时不时地震，有时就是边缘型人格障碍的体现，这种人格障碍的特点是情绪剧烈起伏，缺乏稳定性。朱建军教授曾经介绍过一种咨询技术：在给边缘性人格障碍者做咨询前，咨询师先做五分钟关于山的意象观想，以提高咨询师自身的稳定性。具体来说，就是想象在陆地上出现一座由石头构成的十分坚毅稳定的大山，无论经受任何的狂风暴雨，都屹然不动。咨询师有了这种稳定性的体验和暗示，在面对来访者狂风暴雨般失控的情绪时，更容易保持自身情绪的平稳。

鸟类意象

相比于气势宏大的山水，花鸟画着眼于更微观的物象，表达精神的意境。鸟类的象征比较多，在精神分析看来，鸟是性象征，半坡遗址彩陶上的鱼鸟纹就是此类。许多神话中，鸟象征着人的灵魂以及精神的超越，与道家所推崇的逍遥自在，游于天地之中的精神境界是契合的。在心理意象上象征着人脱离世俗，摆脱现实层面的束缚，进入更高的精神境界之中。因此，禽鸟类也成为中国画的重要主题，甚至影响了古代的官阶服饰体系。比如文官按品阶身上佩戴不同的补子，从仙鹤到练雀，不同的鸟象征相应阶层的所应具备的心理品质和官阶。像仙鹤具有仙风道骨的气质，又为羽族之长，被称为“一品鸟”，象征和对应一品官阶。

竹意象

朱建军教授曾写道，中国文人画喜欢以梅、兰、竹、菊作为入画对象，一个主要原因是这些植物的气质象征了中国文人的理想自我。以下以竹子意象为例说明其精神品质。

竹子意象为文人喜爱且远去儒家，很大原因是竹子的精神品质与儒家的精神相契合。竹子和一般植物不同，没有复杂的枝干，未出土时便有节，从底直接通天，没有任何的曲折。这样的形象，象征了不管外界环境多么恶劣，也不会轻易弯曲妥协。而竹子各段之间的节，也象征了心理上的节制，有所为有所不为，为了保持自己有德性的人格品质而不会胡为。这种气节与儒家说的天地间浩然正气，崇尚道德理想的精神又是一致的。

鱼意象

鱼的心理象征意义也比较多，比如性象征、财富象征。而中国画中以鱼为对象去描绘的心理原因，我认为是受道家的影响，特别是庄子和惠子关于鱼是否快乐的一段对话。庄子感受到了鱼的快乐，没有借助感官或者思考分析，是一个生命在当下直接感受到另外一个生命的感受。为何庄子当时关注的是鱼快乐不快乐，而不是其他什么东西？主要是因为鱼在河流中逍遥自在，顺水势变化而畅游的状态与道家的精神比较一致。那么，画鱼之前去感应鱼的生命状态，这个过程也是“见鱼是鱼”，即悟道的一个过程。

人物意象

中国画的人物不是照相机方式去还原人的面貌，而是以意象这种原始认知方式去体会人的内在，并把其精神画出来。其中人物意象侧重表现人的情绪与人的性格侧面。中国自古就有相由心生的说法，所以中国人物画比较重视传神。如法海寺壁画中，可以看到观音的慈悲，童子的虔诚，天王的威武，其精神气质在每一笔之中呼之欲出。《清明上河图》中的人物五官，虽神态各异，各怀心思，却因一致的画风一下就把市井芸芸众生的特点表现了出来。

这点在文学中也是相通的，比如《红楼梦》中宝玉出场时，对他的外貌描绘是："面若中秋之月，色如春晓之花，鬓若刀裁，眉如墨画，面如桃瓣，目若秋波。"这样诗意的语言让人直接就领会到其内在精神。

中国人物画与西方人物画相比，还有一个很大的特点就是没有影子。在西方的写实绘画中，如果人物缺少影子，则会显得单薄、不立体，没有生命力。中国画讲究的是传神，哪怕画中人物与实际有很大夸张变形都没有关系，重要的是其神韵有没有表现出来。从整体上把握住一个人的神韵并表现出来，也就不需要再专门画影子了。

心理视角看中国画的方式

心理学有一种方法叫投射性测验，简单地说就是把一幅画摆在观者面前问他看到了什么，根据观者说的内容来判断其心理活动。往往观者基于自己视角说的内容，完全是自己内心活动的投射，并不能理解画本身传达的意境。以我的经验，我认为可以有以下几种方式去解读中国画。

一幅画的氛围是什么？一些有象征意义的物象，其心理状态如何？

理解一幅画的氛围是一种更整体的体会。有的画宁静淡泊，有的画鬼气森森，不管怎样，都有自己独特的氛围。在了解氛围时，可以从整体入手，感受这幅画最直观的心理印象是什么。另外，中国画以景写心，所以这些画中出现的意象也都有心理象征意义。了解了象征意义就可以更好地知道作者处于什么样的心理状态。

以《清明上河图》为例，整幅图整体氛围看上去热闹又闲适，让观者仿佛置身于闹市之中，感受到北宋都城汴京繁华的景象。这种整体氛围却又因为局部某些地方不协调而总被打破，似乎一个完美的盛世已经出现了裂缝。进一步从象征来看，画面中出现了一些有象征意义的物象，可以看出其状态如何。比如无人把守的城楼——象征了安全与防御的地方——过于松懈，可知其边界容易被突破和入侵。画面中还出现了有象征意义的船和桥。画中船要撞向桥了，人群氛围很是紧张，似乎之前的繁华喧闹只是黄粱一梦，这时的危机却要把人从美梦中惊醒。以象征视角来看，船一般象征了自我，这时却因为疏忽而出现了危机，要撞向象征渡过某一重要阶段的桥。这个时候自我的作用，就是如何在这种充满危机的环境中，让船顺利渡过。延伸到国家层面，整个画可以看作通过各种象征，警示一个国家的局势已经发生了危机。

画面有什么和现实中不一样的、反常的地方？

这种反常可以是画中物象和实际真实形象的差别。比如八大山人画中的鱼和鸟，跟真实的差别极大，这种独特风格，就会反映其心理特点。又比如在《千里江山图》中，会发现有一座山格外突出和高耸，而其余的山更像是环绕于它。这个场景在真实世界是不常见的。那么很可能这个独特之处就是一种象征，象征了帝王作为天子，居于中央位置，周围有文武百官环绕。整幅画对于美好山河细腻华丽的描绘，也显示出对于帝王统治下的理想江山的描绘。

绘画的主题和风格是什么？

一个物象是以什么样的风格来描绘的，反映了作者的内心世界。比如都是画山，有的山稳定，有的山险峻，还有的山会给人以威压之势，更有气势深不可测、玄之又玄的山，每幅画的气韵皆不相同，需要一一体会理解。

如果从更大的范围来说，中国画与西方画就是完全不同的风格。比如《五牛图》，整幅画通过线条来表现，颜色作为辅助来配合，牛的躯体所用的线条迟缓而厚重，好似山川平原一般，承载着大地上的一切。画中的牛也是作者内心主导动物性格侧面的写照。东方文化中牛的品质的积极意义是坚持与承载，其负面意义则是无法变通，太过顽固执着，有时还可能过于世俗化，缺少精神上的超越。

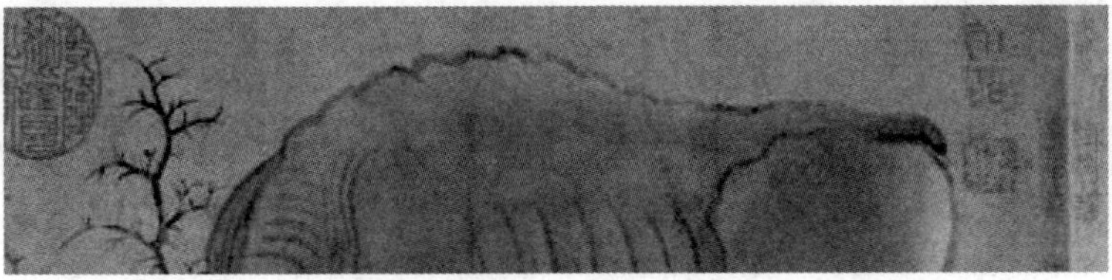

比较而言，西方油画中对于牛的刻画则在于肌肉的写实，带有一种生物性的力量感与冲动。从文化层面来说，西方文化中的牛，比如希腊神话中的米诺陶，代表了人更本能的动物性欲望，人有时会像它一样迷失在欲望的迷宫之中。可以看出，东西文化深层的心理影响，决定了绘画的风格走向。

关注画面中的留白、线条、肌理等侧面

以留白为例，关注画面的留白可以把握一幅画的意境。有一幅《六龙图》，其中的龙都是在云雾之中忽隐忽现，和现代画中所看到的完整的龙的意境完全不同。从大处看，虽然背景都是云气，却可以看出之间的虚实变化。云气之间前景的云构成了无色彩的大量留白。云气的背景又玄而幽深，有墨色表现出来的云气。画面中的黑与白不是生硬的分割，而是自然的过渡变化，就像动态的太极图一样。墨色的云气中若隐若现的龙，也正像太极图中黑色区域中那一白点，从玄而幽深之处一点点显现出实像。显出

来的部分，也和周围白色的云气一样，对应着太极图的白色区域。龙未显现出来的部分，与墨色一致，象征着太极图的黑色区域。这种虚实相生的手法，使画面中的龙如活了一样，神龙见首不见尾。

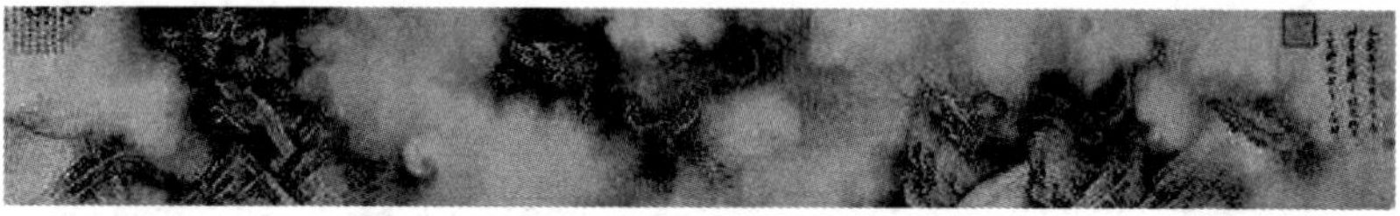

中国画的意象冥想

心理原型视角下的中国画

驱动艺术产生的心理动力可以追溯到人的本能、情感、精神、文化等方面。这些层面如果以艺术的方式去呈现，从心理视角来看就涉及原型。朱建军教授曾在《人格》一书中写道，人的身体可以遗传，人的精神也可以世世代代遗传。类似于生理的本能一样，原型是一种精神性的本能。这种精神性的本能不需要有人教，而是先天就会有的某种反应倾向。

具体到艺术来说，早期原始人就已开始自发创作。内在情绪或者本能激活以后，可能会通过绘画、舞蹈、音乐等不同形式，以一种富有节奏的方式表达生命的律动。在打猎过程中战胜困难，和将打猎过程画于岩洞中，这二者是全然不同的心理倾向。随着之后文化发展的方向不同，在集体层面大略来说，东方式的审美更加内倾，注重生命之气韵是否顺畅，是否符合道，而西方式的审美则更加外倾，偏重情感与感官，在关系中形成了一种和谐愉悦的节奏。

在写这篇文章时，我做过一些相关的梦。其中有一个梦，梦中只有一些曲线，这些曲线又像山又像云又像海，可以说是它们任意一个，或者什么都不是。而这些曲线在一起时就构成了一种韵律。即便单一的一个曲线，也充满了轻重缓急的节奏，体现了情感的变化。梦里刨去了其他因素影响，只留下了线所组成的世界。

另外还有一个梦，梦中我在公交车上，身边有一个老太太说我说话中有一种原型的感觉，我问她什么原型，她说是音德。为了理解这个梦，我查了下《道德经》中关于德字的含义，然后回过头再理解这个梦。梦里的音不只是音乐和声音，而是一种广义的音，代表了一种节奏与韵律。在德的影响下，其韵律自然生长发展，没有人为的干涉。梦里所说的音德，大体就是一种自然的韵律，也可以说是生命的节奏。这可能就是东方艺术的核心。东方艺术超越了外在形式的束缚，看到了内在生命的本性。这种生命的本性在道中自然成长，这种“气”就是顺势，其韵律就是美的。体现在画面中，就是把这种感受到的气韵通过线条、布局、肌理等表现出来，让看的人也能感受到背后无形的“道”。诸如中国画中的枯湿浓淡、计白当黑等技法，其本质也是道的阴阳变化。

相比于如梦一般的中国画，西方早期的绘画之中有许多对神的崇敬情感。通过对人或物精确地描绘，在光影、颜色、几何块面中形成了一种节奏感，冲击着人的视觉感受，表达出画家的情感。这种情感表现于艺术之中，则受到西方主宰爱和美的女神维纳斯的影响。不管是在爱中还是美中体现，艺术的核心是一种关系的和谐，并由此带来愉悦的情感。这种关系可以指艺术中各元素之间的关系，也可以指人际关系。这种关系的和谐在西方甚至会被精确定义，比如黄金分割法则等。

中国画的冥想

中国绘画受道家影响很多，道家崇尚不加人为修饰的自然本心。因而这种心态进入绘画以后，对观者也能起到心理咨询的作用，让人逐渐找回迷失已久的内心之道。

有了之前对画与内心的了解以后，具体在欣赏中国画时，可以选定从画的某一位置开始。在意象中想象自己不断变小，最终进入到画中的世界。在进入画中世界游历时，可以突破画面静态的限制，在想象中花草树木等景物可以以这个画的节奏自发地动起来，甚至可以听到某种声音，闻到某种味道，感受到某种温度。这样越看这个画也就越活，最终完全进入到作者内心所营造的世界，与古人心中的品质有一个链接。

中国画很多是长卷的，看这种长卷的时候就会有一个深入体验的过程。下面以一个来访者看《溪山渔隐图》为例，说明一下体验的过程。

“我”随着画面中的小船徐徐进入到画中，浮躁的内心渐渐安宁了下来，开始可以触碰到大自然的一草一木。随之观察到石头上屹立着几株遒劲粗犷的树木。这些树木根部很扎实地扎根于地下，树干结实，树枝向外伸展，坚毅挺拔中带着很强的生命力。周围的湖水微波荡漾，像母亲的手臂一样微微晃动着。湖面上几点泛黄的叶子像是在讲述自己一生的故事，小舟上的渔人一边荡着水，一边悠闲地歌唱，好像在表达他此刻内心感受到的自然的声音。在这样一个过程中，观者仿佛进入到了桃花源，感受到人和整个自然很和谐地融为一体，保持了最初的赤子之心。

整个看画的过程也是一个共情画面背后精神品质的过程。小舟在心理层面作为自我的象征，没有打算超越自然，只是顺着自然之势漂动着。湖水则象征了情感的流动，内心在其中受到滋养。山石作为稳定的象征，让心进一步安顿了下来。

中国画在心理咨询中的应用

在与周烁方老师的探讨中，我发现中国画在心理咨询中还有一种应用方式。这种方式是可以把画中某一局部以很夸张的方式放大，比如将一块石头或一片叶子放大到整面墙那么大。通过放大去体验某一局部，可以更加深对某种心理品质的感受。

信、爱、知、行对心理品质的判断

怎么去选这个局部，需要对画有个深入的体会和了解。具体来说，可以用意象对话的方式对画有个大致的评估。意象对话的四个基本品质是信、爱、知、行：信如大地，坚实、安全、稳定，并可以承载与担当，是坚守之道，这和儒家提到的信也是一致的；爱如水，滋养孕育万物，爱自己也爱他人，和儒家提到的仁相对应；知如风如镜，真实地映照并了解万物的真相，是智慧之道，通过智慧与领悟，超越人生的烦恼和恐惧，和儒家的智所对应；行如火焰，炽热灵动，最终在现实中践行前面提到的品质，让内心的成长现实化，与儒家的礼和义这两个外在行为标准所对应。一个心理健康的人，多少都会有这几种基本的心理品质。这些心理品质也会体现在一幅画中，可以由此了解其心理状况。刚才冥想时举例的《溪山渔隐图》也体现了这四方面的心理品质。首先说信，信可以体现为一种基本的安全感。这种安全感通常在意象层面体现为大地，如同地基一样支持着人。可以体会下画面里石头、陆地、树木，带给人的感觉是什么样的。石头在画面有时占比巨大，甚至和山一样，无法撼动。树木根基用笔浑厚，有生根于地向上生长之势。所以从信的品质来看，内心的稳定性与安全感还是很好的。

再说爱，爱的品质有时体现为一种滋养，在意象层面以水为象征。画面中从始到终都有的元素就是湖水，人在其中荡漾，感受到来自水的滋养，好像在好的子宫中一样，感受到自然的爱。从爱的品质来说，这种爱带给人一种滋养和安宁。

知，有时体现为自知。有时体现为对万物运行之道的领悟。从画面布局来看，山为阳，湖为阴，有的地方湖水很多，画面很疏。有的地方山石很多，画面很密。二者互相穿插出现，整体阴阳变化很自然，可以看出作者对自然之道的领悟。从画的名字来看，简单地说就是“人以隐居的方式生活在山水之中”，可以看出作者对自身状态是有觉知的。

最后说到行，从小舟在湖面上缓缓行进可以体会到，这里的行是一种更诗意的行，并感受身边一草一木自然的节奏韵律。相对于有目标、有效率的行来说，是有一些不太主动的，更接近无所为的行。“隐”是画名中唯一的动词,代表了一种行为上的选择。这种行，带有一种避开世俗纷扰，隐居于自然山水之中，与自己内心相连的特点。

心理层面了解到这个画的特点之后，咨询师可以在这基础上进行工作，引领来访者与这些积极品质进行对话。从现实操作来说，可以选取一些有心理品质特点的画面，放大打印出来。来访者可以选择从一部分入手开始体验。

某来访者经常心慌，对外界抱有一种不信任，不安全的心态。面对这幅画时，来访者选择了从信这个品质进入体验。他来到了等身大的石头画面前。先感受画中石头所带来的气场，对它有了基本感受后，他选择了在石头的左侧，以一种盘腿的姿势坐了下来，半靠于石头之前。在慢慢稳定下来以后，开始自发地冒出了意象。意象起始于深山之中，在一个山脚下。抬眼望去，山上有许多巨石，山间长满了柏树。眼前脚下是个石阶，顺着不规则的天然石阶向上，渐渐看到在不远处的顶部有个古旧的寺庙。透过松林间的光线，看到寺庙在山林间时隐时现。不一会来到了庙前，来访者在此刻停顿了一下，有些犹豫要不要进，内心不知道会发生什么。犹豫了一会还是鼓起勇气推开了庙门。入庙开始，有间小殿,天王在殿左右两边护持。再深入向前,出此殿后来到了院内。院内有几棵银杏，在秋色背景中，一些落叶点缀了寺院。院中央有个石刻的赑屃，上面驼着一碑。在它后方，又是一小殿。进入殿中，中央处有个发光的佛像——与一般寺院铜塑造的不同，这个佛像似肉身一样，一腿搭在另一腿之上，安坐于中央，面部带着微笑，慈祥地看着来访者。此时来访者在他面前觉得安稳许多，没有了之前的焦虑与慌乱。在这个意象中体会了一会儿，最后回到了现实。

这样的方式需要咨询师在对整个画和来访者有综合了解后再做出具体引导。如果这个来访者有在自己世界里沉溺的倾向，再让他体会在船上的悠闲自在反而会加强这种倾向。而对于紧张焦虑失眠的人来说，体会在船上的这种悠然自在便是一种治愈。

除此以外，加强某种心理品质也可以去选择画相关的物象，比如画房屋、山石可以增加定力。这些物象背后的笔势都有缓慢而稳定的特点。而对于太固定、无法变通的人来说，就可以通过画兰叶体验流动感。中国画中多是一笔画兰叶，其背后的势如风一般，是自由随性的。每种物象的笔势不同，其背后的心理意义也不同。在有选择的描绘过程中，也就增强了某种心理品质。

如果无法在现实中绘画，去选择性地关注现实物体的线条也会起到心理调节作用。周围的物品，受现代工业社会高效率原则的影响，充满了大量刚硬的直线，符合直来直往的快节奏的生活方式，人观察久了难免会焦虑。如果选择观察自然，在一草一木之中，可以看到这些物象的线条中充满了生命的变化与韵律，更加的自然与无为。在进行这样的观察时心就能感受到花的柔美，鸟的灵动，山的巍峨，从而找到内心的宁静。

意象对话心理咨询在实际操作时，当来访者出了一个心理意象之后，咨询师也会进入到这个意象之中，和来访者出现的这个意象进行对话，并有时会进行引导，是一种“下”对“下”的潜意识对话。那么具体到一幅画上，来访者并不是总能共情到画面背后的心理品质，而是会有大量的心理投射，即把自己的心理活动投射到画面上的物象之上，而无法看到事物本来的样子。这个时候咨询师就需要识别出来访者投射的心理意象，并可以和来访者的意象进一步对话。

某来访者有一次看了《送子天王图》，他最先观察到居中坐的天王，进一步看到他的眼神。然后有了和咨询师的一段对话。

来访者：“看到这个画面中的天王，我感到一种威严感，看到了一个意象，一个天神正坐在云端，云端周围也发着光。天神很大，很厚实，有些威严地看着我，好像警告着什么。”

咨询师：“可以体会一下此时你自己的感受是什么。”

来访者：“有些紧张，害怕。”

咨询师：“体会一下这种情绪下看到的自己是什么样的人或

者动物。”

来访者：“有点看不太清。”

咨询师：“没关系，可以在这个感受里停留一会儿，也许意象会自动出来。”

来访者：“好像是个小老鼠，它还有些害怕，好像哪里做得不好，天神就会劈雷下来。这个感觉和我小时候父亲对我的方式很像，如果哪里做得不好，就会受到责打。”

咨询师：“哦，好，可以继续盯着这个小老鼠，体会这个害怕。”

来访者：“肚子很疼……（体会了几分钟）没那么害怕和紧张了，刚才有些被这种威严吓到了，现在意象中小老鼠变成了个小孩。现在再看意象中的天神，也不是老要惩罚孩子，而是威严中带有保护的感觉，对孩子做有危险的事严格禁止。”

这个简短的对话，就是通过画的媒介体会到该来访者内心和权威的关系，这里有一部分是该来访者小时候受原生家庭的影响——和威严的父亲的关系。在体会内心的害怕以后，弱小的部分得到了关注和成长。内心的父亲也不再那么威严，呈现出了其他心理侧面。

心境之旅

心理绘画表达，是对潜意识的意象或者感觉去表达的一个过程。在这一过程中，原本相对客观的意象，通过表达一点点在自己内心活了起来，最后以更主体的方式体验到。

具体方式上，当潜意识的感受以意象或者梦呈现时，可以体会一下这时的感受，再进行下一步的绘画。比如我曾经在梦里看到一只小老虎要从笼中出来。我体会了一下内心有一种勇气要突破一些束缚。在这种感受下写实的绘画难以表达，我就试着去“写”内在意象。在这过程中更充分地体会到这个老虎，好像它活了一般。在“写”的过程中需要对感受怎么去具体落实到笔墨的形式做一些体会。像这里表达老虎，或者类似的战士人格侧面，发现笔势需要“疾如风，徐如林，掠如火，不动如山”，才能表达出内在。这样一个过程，也是在主观体验意象背后的心理品质。

在绘画表达的过程中，有时要面对一些负性的心理能量。许多画家也无意识地在绘画中表达了很多负面的心理能量，而在一定程度上得到心理的缓解与治愈。不同的是，绘画表达需要对自己的内心有一定觉察，知道自己表达的是什么样的心理内容，有觉知地去把内心的阴暗面呈现出来。就像在心理咨询中，当一个人了解到心理问题的成因，即便没有解决办法，对于来访者也是有治疗意义的。

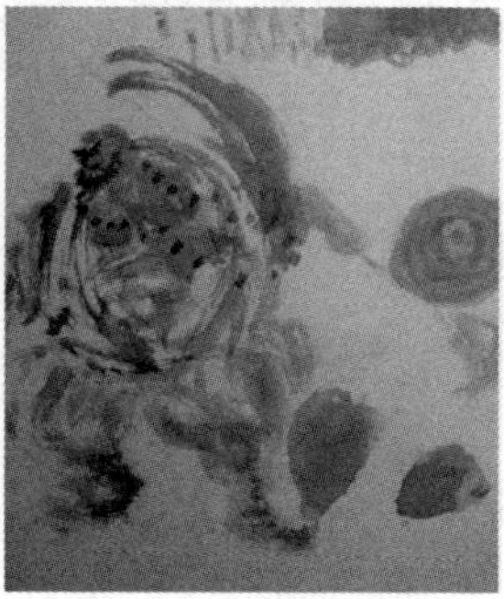

结语

中国美术基于中国文化，受儒释道各家的影响，形成了独特的意象美。这种美可以使人的精神境界得到提升，情感得到滋养。在这种健康的文化氛围中，形成一种富于美感的气韵，也构成了整个中国画的核心。同理，意象对话作为基于中国文化的心理疗法，在美之“道”上与此也是相符的。简单地说，就是意象中美的事物大体都是心理健康的。这种美是基于东方气韵的一种美。哪怕这个意象可能只是一个简单朴素的小房子，它也有一种简朴之美。而不是现代艺术中某些带有变态的、分裂特点的美——这种美就好像罂粟一样，吸引人的同时也毁灭人。这一点上，意象对话心理疗法与中国美术在“心”的层面上是相通的。这种相融性一方面在内心层面可以借象修心，另一方面也可以提升内心精神之“韵”，从而以意写象，带出有气韵之美的作品。

在此，我也感叹于中国文化智慧宝藏的博大精深，为其在艺术领域的展现而神往，也希望这种意象美在心与心之间产生共鸣与回响，作为心灵的宝藏一代一代地传承下去。